Christine Michler

LEHRWERKE FÜR DEN UNTERRICHT DER ROMANISCHEN SCHULSPRACHEN

Begutachtung ausgewählter Untersuchungsfelder

ibidem-Verlag
Stuttgart

Bibliografische Information der Deutschen Nationalbibliothek
Die Deutsche Nationalbibliothek verzeichnet diese Publikation in der Deutschen Nationalbibliografie; detaillierte bibliografische Daten sind im Internet über http://dnb.d-nb.de abrufbar.

Bibliographic information published by the Deutsche Nationalbibliothek
Die Deutsche Nationalbibliothek lists this publication in the Deutsche Nationalbibliografie; detailed bibliographic data are available in the Internet at http://dnb.d-nb.de.

∞

Gedruckt auf alterungsbeständigem, säurefreien Papier
Printed on acid-free paper

ISSN 1862-2909

ISBN: 978-3-8382-1145-9

© *ibidem*-Verlag
Stuttgart 2017

Alle Rechte vorbehalten

Das Werk einschließlich aller seiner Teile ist urheberrechtlich geschützt. Jede Verwertung außerhalb der engen Grenzen des Urheberrechtsgesetzes ist ohne Zustimmung des Verlages unzulässig und strafbar. Dies gilt insbesondere für Vervielfältigungen, Übersetzungen, Mikroverfilmungen und elektronische Speicherformen sowie die Einspeicherung und Verarbeitung in elektronischen Systemen.

All rights reserved. No part of this publication may be reproduced, stored in or introduced into a retrieval system, or transmitted, in any form, or by any means (electronic, mechanical, photocopying, recording or otherwise) without the prior written permission of the publisher. Any person who does any unauthorized act in relation to this publication may be liable to criminal prosecution and civil claims for damages.

Printed in the EU

Inhaltsverzeichnis

Vorwort 5

I. Grundlagen 15

Zulassungsbedingungen von Lehrwerken für den Unterricht der romanischen Sprachen an staatlichen Schulen in Deutschland 17

Lehrwerke für den Französischunterricht an Gymnasien als Vermittler zwischen Unterrichtspraxis und Lehrplan. 41

II. Untersuchungsfeld Textarbeit 55

Authentische und didaktisierte Texte in Lehrwerken für den Französischunterricht der Anfangsphase 57

Lieder und Songs in Lehrwerken für den Italienischunterricht an deutschen Gymnasien 69

(Inter)kulturelles Lernen im Italienisch- und Französischunterricht durch Lehrwerkfamilien 81

Illustrationen in Lehrwerken für den Französischunterricht in Deutschland 95

Förderung der Sehkompetenz durch Illustrationen in Lehrwerken für den Französischunterricht in Deutschland 109

III. Untersuchungsfelder autonomes Lernen und Sprachunterricht ... 129

Methodische Kompetenzen im Französischunterricht – Lernstrategien als Grundlage des lebenslangen Lernens 131

Normsprache, *français familier* und Jugendsprache im
Französischunterricht 153

Grammatikbetrachtung auf der Ebene der ‚Schulgrammatik'.
Vergangenheitstempora in Grammatischen Beiheften von Lehrwerken
des Französischen, Spanischen und Italienischen................................... 167

Mehrsprachigkeit in Lehrwerken für den Französischunterricht an
Gymnasien. Mit einem Exkurs zu Lehrwerken für den Spanisch- und
Italienischunterricht.. 187

Nachweis der Erstveröffentlichung..207

Vorwort

Grundlage des Lernens und Lehrens einer fremden Sprache sind nicht erst seit der Erfindung des Buchdrucks Lehrbücher, die dem Benutzer grammatische Regeln, Wortschatz und Redewendungen zur Verfügung stellen. Den Bedarf an solchen Sprachlehr- und -lernbücher beweist die Anzahl der teilweise in schneller Folge auf den Markt gebrachten Produkte, von denen hier nur wenige erwähnt werden können.[1] So gibt es beispielsweise von der erfolgreichen Anleitung zum Französischlernen *Manières de langage* drei sukzessiv erarbeitete Fassungen von 1396, 1399 und 1415 (Kristol 1995). Großen Bekanntheitsgrad erreichten auch die mehr als ein Jahrhundert später publizierten Lehrbücher *For to learne, to rede, to pronounce and to speke French Trewly* des Master Giles du Wes bzw. Gilles du Guez (1532) und *Gallicae linguae institutio,* 1550 von Jean Pillot herausgegeben (Colombat 2003). Circa zwei Jahrhunderte danach veröffentlichte Christian Lunckenbein schnell aufeinander folgend zwei Fassungen seines Französischlehrbuchs: „Neuer Versuch Die Französische Sprache auf eine angenehme und gründliche Art in kurzer Zeit zu erlernen: Zum Gebrauch Academischer Lectionen auf Eilf Tabellen entworffen" (1751) und „Des neuen Versuchs, die Französische Sprache auf eine angenehme und gründliche Art in kurzer Zeit zu erlernen, vollständige Grammatik oder Sprachlehre, zum Gebrauch Akademischer Lectionen auf acht Tabellen entworfen, auf eine neue Art eingerichtet, und mit den berühmten Französischen Briefen der Mademoiselle Babet, samt einem Deutsch-Französischen Wörterbuch, nach Alphabetischer Ordnung vermehrt durch Christian Lunckenbein der Rechte beflissen" ([2]1752).

Auch im 21. Jahrhundert behaupten sich trotz der wachsenden Zahl von online-Sprachkursen (z.B. Rosettastone.com; babbel.com; lingorilla.de) nach wie vor Lehrbücher bzw. Lehrwerke als Grundlage der Aneignung fremder Sprachen. Vorwiegend in der Anfangsphase basiert schulischer Fremdsprachenunterricht – die nachstehenden Ausführungen beziehen sich

---

[1] Auf die große Anzahl gedruckter Grammatikbücher weist beispielsweise Reinfried hin und vermutet deshalb, dass es schon in der ersten Hälfte des 17. Jahrhunderts in zahlreichen deutschen Städten Französischunterricht gegeben hat (vgl. Reinfried 2014, 256). Zu Lehrwerken aus späteren Jahrhunderten vgl. Gorini 1997; Schröder 1980, 1982, 1983, 1985; Willems 2013.

auf den Unterricht in den romanischen Schulsprachen Französisch, Italienisch und Spanisch – auf einem gedruckten Lehrwerk als Leitmedium, dem der technischen Entwicklung folgend immer mehr multimediale Komponenten beigeordnet werden.

Lehrwerke sind im Unterschied zu Lehrbüchern, die Texte und Übungen für das Erlernen der Fremdsprache in einem Band zusammenfassen,[2] komplexe Produkte. Sie bestehen in der Regel aus zahlreichen, größtenteils als Jahrgangsbände ausgewiesenen Komponenten, die teils für Lernende und Lehrer,[3] teils nur für Lehrende erstellt wurden (u.a. Grammatische Beihefte, Übungshefte, Lehrerhandbücher, Selbstlernmaterialien, Vorlagen für Testaufgaben, Kompetenz- bzw. Prüfungstrainer, Folien, Tonträger, computergestütztes Material).[4]

Referenzband dieser Komponenten ist gemeinhin das jeweilige Schülerbuch mit seinen didaktischen Einheiten bzw. Lektionen, die progressiv grammatische, lexikalische und kulturelle Inhalte vermitteln und Übungen bzw. Aufgaben zu deren Fixierung bereitstellen. Feste Bestandteile der Schülerbücher sind außerdem chronologische und – fast immer – alphabetische Wörterverzeichnisse. Trotz solcher inhaltlichen Konstanten gibt es zwischen Lehrwerken beispielsweise der 1950/60er Jahre und heutigen Produkten große Unterschiede. Überwog damals etwa der geschriebene Text, dominieren heute oft stark bebilderte Seiten. Waren die Textinhalte früherer Lehrwerke nicht durchweg an die Lebenswelt der jugendlichen Lerner angepasst, bemühen sich die Schulbuchverlage gegenwärtig nachdrücklich, mit den präsentierten Inhalten die vermuteten Interessen der Schüler zu berücksichtigen. Lag der Schwerpunkt in Lehrwerken bis mindestens zum letzten Drittel des 20. Jahrhunderts auf reproduzierenden, der Sprachkorrektheit verpflichteten

---

[2] Auf Lehrbücher gehen die Texte dieses Bandes nicht ein, da sie im schulischen Unterricht praktisch keine Rolle spielen.

[3] Wegen der besseren Lesbarkeit wird auf Differenzierungen wie ‚Lehrerinnen und Lehrer' oder ‚Schülerinnen und Schüler' zugunsten des generischen Maskulinums verzichtet.

[4] Lehrwerke für das Französische liegen vor allem für die zweite und dritte Fremdsprache sowie für den Unterricht an Realschulen vor. Für das Spanische und Italienische lassen die Verlage mehrheitlich Werke für die dritte oder spätbeginnende Fremdsprache erarbeiten. Teilweise fehlen aber auch genaue Angaben zum Einsatzbereich (z.B. *In piazza 1, Ausgabe B*; Schmiel & Stöckle 2012). Daneben gibt es separate Lehrwerke für die Oberstufe (z.B. *Horizons*, Ballin & Bruckmayer 2009; *Bachillerato*, Arriagada Espinoza 2013; *Incontri*, Fenner-Leeb et al. 2013), die Lesetexte bzw. thematische Dossiers, die nicht auf einander aufbauen, zur Verfügung stellen. Auch Lehrwerke für die Erwachsenenbildung spielen in vielen Verlagsprogrammen eine bedeutende Rolle.

Übungen, gibt es jetzt zahlreiche Aufgaben mit kreativen Elementen und der Aufforderung zur freien Sprachproduktion.

Die relativ unangefochtene Position von Lehrwerken in der Praxis des schulischen Fremdsprachenunterrichts lässt sich hauptsächlich mit den Vorteilen begründen, die Lehrwerke für Lehrende und Lernende bieten. Lehrkräfte werden in ihrem Arbeitspensum durch die im Lehrwerk enthaltenen Texte und durch darauf abgestimmte Übungen bzw. Aufgaben entlastet, außerdem erhalten sie Orientierungshilfe beim Unterrichten und Unterstützung bei der Aufteilung des Stoffes auf das Schuljahr. Für die große Zielgruppe der Schüler bieten sie Lernsicherheit, Wiederholungs- und Nachschlagemöglichkeiten und sind bei entsprechender inhaltlicher und optischer Gestaltung nicht zuletzt Motivationsfaktor.

Wegen der offenkundigen Bedeutung, die Lehrwerke für die Unterrichtsrealität haben, wäre zu erwarten, dass ausführliche, auf den gesamten Komplex ‚Lehrwerk' bezogene und an fachdidaktischen Grundsätzen ausgerichtete Analysen von Lehrwerken für den Unterricht des Französischen, Italienischen und Spanischen in erheblichem Ausmaß vorhanden sind. Dies ist jedoch nicht der Fall. Zwar gab es bis zum Beginn der 50er Jahre des 20. Jahrhunderts und in den 1970/80er Jahren in der Bundesrepublik Deutschland eine relativ lebhafte Auseinandersetzung mit Lehrwerken, die vor allem zur Entwicklung von Kriterienkatalogen als Raster für die Beurteilung von Lehrwerken führte. Diskutiert werden jedoch vornehmlich Produkte für den Englischunterricht und Deutsch als Fremdsprache (vgl. Forschungsüberblick in Michler 2005, 11–40). Gesamtanalysen von Lehrwerken für den Unterricht der romanischen Sprachen waren zunächst kaum Gegenstand der Forschung. Aufgearbeitet wurden allerdings Einzelaspekte wie beispielsweise Fragen des selbständigen Lernens im lehrwerkbasierten Unterricht (Nodari 1995), das Bild von Spaniern, das Lehrbuchpersonen vermitteln (Neuroth-Hartmann 1986) oder die interkulturelle Dimension in Französischlehrwerken (Fäcke 1999). Die umfängliche kritische Studie zu in den 1990er Jahren viel benutzten Französischlehrwerken durch Michler (2005) bezieht sich dann auf die für den Unterricht zentralen Komponenten (Schülerbücher, Grammatische Beihefte, Arbeitshefte) und deckt ein breites Spektrum von Themengebieten ab, die als essentielle Bausteine der Lehrwerkkonzeption gelten können, z.B. die Präsentation und Progression von Aussprache, Wortschatz und Grammatik plus entsprechender Übungen, die Darbietung von Lern- und Arbeitstechniken bzw. Lernstrategien, die Bereitstellung von landeskundlichen Inhalten und von Nachschlagekomponenten (z.B. Abkürzungs- und Symbolverzeichnis, Zusammenstellungen grammatischer Termini), Layout, optische Gestaltung und nicht zuletzt der Preis.

Wesentliche Impulse erhielt die systematische und eigenständige Lehrwerkforschung außerdem durch die Sammelbände Bausch et al. (1999), Börner & Vogel (1999), Fery & Raddatz (2000). Die dort publizierten Aufsätze reflektieren sprachübergreifend generelle Positionen zu Lehr- und Lernmaterialien, die Adressatengruppen, den Stellenwert und die Funktionen von Lehr- und Lernmaterialien sowie linguistische, didaktische, administrative und ökonomische Normen, denen ein Lehrwerk entsprechen muss. Diskutiert werden dort weiter die Leistungen von Übungen und Aufgaben, die Förderung des interkulturellen Lernens und der Anspruch, die Schüler mit möglichst viel authentischem Textmaterial zu konfrontieren. Immer wieder werden aber auch Defizite bei der Erforschung, Analyse und Evaluation von Lehrwerken für Fremdsprachen beklagt (z.B. Königs 1999). Darüber hinaus wird der Frage nach dem Gewinn eines möglichen Verzichts auf ein Lehrwerk nachgegangen (z.B. Bleyhl 1999) und mit einem Plädoyer für den Wechsel vom instruktivistischen zum konstruktivistischen Lernen verbunden (z.B. Wolff 2009). Dadurch soll vermieden werden, dass die am Unterricht Beteiligten durch die von den Lehrwerkautoren festgelegte Progression in einer flexiblen Nutzung des Unterrichtsmittels und, v.a. die Lernenden, in ihrem Mitteilungsbedürfnis behindert werden. Den Beitrag von Lehrwerken zum selbstständigen Lernen erforscht Fäcke in dem von ihr 2016 herausgegebenen Band, der mit der empirischen Untersuchung zur Rezeption von Lehrwerken aus der Perspektive der Lehrenden einen bislang noch nicht gründlich aufgearbeiteten Aspekt der Lehrwerkanalyse verfolgt (Ansätze z.B. in Polletti 1993).

Die vorhandenen Ausführungen zu Leistungen und Grenzen von Lehrwerken machen deutlich, dass die verschiedenen Lehrwerkkomponenten den Fremdsprachenunterricht wesentlich beeinflussen. Indem systematische Lehrwerkanalysen und die Diskussion über Lehrwerke Aspekten nachgehen wie beispielsweise der Übereinstimmung eines Lehrwerks mit den Belangen eines modernen Unterrichts bzw. den immanenten Möglichkeiten, es daran anzupassen, tragen sie zur Erforschung und Verbesserung des Unterrichts bei (vgl. Michler 2005, 7; Fäcke 2016, 15). Da wertende Lehrwerkuntersuchungen zudem Lehrkräften Kriterien liefern, die sie bei der Beurteilung von und im kompetenten Umgang mit vorgefertigten Unterrichtsmaterialien unterstützen, ist das Erkenntnisinteresse kritischer Lehrwerkbegutachtungen unbestreitbar.

Das Ziel, mit der Lehrwerkforschung die Unterrichtspraxis zu ergänzen und zu verbessern, bildet auch den Hintergrund der Neuveröffentlichung der elf in diesem Band zusammengestellten Aufsätze, die zwischen 2005 und 2014 zu Teilbereichen ausgewählter Lehrwerke erstmals publiziert wurden. Durch den ca. zehnjährigen Entstehungszeitraum der Einzelanalysen unterstützt der Sammelband zum einen die diachrone Lehrwerkforschung. Mit den Untersuchungsfeldern „Grundlagen", „Textarbeit" und „Lernerautonomie und Sprachunterricht" nimmt der Band zum anderen die aktuelle theoretische sowie unterrichtspraktische Ebene der Lehrwerkforschung in den Blick und entspricht mit der Verbindung von inhaltlichen und methodischen Fragen zentralen gegenwärtigen Anforderungen der Fachdidaktik.

Das erste Kapitel ‚Grundlagen' erläutert Bedingungen der Lehrwerkkonzeption. Lehrwerke für den Unterricht in einer romanischen Sprache müssen, wie Lehrwerke für jedes andere Schulfach auch, mit aktuellen fachdidaktischen und bildungspolitischen Positionen übereinstimmen. Davon ausgehend listet der erste Beitrag die vielfältigen Kriterien auf, die Verlage und Autorenteams bei der Erstellung eines Lehrwerks, das als lernmittelfreies Unterrichtsmittel an öffentlichen Schulen zugelassen werden soll, beachten müssen. Gleichzeitig werden die für Schulen und Lernende anfallenden Kosten bei der Anschaffung eines Lehrwerks durch eine repräsentative Hochrechnung veranschaulicht. Der zweite Aufsatz konzentriert sich mit einer Übersicht über die Umsetzung von fachlegitimierenden, pädagogischen und fachübergreifenden Zielbereichen in ausgewählten Lehrwerken für den Französischunterricht auf die Vermittlerrolle des Lehrwerks zwischen Unterrichtspraxis und Lehrplan.

Den thematischen Rahmen der fünf Aufsätze des zweiten Blocks bildet das für den Fremdsprachenunterricht unumgängliche Feld der Textarbeit im weiten Sinn. Eine Analyse des Verhältnisses von authentischen und didaktisierten Texten sowie der den Texten beigeordneten Aufgaben und Übungen in Lehrwerkbänden für den Anfangsunterricht des Französischen klärt den Gewinn, den Lernende daraus für ihre sprachliche Kompetenz ziehen können. Diese Zielrichtung verfolgt auch die nächste Erhebung über Lieder bzw. Songs und der ihnen angeschlossenen Übungen und Aufgaben in Italienischlehrwerken. Die Leistungen von sogenannten Lehrwerkfamilien, die hauptsächlich in Lehrwerken für den Anfangsunterricht einer Fremdsprache die Lektionen inhaltlich miteinander verketten und fremdkulturelle Lebensformen konkretisieren, stehen im Anschluss daran auf dem Prüfstand. Visuelle Texte (Fotos, Zeichnungen, Collagen usw.), die bei der Analyse von Lehrwerken für romanische Sprachen bislang nicht immer die Beachtung fanden, die sie verdienen, sind Gegenstand von zwei weiteren Beiträgen.[5] Im ersten Aufsatz werden Illustrationen in Französischlehrwerken darauf hin kontrolliert, inwieweit sie anerkannte fremdsprachendidaktische Funktionen erfüllen. Fotos aus Französischlehrwerken sind anschließend Grundlage für Aufgaben und Übungen zur Bildwahrnehmung und Förderung der Sehkompetenz der Lernenden.

Das dritte Kapitel fokussiert zunächst Lernstrategien bzw. Lerntechniken als wesentliche Voraussetzung für die Aneignung einer Fremdsprache. Nach einem Überblick über deren Präsentation und Bandbreite in verschiedenen Französischlehrwerken wird abgewogen, inwieweit die vorhandenen Strategien die Autonomie der Lerner begünstigen. Mit der Wahl der Sprachnorm, die von Lehrwerken dem Unterricht zugrunde gelegt wird, greift der nächste Beitrag ein essentielles Problem des Sprachunterrichts auf. Gezeigt wird, welche Elemente ausgewählte Französischlehrwerke der Jugendsprache bzw. dem *français familier* zuordnen und welchen Stellenwert sie ihnen beimessen. Das schwierige Gebiet der Zeiten der Vergangenheit steht im Mittelpunkt einer Analyse von Französisch-, Spanisch- und Italienischlehrwerken in Bezug auf Inhalte, Erklärungen und Präsentation von *imparfait – passé composé / passé simple, imperfecto – indefinido – pretérito perfecto, imperfetto – passato prossimo / passato remoto*. Um Aspekte des Sprachvergleichs geht es auch im letzten Artikel. Vor dem Hintergrund der Absicht der Europäischen Union, die Mehrsprachigkeit der Bürger zu fördern, setzt er sich kritisch mit dem Angebot an mehrsprachigkeitsdidaktisch ausgerichteten Inhalten in Französisch-, Spanisch- und Italienischlehrwerken auseinander.

Alles in allem verdeutlichen die elf Beiträge die Notwendigkeit, allen Bereichen eines Unterrichtsmittels, das Lernende in ihrer Wahrnehmung und Wertschätzung einer Sprache und eines Landes stark beeinflusst, immer wieder eingehendes wissenschaftliches Interesse entgegenzubringen, nicht zuletzt, weil durch neu konzipierte Lehrwerke und mit jeder neu entwickelten Komponente die Herausforderungen für die Lehrwerkforschung wachsen.

---

[5] Eine grundlegende Aufarbeitung der Leistungen von Bildern bietet Reinfried 1992.

Diese reichen von der Überprüfung der im Lehrwerk vorhandenen Legitimation des Faches im schulischen Kanon, der adäquaten Vermittlung fachbezogenen Wissens bis zur Gewährleistung der eingangs erwähnten Weiterentwicklung bzw. Verbesserung des Unterrichts durch die im Lehrwerk immanente Gelegenheit zu einer inhaltlich und methodisch innovativen Unterrichtsgestaltung, die aktuellen gesellschaftlichen Anforderungen verpflichtet ist. Die aus kontinuierlichen Überprüfungen von Lehrwerken gewonnenen Erkenntnissen tragen folglich zu bildungspolitischen und fremdsprachendidaktischen Erneuerungen bei.

Der Umfang der in diesem Sammelband neu veröffentlichten Texte ist jeweils abhängig von den Vorgaben für die Erstveröffentlichung. Vielleicht wird die fachdidaktische Forschung zu der lohnenden Vertiefung bestimmter Sachgebiete (z.B. von grammatischen Phänomenen, von interkulturellen Inhalten) oder zu neuen Analysen (z.b. zu pragmatischen Inhalten bzw. zur pragmatischen Progression) ermuntert.

Der langjährige Arbeitsschwerpunkt der Verfasserin in Bayern hat zur Folge, dass in den Aufsätzen immer wieder auf die Bedingungen des Unterrichts der romanischen Sprachen in diesem Bundesland Bezug genommen wird. Die Situation in anderen Bundesländer wird dabei stets im Auge behalten.

Vereinheitlicht wurden bei der Zusammenstellung der Beiträge das Layout und die Angaben in den Literaturverzeichnissen. Inhaltlich wurde an den Aufsätzen im Vergleich zur Erstpublikation nichts verändert. Vereinzelt kommen deshalb bestimmte Aspekte wiederholt zur Sprache, z.B. wenn in den bislang separat veröffentlichten Analysen grundsätzliche Voraussetzungen der Lehrwerkbegutachtung geklärt werden. Berichtigt wurden offensichtliche Druckfehler, außerdem, wenn notwendig, zusätzliche, klarstellende Verweise eingefügt. Um ein flüssigeres Lesen der Aufsätze zu gewährleisten, wurde die teilweise in der Erstveröffentlichung auf Wunsch der Herausgeber gebrauchte Genderisierung ('Schülerinnen und Schüler' usw.) nicht übernommen, d.h. in allen Beiträgen wird nun nur das generische Maskulinum verwendet, wobei die weiblichen Formen immer mitbedacht werden. Auch eventuelle, vorgestellte Abstracts wurden gestrichen.

Ich danke den Herausgebern für die Aufnahme des Bandes in die Reihe „Romanische Sprachen und ihre Didaktik" sowie den Mitarbeitern des ***ibidem***-Verlags, insbesondere Frau Valerie Lange, für die stets kompetente und freundliche Beratung.

Literatur

ARRIAGADA ESPINOZA, Melanie. 2013. *Bachillerato. Spanisch für die Oberstufe.* Stuttgart [u.a.]: Klett.
BALLIN, Susanne & BRUCKMAYER, Birgit. 2009. *Horizons. Für den Einsatz in der Oberstufe.* Stuttgart: Klett.
BAUSCH, Karl-Richard & CHRIST, Herbert & KÖNIGS, Frank G. & KRUMM, Hans-Jürgen. edd. 1999. *Die Erforschung von Lehr- und Lernmaterialien im Kontext des Lehrens und Lernens fremder Sprachen. Arbeitspapiere der 19. Frühjahrskonferenz zur Erforschung des Fremdsprachenunterrichts.* Tübingen: Francke.
BLEHYL, Werner. 1999. „Das Lehrbuch im Fremdsprachenunterricht: Funktionen und Grenzen", in: Bausch, Karl-Richard & Christ, Herbert & Königs Frank G. & Krumm, Hans-Jürgen. edd. 1999. *Die Erforschung von Lehr- und Lernmaterialien im Kontext des Lehrens und Lernens fremder Sprachen. Arbeitspapiere der 19. Frühjahrskonferenz zur Erforschung des Fremdsprachenunterrichts.* Tübingen: Francke, 23–34.
BÖRNER, Wolfgang & VOGEL, Klaus. edd. 1999. *Lehrwerke im Fremdsprachenunterricht – lernbezogene, interkulturelle und mediale Aspekte,* Bochum: AKS Verlag.
COLOMBAT Bernard. ed. 2003. Jean Pillot, *Institution de la langue francoise. Gallicae linguae institutio (1561).* Paris: Honoré Champion, collection Textes de la Renaissance 72.
DU WES, Giles. 1532. *An introductorie for to lerne, to rede, to pronounce and to speke French trewly.* Réimpr. de l'éd. de Londres, 1532 Genève: Slatkine Reprints, 1972 [1532] 1972.
FÄCKE, Christiane. 1999. *Egalität – Differenz – Dekonstruktion: eine inhaltskritische Analyse deutscher Französisch-Lehrwerke.* Hamburg: Kovač.
FÄCKE, Christiane. ed. 2016. *Selbstständiges Lernen im lehrwerkbasierten Französischunterricht.* Stuttgart: ibidem-Verlag.
FENNER-LEEB, Dorothee et al. 2013. *Incontri. Italienisches Lesebuch für die Oberstufe.* Bamberg: C.C. Buchners Verlag.
FERY, Renate & RADDATZ, Volker. edd. 2000. *Lehrwerke und ihre Alternativen.* Frankfurt a.M. [u.a.]: Lang.
GORINI, Umberto. 1997. *Storia dei manuali per l'apprendimento dell'italiano in Germania: (1500–1950); un'analisi linguistica e socioculturale; una ricerca comparata sulla dimensione linguistica e socioculturale nei manuali per l'insegnamento/apprendimento dell'italiano in Germania dalla seconda metà del XVI alla prima metà del XX secolo con un breve profilo storico sugli inizi dell'insegnamento dell'italiano.* Frankfurt am Main [u.a.]: Lang.
KÖNIGS, Frank G. 1999. „Artenschutz durch Artenvielfalt! Plädoyer für eine breit gefächerte Lehrmaterialforschung", in: Bausch, Karl-Richard & Christ, Herbert & Königs Frank G. & Krumm, Hans-Jürgen. edd. *Die Erforschung von Lehr- und Lernmaterialien im Kontext des Lehrens und Lernens fremder Sprachen. Arbeitspapiere der 19. Frühjahrskonferenz zur Erforschung des Fremdsprachenunterrichts.* Tübingen: Francke, 105–112.

KRISTOL Andres M. ed. 1995. *Manières de langage (1396, 1399, 1415)*. London: Anglo-Norman Text Society.

LUNCKENBEIN, Christian. 1751. *Neuer Versuch Die Französische Sprache auf eine angenehme und gründliche Art in kurzer Zeit zu erlernen: Zum Gebrauch Academischer Lectionen auf Eilf Tabellen entworffen Durch Christian Lunckenbein Juris Candidat. und Lehrer dieser Sprache auf der Universität Leipzig*. Leipzig: Lanckisch.

LUNCKENBEIN, Christian. ²1752. *Des neuen Versuchs, die französische Sprache auf eine angenehme und gründliche Art in kurzer Zeit zu erlernen, vollständige Grammatik oder Sprachlehre, zum Gebrauch academischer Lektionen auf acht Tabellen entworfen, auf eine neue Art eingerichtet, und mit den berühmten Französischen Briefen der Mademoiselle Babet, samt einem Deutsch-Französischen Wörterbuch, nach Alphabetischer Ordnung vermehrt*. Leipzig: Lanckisch.

MICHLER, Christine. 2005. *Vier neuere Lehrwerke für den Französischunterricht auf dem Gymnasium. Eine kritische Fallstudie mit Empfehlungen für zukünftige Lehrwerke*. Augsburg: Wißner.

NEUROTH-HARTMANN, Birgit. 1986. *Das Bild der Spanier in bundesdeutschen Spanischlehrbüchern (1960–1984). Eine Untersuchung von Lehrbuchpersonen in ausgewählten Spanischlehrbüchern der letzten 25 Jahre*. Göttingen: Univ., Diss.

NODARI, Claudio. 1995. *Perspektiven einer neuen Lehrwerkkultur. Pädagogische Lehrziele im Fremdsprachenunterricht als Problem der Lehrwerkgestaltung*. Aarau [u.a.]: Sauerländer.

POLLETI, Axel. 1993. „Französischlehrbücher im Urteil von Schülern und Lehrern. Bericht über eine Umfrage", in: *Praxis des Neusprachlichen Unterrichts* 40, 183–190.

REINFRIED, Marcus. 1992. *Das Bild im Fremdsprachenunterricht. Eine Geschichte der visuellen Medien am Beispiel des Französischunterrichts*. Tübingen: Narr.

REINFRIED, Marcus. 2014. „European History of Romance Language Teaching", in: Fäcke, Christiane. ed. *Manual of Language Acquisition*. (Manuals of Romance Linguistics 2). Berlin: De Gruyter, 255–273.

SCHMIEL, Sonja & STÖCKLE, Norbert. edd. 2012. *In piazza, Ausgabe B. Unterrichtswerk für Italienisch. Schülerband 1*. Bamberg: C.C. Buchners Verlag.

SCHRÖDER, Konrad. ed. 1980, 1982, 1983, 1985. *Linguarum recentium annales. Der Unterricht in den modernen europäischen Sprachen im deutschsprachigen Raum*. Augsburg: Universität.

WILLEMS, Aline. 2013. *Französischlehrwerke im Deutschland des 19. Jahrhunderts – eine Analyse aus sprachwissenschaftlicher, fachdidaktischer und kulturhistorischer Perspektive*. Stuttgart: ibidem-Verlag.

WOLFF, Dieter. 2009. „Zum Stellenwert von Lehrwerken und Unterrichtsmaterialien in einem konstruktivistisch orientierten Fremdsprachenunterricht", in: Meixner, Johanna & Müller, Klaus. edd. *Konstruktivistische Schulpraxis. Beispiele für den Unterricht*. Weinheim und Basel: Beltz, 160–187.

I. Grundlagen

Zulassungsbedingungen von Lehrwerken für den Unterricht der romanischen Sprachen an staatlichen Schulen

> Schulbücher, Arbeitshefte und Arbeitsblätter
> dürfen in der Schule nur verwendet werden,
> wenn sie für den Gebrauch in der betreffenden
> Schulart und Jahrgangsstufe
> sowie in dem betreffenden Unterrichtsfach
> schulaufsichtlich zugelassen sind.
> (BayEUG, Art. 51)

Vorbemerkung

Das Thema „Bildungsmedien auf dem Prüfstand: Autorisierung, Verbot, Legitimierung und Delegitimierung" hat eine hohe, mit finanziellen und ideologischen Aspekten verbundene bildungspolitische Relevanz: finanziell, weil für öffentliche Schulen autorisierte Lehrwerke einerseits für die Verlagshäuser Gewinn bedeuten, andererseits die Anschaffung der Schulbücher für die Schulaufwandsträger, und damit letztlich die Steuerzahler, kostspielig ist; ideologisch-bildungspolitisch, weil die Inhalte von Bildungsmedien den vom Staat vertretenen Normen entsprechen müssen und sie das Weltbild der Jugendlichen mit prägen, so dass die Schulbücher Mitverantwortung für die aktuellen und späteren Lebensentwürfe Jugendlicher tragen. Lehrwerke sind also auch Mittel der Erziehung hin zu demokratischen und friedenssichernden Einstellungen der jungen Generation. Aus den genannten Gründen sind die kritische Begutachtung von Lehrwerken durch Behörden und Experten sowie eine konsequente öffentliche Debatte über Lehrwerke nicht nur wünschenswert, sondern mehr als berechtigt.[1]

---

[1] Es ist jedoch bemerkenswert, dass trotz der immer wieder laut werdenden Kritik an Lehrwerken (u.a. in Bezug auf die immanente Progression, auf die Zeitgebundenheit z.B. der Art der Übungen oder der Grammatikpräsentation, auf nicht mehr aktuelle Materialien usw.) es nur wenige an fachdidaktischen Grundsätzen ausgerichtete Lehrwerkanalysen (z.B. Michler 2005 zu Französischlehrwerken) gibt.

1. Stellenwert der romanischen Sprachen im schulischen Kontext[2] – Konsequenzen für die Entwicklung von Lehrwerken

Im deutschen Schulsystem nimmt zweifelsfrei das Englische als derzeit wichtigste internationale Verkehrssprache den bedeutendsten Rang unter den Fremdsprachen ein. Gute Kenntnisse in mindestens einer weiteren – vorzugsweise romanischen – Sprache sind für Schüler in erster Linie aufgrund der politischen, kulturellen und ökonomischen Kooperation in der EU, aber auch wegen der weltweiten Verbreitung des Französischen (Frankophonie) und des Spanischen (Hispanophonie) ein erstrebenswertes Ziel.

Hauptsächlich bei der Wahl der dritten Fremdsprache in den deutschen öffentlichen höheren Schulen[3] wird allerdings eine unterschiedliche Beliebtheit der romanischen Sprachen ersichtlich (vgl. Michler 2014, 118; Michler 2015, 37f.), so dass zwischen den romanischen Sprachen ein Wettbewerb um Schülerzahlen herrscht.

Das *Französische*, zu dessen Förderung der Deutsch-Französische Freundschaftsvertrag vom 22.1.1963 verpflichtet, ist gegenwärtig im schulischen Fächerkanon in den Sekundarstufen I und II Haupt- und Kernfach. Als erste, zweite, dritte und spätbeginnende Fremdsprache ist das Fach verhältnismäßig stark vertreten, auch weil es an fast allen weiterführenden Schulen standardmäßig zum Fächerkanon gehört. Durch die Tendenz zur Erhöhung des Fremdsprachenangebots an Gymnasien, besonders aber durch die erkennbare Hinwendung der Schüler zum Spanischen, geht die Zahl der Französischlernenden insgesamt zurück.

Das *Spanische*, das in einigen Bundesländern als zweite (z.B. in Hamburg), mehrheitlich aber als dritte oder spätbeginnende Fremdsprache angeboten wird, hat seit mindestens einem Jahrzehnt deutlich an Beliebtheit zugenommen. Das Interesse kann v.a. an Schulen beobachtet werden, in denen die Wahlmöglichkeit zwischen dem Französischen und Spanischen besteht.

---

[2] Da eine Darstellung des unterschiedlichen Gewichts der Fremdsprachen im gesamten Bundesgebiet und dessen Auswirkungen auf den Lehrwerkmarkt im Rahmen dieses Beitrags nicht geleistet werden kann, wird repräsentativ auf die Situation im Bundesland Bayern Bezug genommen. Die Gegebenheiten in anderen Bundesländern werden nur sporadisch berücksichtigt.

[3] Nur dort spielen sie eine bedeutende Rolle. An Grund- und Hauptschulen sind sie kaum vertreten. An bayerischen Realschulen ist nahezu ausschließlich das Französische präsent, obwohl dort für den fremdsprachlichen Bereich auf die Möglichkeit hingewiesen wird, Französisch durch Spanisch oder Tschechisch zu ersetzen.

So ermittelte das Statistische Bundesamt für das Schuljahr 2013/14 im Vergleich zum Vorjahr einen Rückgang der Schüler mit Französischunterricht um -2,7 Prozent,[4] während für das Spanische ein Plus von 1,8 Prozent verzeichnet wird (vgl. Statistisches Bundesamt). Da die Sprache im Gegensatz zum Französischen jedoch (noch) nicht an allen Gymnasien unterrichtet wird, bleiben die Prozentzahlen der Spanischlernenden bislang hinter denen der Französischlernenden zurück.

Im Vergleich zu diesen beiden romanischen Sprachen nimmt das *Italienische*, das ebenfalls überwiegend als dritte oder spätbeginnende Sprache an Gymnasien unterrichtet wird,[5] einen minderen Rang an deutschen öffentlichen Schulen ein. So erscheint die Sprache insgesamt erkennbar seltener als das Spanische auf den Stundentafeln, und Schulen, die Italienischunterricht anbieten, sind nicht flächendeckend vorhanden. Außerdem lässt wohl das Interesse an der Sprache im Allgemeinen nach, denn das Statistische Bundesamt verzeichnet für das Schuljahr 2013/14 bei den Schülern mit Italienischunterricht eine Abnahme von -10,4 Prozent (vgl. Statistisches Bundesamt).

Die Präsenz der Fächer und der Zuspruch, den sie erhalten, haben Konsequenzen für den Lehrwerkmarkt. Die Traditionslinien der Verlagshäuser,[6] insbesondere aber die Wechselbeziehung zwischen Nachfrage und Angebot führen dazu, dass fast alle bekannten deutschen Schulbuchverlage wie Klett (Stuttgart), Cornelsen (Berlin) und Diesterweg (Braunschweig) Lehrwerke für die verschiedenen Lehrgänge Französisch in Auftrag geben, d.h. für die erste und zweite Fremdsprache sowie für die dritte Fremdsprache an Gymnasien und für Französisch an der Realschule.[7] Die Anzahl von Spanischlehrwerken ist verglichen mit den Französischlehrwerken geringer, wächst aber wegen des steigenden Bedarfs durch die Ausweitung des Spanischunter-

---

[4] Neuere Zahlen lagen Ende 2015 nicht vor.
[5] Ausnahmen sind beispielsweise Nordrhein-Westfalen und Hamburg. Wie das Spanische kann dort das Italienische als zweite, teilweise sogar als erste Fremdsprache gelernt werden.
[6] So hat etwa der Klett-Verlag eine lange Tradition in Bezug auf die Publikation von Französischlehrwerken und engagiert sich für die deutsch-französischen Beziehungen. Der französische Botschafter Claude Martin äußerte sich 2005 in einer in einer Laudatio für Michael Klett entsprechend: „Im Bereich Schulbuchverlag [...] nehmen die Französisch-Bücher einen besonderen Platz ein: 90% der deutschen Schülerinnen und Schüler lernen unsere Sprache aus Klett-Büchern." Der Botschafter hob weiter hervor, „wie sehr Ihnen [M. Klett; C.M.] daran liegt, Französisch als attraktive Sprache vorzustellen und unser Land – fern von allen Vorurteilen über Schulbücher – in einem lebendigen und modernen Bild darzustellen." (http://www.ambafrance-de.org/IMG/klett_deco.pdf; Zugriffsdatum: 09.12.2015).
[7] Lehrwerke für die Erwachsenenbildung werden im Folgenden nicht berücksichtigt, da der Schwerpunkt auf dem Sprachunterricht an öffentlichen weiterführenden Schulen liegt.

richts. Hier engagieren sich ebenfalls hauptsächlich die Verlage Klett, Cornelsen, Diesterweg und zusätzlich C.C. Buchner. In Bezug auf die Erarbeitung von Lehrwerken für den Italienischunterricht an öffentlichen Schulen wird der Markt z.Zt. von C.C. Buchner dominiert, aber auch Cornelsen hat Produkte auf den Markt gebracht.[8]

2. Der Begriff „Lehrwerk" und seine Rolle im Unterricht der romanischen Sprachen

Schulisches Fremdsprachenlernen wird in der Regel mehrere Jahre lang von „Lehrbüchern" bzw. „Lehrwerken" gesteuert,[9] so dass für diesen Zeitraum neben dem Begriff „Spracherwerbsphase" häufig die Formulierung „Lehrwerk- bzw. Lehrbuchphase" verwendet wird.[10]

Die für den Unterricht der romanischen Sprachen konzipierten Lehrwerke umfassen im Allgemeinen mehrere, meist nach Lernjahren gegliederte Komponenten (Materialien für das erste Lernjahr, das zweite Lernjahr usw.), die teils für Lernende sowie Lehrer, teils nur für Lehrkräfte erstellt wurden. Für das Französische liegen, gemäß dem schulischen Bedarf, Lehrwerkreihen vor allem für die zweite und dritte Fremdsprache vor. Hinsichtlich des Spanischen und Italienischen überwiegen die Lehrwerke für die dritte oder spätbeginnende Fremdsprache.

Den Mittelpunkt einer Lehrwerksreihe bilden die Schülerbücher. Sie enthalten die didaktischen Einheiten bzw. Lektionen mit – von wenigen Plateauphasen abgesehen – progressiv präsentierten grammatischen, lexikalischen und kulturellen Inhalten, die darauf folgend in Übungen und Aufgaben gefestigt werden. Dazu kommen als verbindliche Bestandteile eines Schülerbuchs chronologische und alphabetische Wörterverzeichnisse. Weitere Komponenten sind Grammatische Beihefte,[11] Übungshefte, Lehrerhandbücher,

---

[8] Aktuelle Lehrwerke für die Spracherwerbsphase sind (Stand: Frühjahr 2015) für Französisch (Gymnasium): *Découvertes Série jaune* (Klett), *À toi !* (Cornelsen), *À plus ! nouvelle édition* (Cornelsen); für Spanisch: *¡Adelante!* (Klett), *¡vale vale!* (C.C. Buchner), *¿Qué pasa?* (Diesterweg), *Encuentros* (Cornelsen); für Italienisch: *Ecco* (Cornelsen), *Scambio* (C.C. Buchner), *Appunto* (C.C. Buchner), *In piazza* (C.C. Buchner).

[9] Damit die Aussagen zu den untersuchten Lehrwerken leichter zuzuordnen sind, werden die Lehrwerke im Folgenden nicht nach den Autoren, sondern nach Titeln zitiert. Genaue Angaben finden sich im Literaturverzeichnis.

[10] Im Gegensatz zu einem Lehrwerk fasst ein Lehrbuch die für das Erlernen der Fremdsprache konzipierten Texte und Übungen in *einem* Band zusammen.

[11] In manchen Lehrwerken, wie z.B. *¡Adelante!* oder *Appunto*, ist die Beschreibung der grammatischen Inhalte allerdings in das Schülerbuch integriert.

Selbstlernmaterialien, Vorlagen für Testaufgaben, Kompetenz- bzw. Prüfungstrainer, Folien, Tonträger und computergestütztes Material u.v.a.m. (vgl. Kataloge bzw. Homepages der Verlage).

Die zu einem Lehrwerk gehörende Produktpalette ist also vielfältig. Bevor alle oder einzelne Komponenten im Unterricht an öffentlichen Schulen eingesetzt werden können, müssen sie durch kultusministerielle Behörden autorisiert werden. Dies ist wegen der maßgeblichen Funktion von Lehrwerken für die Gestaltung des Unterrichts angemessen. Lehrwerke nehmen über Inhalte, Übungsgestaltung, Wortschatzauswahl, Grammatikprogression usw. unmittelbar Einfluss auf den Unterricht, belegen den aktuellen Sprachgebrauch, erklären landestypische kulturelle Besonderheiten, bieten ausgewählte Beispiele der fremdsprachigen Literatur und Musik, stellen Arbeitstechniken bzw. -strategien vor und beinhalten Nachschlagemöglichkeiten. Für Lehrende und Lernende sind sie eine strukturierende Hilfe. Sie unterstützen und entlasten durch die Systematisierung und die didaktische Aufbereitung der Unterrichtsinhalte sowie durch das Angebot an Begleitmaterialien Lehrkräfte in ihrer Arbeit. Lernenden helfen Lehrwerke bei der Bestimmung des Lernfortschritts und bei der Orientierung in Bezug auf den Lernstoff. Außerdem können die optische Aufmachung und die inhaltliche Gestaltung von Lehrwerken zum Sprachenlernen motivieren, vornehmlich wenn den Schülern verdeutlicht wird, dass sie die im Unterricht erworbenen Kenntnisse außerschulisch nutzbringend einsetzen können.

3. Lehrwerke und Schulbuchverlage: Der Markt

Aus der Bandbreite der Lehrwerkskomponenten, der notwendigen Abstimmung der aufeinander aufbauenden Jahrgangsbände und der Beachtung der Funktionen wird deutlich, dass die Erarbeitung eines Lehrwerks für eine romanische Sprache arbeits- und auch kostenintensiv ist. Die Aufwendungen eines Schulbuchverlags für die Erstellung eines Lehrwerks enthalten neben den Materialkosten die Honorare für die Beschäftigung zahlreicher Autoren sowie anderer redaktioneller Mitarbeiter, denn für die Gestaltung von Lehrwerken sind Autorenteams verantwortlich. Oft sind mindestens drei, meist aber mehr – größtenteils nebenberufliche tätige – Autoren an der Konzeption und Ausarbeitung der vielfältigen Bestandteile eines Lehrwerks beteiligt.

Trotz des Arbeitsaufwands und der entstehenden Kosten ist die Produktion eines Lehrwerks, das für den Unterricht an öffentlichen Schulen genehmigt werden soll, für Schulbuchverlage in den meisten Fällen ein gewinnversprechendes Geschäft. Die Zulassung bedeutet in der Regel, dass mindestens Schülerbücher und Grammatische Beihefte lernmittelfrei an die Schüler ausgegeben werden.[12] Diese Komponenten werden also in hohen Auflagen an die Schulen verkauft und müssen aufgrund des Verschleißes dort regelmäßig nachgekauft werden.

Um welche Gesamtbeträge es sich dabei handelt, soll am Beispiel der für das erste Lernjahr erarbeiteten Bestandteile des Lehrwerks *Découvertes. Série jaune* (2012) aus dem Klett-Verlag belegt werden. Selbst wenn dieses Lehrwerk nicht in allen Schulen im Anfangsunterricht benutzt wird, sondern in vielen Schulen beispielsweise die Produkte aus dem Cornelsen-Verlag für den Unterricht verwendet werden, kann eine Hochrechnung auf der Basis der auf der Homepage des Klett-Verlags angegebenen, für 2015 gültigen Preise für die Lehrwerkkomponenten zu *Découvertes 1. Série jaune* die Summen verdeutlichen, um die es insgesamt für die Verlage geht. Als weitere Grundlage der Berechnung werden Zahlen des Bayerischen Landesamts für Statistik und Datenverarbeitung bzw. des Bayerischen Staatsministeriums für Unterricht und Kultus sowie des Statistischen Bundesamtes zu Klassenstärke und Anzahl von Gymnasien herangezogen.

In der – bis Ende 2015 neuesten – Aufstellung *Aktuelles zum Schuljahr 2013/14* benennt das Bayerische Staatsministerium eine durchschnittliche Anzahl von 26 Schülern pro Klasse in Gymnasien. Das Schülerbuch des Lehrwerks *Découvertes 1. Série jaune* wird für 18,25 €, bzw. mit flexiblem Einwand für 17,25 €, verkauft, das dazu gehörende Grammatische Beiheft für 6,68 €. Für eine 6. Jahrgangsstufe (erstes Lernjahr Französisch) entstehen demnach den Schulaufwandsträgern Kosten pro Klasse von 474,50 € (bzw. 448,50 €) für Schülerbücher und 173,68 € für Grammatische Beihefte.[13]

---

[12] Titel und Verlag der in Bayern zugelassenen Lehrwerke werden regelmäßig im *Amtsblatt der Bayerischen Staatsministerien für Unterricht und Kultus, und Wissenschaft und Kunst* bekanntgegeben.

[13] Die Preise für das Klett-Lehrwerk können durchaus repräsentativ verwendet werden, denn die für das Cornelsen-Lehrwerk *À plus! 1 Nouvelle édition* weichen nur geringfügig davon ab. Das Schülerbuch mit Festeinband von *À plus! 1 Nouvelle édition* kostet 19,95 €, kartoniert 17,95 €. Für das Grammatikheft sind 7,95 € zu veranschlagen. Die Preise für die Spanisch- bzw. Italienischlehrwerke liegen allerdings höher. Das Schülerbuch von *¡Adelante! Nivel elemental* (Klett) kostet 23,73 €, das von *In piazza 1, Ausgabe B* (C.C. Buchner) 24, 80 €.

Rechnet man nun diese Kosten pro Klasse auf die Gesamtzahl der vom Statistischen Bundesamt angegebenen Anzahl von 3.124 Gymnasien im Bundesgebiet hoch, wird die wirtschaftliche Bedeutung des Schulbuchmarktes ersichtlich: Die Zahl von 3.124 Gymnasien mit einer angenommenen durchschnittlichen Klassenstärke von 26 Kindern ergibt für die 6. Jahrgangsstufe bundesweit die Summe von 1.482.338 € (bzw. 1.401.114 €) nur für die Schülerbücher und von 542.576,32 € für die Grammatischen Beihefte. Sicher müssen Abstriche gemacht werden, da nicht alle Gymnasiasten in der 6. Klasse Französisch lernen; andererseits übersteigt wahrscheinlich die Schülerzahl pro Klasse oft die Marke von 26. Außerdem sind in der für die Hochrechnung herangezogenen Zahl der Gymnasien weder Schularten mit verschiedenen Zweigen (Integrierte Gesamtschulen etc.) noch Privatschulen inbegriffen.

Zusätzlich kaufen die Schulen Folien und/oder Wandbilder, Lernsoftware usw. zumeist in mehreren Exemplaren. Ferner müssen in fast allen Klassen privat von den Schülern die Übungshefte erworben werden (Einzelpreis des *Cahier d'activités* mit MP3-CD und Video-DVD: 8,75 €), da sie vielfach Grundlage von Hausaufgaben sind.[14] Die Kosten für die Übungshefte belaufen sich für eine 6. Klasse mit 26 Schülern auf 227,50 €. Für alle Gymnasien ergibt sich die Summe von 710.710 €. Privat, wenn auch sicher nicht von allen Lernenden, werden weiter Schüler-CDs, Vokabellernhefte sowie andere Materialien angeschafft und von vielen Lehrkräften die Lehrerbücher.

Trotz der Herstellungs- und Personalausgaben ist der mit dieser Beispielrechnung verdeutlichte zu erwartende Umsatz ohne Zweifel ein hinreichender Anreiz für ein Verlagshaus, sich dem Aufwand der Herstellung eines Lehrwerks auszusetzen.

4. Bestimmungen für Lehrwerke allgemein und insbesondere für romanische Sprachen

Bei der Konzeption eines Lehrwerks für eine romanische Sprache sind die Verlagshäuser gehalten, sich an aktuellen fachdidaktischen Positionen und an wegweisenden bildungspolitischen Richtlinien wie dem *Gemeinsamen europäischen Referenzrahmen für Sprachen* (GeR) und den Bildungsstandards der Kultusministerkonferenz (vgl. KMK 2004) zu orientieren. Maßgeblich ist

---

[14] Alternativ kann das *Cahier d'activités* mit MP3-CD, Video-DVD und Übungssoftware (Band 1) für 15,25 € angeschafft werden.

weiter die Ausrichtung an den Fachlehrplänen der verschiedenen Bundesländer, da die Kultusministerien sonst die Zulassung des Produkts verweigern und die Anstrengungen der Verlage erfolglos bleiben. Die Redaktionen für Lehrwerke müssen deshalb der schwierigen Aufgabe gerecht werden, der aus dem Föderalismus erwachsenden Vielfalt der Bildungslandschaft zu genügen, und dies in einer in der Regel einheitlichen Ausgabe, denn landesspezifische Versionen von Lehrwerkskomponenten sind aus finanziellen Gründen selten. Innerhalb des Rahmens der teilweise recht präzisen Anordnungen seitens der Kultusministerien der Länder müssen Lehrwerkautoren konkrete Inhalte für die Unterrichtspraxis entwickeln.

Die Bundesländer erarbeiten nicht nur individuelle Fachlehrpläne für die Schulfächer, sondern geben explizite Kriterien für die Zulassung von Lehrwerken vor. Es ist davon auszugehen, dass sich diese Kriterienkataloge in zahlreichen Aspekten ähneln. Repräsentativ für länderspezifische Bestimmungen werden im Folgenden die Kriterien des Bayerischen Kultusministeriums vorgestellt, die in einen „Allgemeinen Kriterienkatalog" und einen „für Lehrwerke der Modernen Fremdsprachen" geteilt sind.[15]

Als wesentliche Grundsätze legen die „Kriterien zur Begutachtung von Lernmitteln" (vgl. Bayerisches Staatsministerium 2014) u.a. folgende Aspekte fest:

- kein Widerspruch zu geltendem Recht;
- Erfüllung der Anforderungen des Lehrplans;
- Berücksichtigung pädagogischer Erkenntnisse und methodisch-didaktischer Grundsätze;
- Angemessenheit bezüglich Auswahl, Anordnung, Darbietung und Umfang des Stoffs für die betreffende Schulart und Jahrgangsstufe;
- keine für den Unterricht nicht erforderliche Werbung;
- klare Strukturierung;
- Ermöglichen des selbstständigen Lernens;
- Anregung entsprechender Lernprozesse;
- Verwendbarkeit als Lehr- und Nachschlagewerk;
- Präsentation des gesamten Stoffs eines Schuljahres oder Ausbildungsabschnitts für ein bestimmtes Unterrichtsfach;
- Eignung für einen mehrjährigen Gebrauch;

---

[15] Neben den Kriterien für Werke für die Lehrwerkphase gibt es eigenständige Beurteilungskataloge für Oberstufenlehrbücher und Textsammlungen. Auf diese Kriterien geht der Beitrag wegen der Konzentration auf die Lehrbuchphase nicht ein.

- keinen Raum (Leerstellen) für Eintragungen durch die Schülerin bzw. den Schüler.

Der „Kriterienkatalog für Lehrwerke der Modernen Fremdsprachen" ist weiter aufgeschlüsselt (vgl. Übersicht im Anhang). Über die im allgemeinen Katalog bereits genannten Faktoren hinausgehend spezifiziert dieser Kriterienkatalog (vgl. Bayerisches Staatsministerium 2009) als Konditionen:
- die fachwissenschaftliche Orientierung am Stand der Forschung;
- die Passung „Inhalte – verfügbare Stundenzahl";
- erkennbare fakultative Inhalte;
- authentische Texte;
- interkulturelles Lernen und Landeskunde;
- Lernstrategien;
- Gliederung in Textteil, Aufgabenteil, Grammatikerläuterungen und chronologischen und alphabetischen Wortschatzteil;
- Präsenz von Medien, Lernzielen und -inhalten (sprachliche Mittel, kommunikative Fertigkeiten), Interkulturellem Lernen und Landeskunde (mit Aktualisierungsmodulen), Lernstrategien;
- Möglichkeiten zur Binnendifferenzierung.

5. Beispiele für die Umsetzung der Vorgaben durch Lehrwerke: *Découvertes 1. Série jaune* (Klett), *¡Adelante! Nivel elemental* (Klett), *In piazza* 1, Ausgabe B (C.C. Buchner)

Man kann annehmen, dass bei lernmittelfrei zugelassenen Lehrwerken die Kriterien seitens des Ministeriums grundsätzlich erfüllt werden. Da die Autoren den durch die Direktiven gegebenen Freiraum nutzen, sind jedoch üblicherweise Unterschiede im Detail vorhanden.

Um zu zeigen, wie die Verlage verfahren, wird jeweils der für den unmittelbaren Lehrgangsbeginn konzipierte Schülerband eines Lehrwerks, das in bayerischen Gymnasien häufig eingesetzt wird, herangezogen: *Découvertes 1. Série jaune* (Klett) für Französisch, *¡Adelante! Nivel elemental* (Klett) für Spanisch und *In piazza 1, Ausgabe B* (C.C. Buchner) für Italienisch.

Obwohl eine umfassende vergleichende Analyse der Umsetzung wünschenswert wäre, muss eine Beschränkung vorgenommen werden. Diese fiel auf die Kriterien „Gliederung", „Wortschatzteil", „erkennbare fakultative Inhalte/Möglichkeiten zur Binnendifferenzierung", „kommunikative Fertigkeiten", „authentische Texte" und „Lernstrategien".[16] Bei dem Aspekt „Gliederung" wird auch die Aufmachung einbezogen und darüber hinaus das Inhaltsverzeichnis berücksichtigt, weil dort die Orientierung am didaktisch-wissenschaftlichen Stand der Forschung vorab deutlich wird.

5.1 Aufmachung, Gliederung und Inhaltsverzeichnis

Alle drei Lehrwerke haben eine stark bebilderte, bunte Aufmachung, die die jugendlichen Nutzer ansprechen soll. Besonders in *Découvertes 1. Série jaune*, das als Lehrwerk für die zweite Fremdsprache Kinder von ca. elf Jahren in den Blick nimmt, gibt es dem Alter der Zielgruppe gemäß viele verspielte Elemente, wie z.B. Zeichnungen eines kleinen Hundes, der ein Geburtstagsständchen singt oder freudig auf jemanden zu läuft. In den Lehrwerken für die dritte Fremdsprache *¡Adelante! Nivel elemental!* und *In piazza 1*, deren Adressaten älter sind, sind solche Elemente rar bzw. nicht vorhanden.

Die Gliederung in Text- und Übungsteil sowie Vokabelverzeichnisse ist in allen drei Lehrwerken vorhanden. Auffällige Unterschiede ergeben sich in Bezug auf die Inhaltsverzeichnisse mit der Benennung aktueller didaktischer Tendenzen. *Découvertes 1. Série jaune* verwendet dort den gegenwärtigen Leitbegriff des fachdidaktischen Diskurses „Kompetenzen", die wiederum in „kommunikativ" und „interkulturell/methodisch" aufgeschlüsselt sind. *¡Adelante! Nivel elemental!* differenziert nach „Themen/Ziele", „Kommunikative Kompetenz", unterteilt in kommunikative Fertigkeiten und sprachliche Mittel, und „Interkulturelle/Methodische Kompetenz". *In piazza, Ausgabe B*, gebraucht im Inhaltsverzeichnis den Begriff „Kompetenzen" nicht, sondern führt „Themen/Situationen", „Kommunikative Ziele/Strategie" und „Grammatikthemen" an. In „Vorwort und Wegweiser" wird dem Terminus „Kompetenz in der Bedeutung von ‚wissen und anwenden können'" aber „große Bedeutung" zugemessen (*In piazza 1, Ausgabe B*, S. 3).

In den Inhaltsverzeichnissen wird außerdem die Gliederung in Lektionen, Vokabelteile und andere Bereiche deutlich. Zu letzteren gehören Differenzierungsmaßnahmen (*Découvertes 1. Série jaune*; vgl. Abschnitt 5.3), Gram-

---

[16] Die Überprüfung anderer Bereiche wie „Passung Inhalte – verfügbare Stundenzahl", „Interkulturelles Lernen und Landeskunde" und „Präsenz von Medien" verlangt eine umfangreiche Untersuchung, die auf der für den Beitrag vorgegebenen Seitenzahl nicht unterzubringen ist.

matikerklärungen (¡Adelante! Nivel elemental!) und zusätzliche Vokabellisten (¡Adelante! Nivel elemental!: Expresiones útiles; In Piazza 1, Ausgabe B: Per parlare della lingua, Per parlare italiano in classe), teilweise auch spezielle Nachschlagemöglichkeiten (z.B. ¡Adelante! Nivel elemental!: Países/Lenguas/Gente; Número de hablantes/Zonas horarias)

Auffällig ist das Bemühen um die Erhöhung der Selbständigkeit der Lernenden. Überall gibt es eine kurze Einführung in die Benutzung des Lehrwerks. Découvertes 1. Série jaune enthält außerdem nach jeder Lektion die Rubrik Bilan, ¡Adelante! Nivel elemental! weist nach den Lektionen 3, 6 und 9 je ein Repaso (= Plateauphase mit kompetenzorientierter Wiederholung/Vorbereitung auf DELE[17]) aus. In In piazza 1 folgen Möglichkeiten zur Überprüfung des Gelernten nach den Lektionen 3 (Competenze livello A 1) und 6 (Competenze livello A 2). Auch eine dem Lernstand (A1–A2/B1) insgesamt angemessene Sprach(lern)bewusstheit wird aufgebaut, wenn die Schüler darauf aufmerksam gemacht werden, was sie am Ende eines jeden Bandes des Lehrwerks können (vgl. Abschnitt 5.4).

5.2. Wortschatzteil

Alle drei Lehrwerke enthalten einen chronologischen und einen alphabetischen Wortschatzteil. Die Konzeption der Vokabellisten weist indes Differenzen auf. Das chronologische Wörterverzeichnis in *Découvertes 1. Série jaune* ist dreispaltig angelegt: französisch (mit Lautschrift) – deutsch – Zusatzinformationen wie Beispielsätze mit Übersetzung, Hinweise auf Ähnlichkeiten in anderen Sprachen, Informationen über französische Besonderheiten unter der Überschrift *Vis-à-vis*. Dazu gibt es Bilder, Zeichnungen und Tipps, z.B. für die Aussprache. Die Einteilung in Lern- und anderen Wortschatz wird vor allem in Vokabelkästen deutlich, in denen Wortschatz, der nicht gelernt werden muss, in blauer Schrift erscheint. Das alphabetische Verzeichnis (französisch – deutsch) enthält ebenfalls Transkriptionen. Außerdem ist als Orientierungshilfe die Lektion angegeben, in der das Wort zum ersten Mal auftaucht.

In *¡Adelante! Nivel elemental!* gibt es im chronologischen Wörterverzeichnis nur zwei Spalten (spanisch – deutsch). Transkriptionen fehlen, möglicherweise, weil im Spanischen Aussprache und Schriftbild nicht so stark

---

[17] *Diploma de Español como Lengua Extranjera* ist „ein offizieller Titel, der den Kompetenzgrad und die Beherrschung der spanischen Sprache bescheinigt und vom spanischen Ministerium für Erziehung, Kultur und Sport ausgestellt wird" (http://www.dele.org/deutsch/; Zugriffsdatum: 09.12.2015).

divergieren wie im Französischen. Die Beispielsätze stehen unter dem spanischen Lemma, die Übersetzungen unter dem deutschen, genau wie Verweise auf Ähnlichkeiten mit anderen Sprachen. Die Unterscheidung zwischen obligatorischem und fakultativem Wortschatz geschieht über Fettdruck. Im spanisch-deutschen alphabetischen Wörterverzeichnis werden wie in *Découvertes 1. Série jaune* die Erstbelege angeführt.

In piazza 1 beinhaltet ein dreispaltiges chronologisches Wörterverzeichnis (italienisch – deutsch – Beispielsätze, teilweise mit Übersetzung und Verweisen auf andere Sprachen). Die überwiegende Mehrheit des Wortschatzes ist fettgedruckt und wird damit als Lernwortschatz ausgewiesen. Normaldruck zeigt den sogenannten Verständniswortschatz an. Lautschrift wird wie in *¡Adelante! Nivel elemental!*, möglicherweise ebenfalls aufgrund der Nähe von Aussprache und Schriftbild, den Schülern nicht an die Hand gegeben. Das alphabetische Verzeichnis ist italienisch – deutsch angelegt und vermerkt gleichfalls den jeweiligen Erstbeleg.[18]

5.3 Fakultative Inhalte und Möglichkeiten der Binnendifferenzierung

Die im Kriterienkatalog geforderten fakultativen Inhalte sowie die Möglichkeiten zur Binnendifferenzierung füllen die Lehrwerke auf unterschiedliche Art. *Découvertes 1. Série jaune* widmet sich diesem Aspekt nach dem kompletten Lektionsblock mit einem *En plus*-Teil. Er ist als Übungsteil „zur Differenzierung zu Unité 1 – Unité 7" (S. 6) bzw. als *différenciation* (S. 124ff.) explizit ausgewiesen. Als fakultatives Zusatzangebot konzipiert, bietet er „Einfachere", „Schwierigere" und „Ergänzende" Zusatzübungen zu den Lektionen an. Im jede Lektion abschließenden *Bilan*-Teil (vgl. Abschnitt 5.1) wird auf weitere Übungen im Internet hingewiesen.

¡Adelante! Nivel elemental! und *In piazza 1* enthalten jeweils fakultative Übungen, die durch ein Symbol kenntlich gemacht sind und bei zusätzlichem Übungsbedarf herangezogen werden können. Eine Spezifizierung in „leicht" oder „schwierig" wie in *Découvertes 1. Série jaune* nehmen diese Lehrwerke nicht vor, und auch der fachdidaktisch wegweisende Begriff „Differenzierung" wird nicht gebraucht.

---

[18] Eine eingehende Diskussion beispielsweise der Benutzerfreundlichkeit der gewählten Gestaltung der Inhaltsverzeichnisse und der chronologischen Vokabellisten wäre ein sinnvolles Thema einer weiterführenden Untersuchung.

5.4 Kommunikative Fertigkeiten

Die (kommunikativen) Fertigkeitsbereiche (vgl. KMK 2004, 8)[19] sind in den repräsentativ herangezogenen Lehrwerkkomponenten ebenfalls in unterschiedlichem Ausmaß belegt. In *Découvertes 1. Série jaune* (Klett) ist bei den Übungen jedes Mal vermerkt, welche Fertigkeit im Mittelpunkt steht. Geübt werden *écouter, parler, lire*. Die Übung von Schreiben (*écrire*) ist im Vergleich zu diesen drei Fertigkeiten ausgesprochen selten.[20]

Auch in *¡Adelante! Nivel elemental!*, das ebenfalls im Klett-Verlag erarbeitet wurde,[21] sind neben den Übungen die angestrebten Fertigkeiten angegeben. Am häufigsten geht das Lehrwerk auf *hablar* ein (beispielsweise in Lektion 1 bei 13 von 27 Übungen). Außerdem erklärt man den Schüler, welche Ziele in der Lektion verfolgt werden (z.B. *tarea final*: „Sie werden ein Telephongespräch führen und Auskünfte über eine Wohnung einholen"; kommunikative Fertigkeiten: „Wohnungsanzeigen lesen, Vorlieben angeben und erfragen, sagen, was es gibt und wo sich etwas befindet, Wohnungen beschreiben, den Weg beschreiben"; ebd., S. 53).

In piazza 1 weist die Fertigkeitsbereiche nicht explizit aus. Zahlreiche Übungen sind aber mit dem Symbol für Partnerübungen bzw. dem für Gruppenübungen versehen, regen also zum Sprechen an. Das Symbol für schriftliche Übungen ist weitaus seltener. *In piazza 1* enthält weiter eine nach Lehrwerksbänden geteilte Checkliste für die Selbstbeurteilung gemäß den Sprachkompetenzstufen des GeR A1 – B1: hören, lesen, an Gesprächen teilnehmen, zusammenhängend sprechen, schreiben, Sprachmittlung (vgl. S. 10f.). Nach jeder dritten Lektion gibt es Aufgaben, auf deren Basis der oder die Lernende die erworbenen Kompetenzen feststellen kann (vgl. Abschnitt 5.1). Außerdem werden auch hier zu Beginn einer jeden Lektion die Fertigkeiten aufgelistet, die in der Lektion eingeübt werden (z.B. „Am Ende dieser Lektion kannst du – über deine Freizeit berichten – ausdrücken, welche Vorlieben du hast – erzählen, wo und wie du wohnst"; S. 28).

---

[19] Als kommunikative Fertigkeiten nennen die Bildungsstandards (KMK 2004, 8): Hör- und Hör-/Sehverstehen, Leseverstehen, Sprechen (An-Gesprächen-Teilnehmen, zusammenhängendes Sprechen), Schreiben, Sprachmittlung.

[20] Zahlreiche schriftliche Übungen und Aufgaben enthalten jeweils die Arbeitshefte, die es zu jedem Lehrwerk gibt.

[21] Lehrwerke für verschiedene Sprachen aus einem Verlagshaus haben häufig Ähnlichkeiten, beispielsweise in Bezug auf den Lektionsaufbau oder, wie im Fall von *Découvertes. Série jaune* und *¡Adelante!*, bei der Gestaltung des Übungsapparats.

5.5 Authentisches Textmaterial

Der Forderung nach authentischen Texten wird in den ersten Lehrgangsbänden nur begrenzt entsprochen, was sicher mit der noch geringen sprachlichen Kompetenz der Schüler zusammenhängt. Überall überwiegen in Bezug auf authentisches Textmaterial visuelle Texte wie Abbildungen von Geschäften oder Ämtern (z.B. Postamt); dazu kommen Liedtexte. *Découvertes 1. Série jaune* hat nur wenige verschriftlichte authentische Texte. Vorgestellt wird das Kinderlied *Mon petit chat* (S. 12);[22] dazu kommt der Liedtext von *Bye bye collège* von Ilona Mitrecey (S. 73).

In *¡Adelante! Nivel elemental!* gibt es den Liedtext zu ‚Bailar' der Rockband Jarabe de Palo (S. 74), einen Auszug aus Santiago García-Clairacs *Primeras práticas* (S. 114) und aus Lisi Barros-Sehringers *¡Devuélvannos la tía!* (S. 126).

In *piazza 1* enthält drei Liedtexte: Leandro Barottis *Mi piace* (S. 41), Jovanottis *A te* (S. 85), Lucio Dallas *Piazza Grande* (S. 150) und außerdem einen Auszug aus *Notte prima degli esami* (S. 108f.) und für die Sprachmittlung einen gekürzten Textauszug von „Fauler Zauber" aus DIE ZEIT Nr. 44 vom 22.10.2009 (S. 131).

5.6 Lernstrategien

Strategien werden von allen drei Lehrwerkkomponenten in einem Block nach dem kompletten Lektionsteil präsentiert. *Découvertes 1. Série jaune* konzentriert sich im ersten Band, der hier untersucht wird, auf Strategien zu „erfolgreich lernen, mit dem Buch arbeiten, mit dem Portfolio arbeiten, *Ecouter, Lire, Parler, Ecrire, Médiation*" (vgl. S. 138–141). *¡Adelante! Nivel elemental!* führt aus „Lesen/Texte verstehen, Schreiben, (monologisches) Sprechen, eine Präsentation vorbereiten und vortragen, Sprachmittlung, Wortschatz erwerben, mit einem Wörterbuch arbeiten" (vgl. S. 133–141). In *piazza 1, Ausgabe B*, bespricht „Lerntyp finden, Mindmap als Lernhilfe, Arbeit mit dem online-Wörterbuch", außerdem die kommunikativen Strategien „Lesen, Hören, Sprechen, Schreiben, Sprachmittlung" (vgl. S. 152–164).

---

[22] Text und Melodie konnten jedoch bei einer Recherche zu „originalen" französischen Kinderliedern nicht gefunden werden. Möglicherweise wurde das Lied eigens für das Lehrwerk erstellt, ist also nicht im strengen Sinne authentisch, d.h. von Franzosen für Franzosen kreiert.

6. Fazit

Die Untersuchung ausgewählter Bereiche von Schülerbüchern für den Anfangsunterricht ergibt, dass deren Gliederung den Anforderungen des der Untersuchung zugrunde gelegten Kriterienkatalogs entspricht. Allerdings gibt allein das Französischlehrwerk den fachdidaktisch aktuellen und relevanten Begriffen „Kompetenzen" und „Differenzierung" eine prominente Stellung. In dem Spanisch- und dem Italienischlehrwerk wird diesen Ansprüchen nur implizit entsprochen. Die Wortschatzteile sind durchweg in chronologische und alphabetische Listen unterteilt. Vor allem im chronologischen Teil differiert die Aufmachung, wobei die dreispaltige Anlage lernerfreundlicher erscheint, denn die chronologische Wörterliste dient häufig als Grundlage für das Vokabellernen und bietet in dieser Form mehr Möglichkeiten, etwa zum Abdecken der Mittelspalte oder der Beispielsätze. Maßnahmen zur Binnendifferenzierung und erkennbare fakultative Inhalte sind ungleichgewichtig vorhanden. Sie könnten insbesondere in dem Spanisch- und dem Italienischlehrwerk ausgeweitet werden. Die kommunikativen Fertigkeitsbereiche sind adäquat repräsentiert, und auch die Präsenz authentischen Textmaterials entspricht dem Anfangsniveau.

Das insgesamt positive Ergebnis kann nicht erstaunen. Schon wegen der finanziellen Belastungen, die sich durch die Erarbeitung eines Lehrwerks ergeben, nehmen die Verlage die Vorgaben der Ministerien ernst. Dies bedeutet zwar für Verlage und Autorenteams eine gewisse Einschränkung in ihrer Gestaltungsfreiheit, doch nutzen sie die (geringen) Spielräume, so dass die Lehrwerke besondere, teils verlagstypische Merkmale haben.

Trotz der Einschränkungen ist die staatliche Kontrolle von Inhalten und Aufbau der Fremdsprachenlehrwerke grundsätzlich berechtigt, denn Lehrwerke erfüllen mindestens in der Spracherwerbsphase die weithin unbestrittene Funktion als Leitmedium des Unterrichts und bestimmen als Grundlage des Unterrichts der romanischen Sprachen wesentlich Inhalte und Progression des Unterrichts.[23] Damit nehmen sie Einfluss auf die Erziehung und

---

[23] Ein flexibler, ergänzender Umgang mit dem Lehrwerk ist in jedem Fall ratsam, schon allein um Schwächen der Lehrwerke, die sich aus der Zeitgebundenheit und der mangelnden Authentizität ergeben, auszugleichen.

Weltsicht der Jugendlichen. Sie tragen allerdings auch zur selektiven Funktion des Fremdsprachenunterrichts im deutschen Schulsystem bei,[24] die nicht selten über Berufsmöglichkeiten entscheidet.

Abschließend ist noch einmal hervorzuheben, dass die Produkte zum einen in der Tradition des Bildungswesens und seiner Institutionen stehen, dass zum anderen Verlage Wirtschaftsunternehmen sind, die den Gesetzen des Marktes unterliegen. Deshalb ist die Konzeption eines Lehrwerks nicht nur von den Maßgaben der Kultusministerien abhängig, sondern auch von der Resonanz des Faches und damit vom materiellen Anreiz für den Verlag.

---

[24] Schülerinnen und Schüler müssen mindestens zwei Fremdsprachen erfolgreich gelernt haben, um das Abitur zu erreichen. Vgl. Oberstufen- und Abiturverordnung (OAVO) vom 20. Juli 2009 (ABl. S. 408) – zuletzt geändert durch VO vom 4. April 2013 (ABl. 158, ber. 280) § 14 Fremdsprachen; http://kursnet-finden.arbeitsagentur.de/kurs/regelungen/378.pdf; Zugriffsdatum: 10.12.2015.

Anhang

Kriterien für Fremdsprachenlehrwerke
(vgl. Bayerisches Staatsministerium 2009)

Beurteilungskriterien für Lehrwerke in der „Lehrbuchphase".

Gesamtkonzept des Lernmittels

- Ist das Lernmittel klar gegliedert nach Textteil, Aufgabenteil, Grammatikerläuterungen (nach Lektionen bzw. systematisch geordnet) und Wortschatzteil (sowohl nach Lektionen als auch alphabetisch geordnet [am Ende des Lernmittels]; zwei- oder dreispaltig; Aussprachehilfen)?
- Bietet es ausreichend Möglichkeiten zur Übung und zur Wiederholung an? Finden sich nach jedem Kapitel genügend viele Fragen, mit deren Hilfe der Schüler bzw. die Schülerin seinen/ihren Lernstand auch selbst feststellen kann? Nach mehreren Kapiteln sollten komplexere Fragen angeboten werden, auch solche, die auf Grundwissen der Vorjahre zurückgreifen (Lernen, Üben, Wiederholen)
- Ist bei mehrbändigen Lernmitteln der Aufbau über die Jahrgangsstufen hinweg stimmig? Ist ggf. die Qualität der Zusatzmaterialien (z.B. Arbeitsheft) und -medien (z.B. Folien) angemessen?
- Ist die Aufmachung ansprechend und jugendgemäß?
- Enthält das Lehrwerk neue methodisch-didaktische Erkenntnisse?
- Gibt es verständliche Hinweise für die Schüler und Schülerinnen als selbstständige Benutzer/innen des Lehrbuchs?
- Sind die zentralen Inhalte in der zur Verfügung stehenden Stundenzahl zu bewältigen?
- Werden fakultative Inhalte als solche ausgewiesen?

Lernziele und -inhalte

Sprache

- Werden die Lehrplanbereiche *Kommunikative Fertigkeiten, sprachliche Mittel* und *Sprachreflexion* angemessen berücksichtigt?
- Hat die Vermittlung der kommunikativen Fertigkeiten (Hör- und Leseverstehen, mündliche und schriftliche Ausdrucksfähigkeit, Sprachmittlung) einen ausreichend hohen Stellenwert?
- Werden die Kriterien des *Gemeinsamen europäischen Referenzrahmens* bzw. – je nach Fremdsprache – der angegebenen Sprachzertifikate angemessen berücksichtigt?
- Werden auch Hör- bzw. Hör-/Sehtexte angeboten, die ggf. über die Lektionstexte hinausgehen?
- Genügt das Lernmittel den Kriterien der sprachlichen Richtigkeit und Angemessenheit?
- Steht der von den Schülern und Schülerinnen zu erlernende Wortschatz in einem realistischen Verhältnis zu der zur Verfügung stehenden Unterrichtszeit?
- Wird die immanente Wiederholung des zu lernenden Wortschatzes gewährleistet?
- Wird zwischen zentralem Wortschatz und marginalem bzw. vom Schüler oder der Schülerin nicht produktiv zu beherrschendem Wortschatz unterschieden?
- Wird eine sinnvolle und altersgerechte Wortschatzauswahl passend zu den im Lehrplan genannten kommunikativen Aktivitäten und Themenbereichen angeboten?
- Werden Gelegenheiten geboten, Wortschatzerschließungstechniken einzuüben?
- Werden die im Lehrplan genannten grammatischen Strukturen in altersgemäßer Weise didaktisierend vermittelt (Verzicht auf unnötiges Detailwissen)?
- Gibt es in den Texten genügend Belege für die jeweils neuen grammatischen Strukturen?
- Bietet das Lernmittel auch Anlässe zur jahrgangsstufengemäßen Sprachreflexion?

Umgang mit Texten und Medien

- Berücksichtigt das Lernmittel das im Lehrplan intendierte breit gefächerte Spektrum an Textarten?
- Sind die Texte motivierend und altersgemäß?
- Bietet das Lernmittel auch abwechslungsreiche authentische Texte?
- Werden authentische Texte ggf. durch Wortschatzangaben in ihrem Schwierigkeitsgrad entschärft?
- Geht das Lernmittel auf Techniken der Texterschließung und -erstellung ein?
- Wird ein kreativer Umgang mit Texten (auch literarischen) gefördert?

Interkulturelles Lernen und Landeskunde

- Entspricht das Material dem aktuellen Sachstand? Werden Aktualisierungsmodule (z.B. durch Internet) angeboten?
- Werden interkulturelle Aspekte angemessen berücksichtigt?
- Werden wichtige und interessante Informationen zu den jeweiligen Zielsprachenländern bzw. -kulturkreisen geboten?

Lernstrategien und Methoden selbstständigen Arbeitens

- Werden – auf die o.g. Lehrplanbereiche (Sprache, Umgang mit Texten und Medien, Interkulturelles Lernen und Landeskunde) bezogen – vielfältige Lernstrategien und Methoden selbstständigen Arbeitens angeboten?
- Werden Anregungen für projektorientiertes, selbstständiges und fachübergreifendes Arbeiten einbezogen?
- Gibt es Anregungen zum Erwerb von Medienkompetenz?
- Regt das Lernmittel in angemessenem Umfang zu Üben, Vertiefen und Wiederholen an oder bietet es ausreichend Materialien dazu an?
- Beinhaltet das Lernmittel den Umgang mit ein- und zweisprachigen Wörterbüchern?
- Werden neue Medien zur Schaffung von „Lernumgebungen" (z.B. Materialsammlungen auf CD-ROM) miteinbezogen?

Übungsteil

- Sind die Aufgabenformen lehrplankonform?
- Regt das Übungsangebot zum Wechsel der Sozialform an?
- Gibt es vielfältige und motivierende Übungen zu allen Fertigkeitsbereichen?
- Bietet das Lehrwerk Möglichkeiten zur Binnendifferenzierung an?
- Werden Aufgaben, die zur mündlichen Sprachproduktion anregen, hinreichend berücksichtigt?
- Sind Übungen zur Wiederholung von Wortschatz und Strukturen enthalten? Hält das Lehrwerk im Sinne eines nachhaltigen Lernens zum eigenständigen Lernen, Üben und Wiederholen an?

Literatur und Quellen

Lehrwerke

... für Französisch

BLUME, Otto-Michael et al. ab 2012. *À plus ! Nouvelle édition. Lehrwerk für den Französischunterricht an Gymnasien.* Berlin: Cornelsen.
BRUCKMAYER, Birgit et al. ab 2012. *Découvertes.Série jaune für den schulischen Französischunterricht.* Stuttgart/Leipzig: Klett.
GREGOR, Gertraud et al. ed. ab 2012. *À toi! Lehrwerk für den Französischunterricht.* Berlin: Cornelsen.

... für Spanisch

BARQUERO, Antonio et al. ab 2010. *¡Adelante!* Stuttgart/Leipzig: Klett.
DUNCKER, Mónica & HAMMER, Eva-Maria. ed. ab 2008. *¡vale vale! Unterrichtswerk für Spanisch im G8 (Sekundarstufe II).* Bamberg: C.C. Buchner.
MARÍN BARRERA, Sara et al. 2007. *Encuentros. Ausgabe B. Lehrwerk für den Spanischunterricht.* Berlin: Cornelsen
MARTOS VILLA, Marta et al. 2006. *¿Que pasa?* Braunschweig: Bildungshaus Schulbuchverlage Westermann Schroedel Diesterweg.

... für Italienisch

BERNHOFER, Verena. ed. ab 2015. *Scambio A. Unterrichtswerk für Italienisch in zwei Bänden.* Bamberg: C.C. Buchner.
JÄGER, Andreas & MÖRL, Karma. edd. ab 2006. *Appunto. Unterrichtswerk für Italienisch.* Bamberg: C.C. Buchner.
SCHMIEL, Sonja & STÖCKLE, Norbert. edd. ab 2012. *In piazza, Ausgabe B. Unterrichtswerk für Italienisch.* Bamberg: C.C. Buchner.
VOLK, Philipp von & ZIEGLMEIER, Susanne. edd. 2015. *Ecco. Italienisch für Gymnasien.* Berlin: Cornelsen.

Amtliche Quellen

AMTSBLATT DER BAYERISCHEN STAATSMINISTERIEN FÜR UNTERRICHT UND KULTUS UND WISSENSCHAFT, FORSCHUNG UND KUNST. ed. 2015. *Diese Lehrmittel sind zugelassen.* http://www.km.bayern.de/lehrer/unterricht-und-schulleben/lernmittel.html; Zugriffsdatum: 09.12.2015.
BAYERISCHES STAATSMINISTERIUM FÜR BILDUNG UND KULTUS, WISSENSCHAFT UND KUNST. ed. 2014. *Kriterien zur Begutachtung von Lernmitteln* (Stand: Januar 2014). http://www.km.bayern.de/lehrer/unterricht-und-schulleben/lernmittel.html. Zugriffsdatum: 29.11.2015; siehe auch http://www.gesetze-bayern.de/jportal/portal/pa

e/bsbayprod.psml;jsessionid=D7A2DCEB963309715BCE1E67AAE988FE..jp75? showdoccase=1&st=lr&doc.id=jlr-LernMZulVBY2009rahmen&doc.part=X&doc. origin=bs; Zugriffsdatum: 29.11.2015.

BAYERISCHES STAATSMINISTERIUM FÜR BILDUNG UND KULTUS, WISSENSCHAFT UND KUNST. ed. 2009. *Kriterienkatalog für Lehrwerke der Modernen Fremdsprachen.* www.km.bayern.de/download/11481_gymnasium_2009.pdf; Zugriffsdatum: 29.11.2015.

BAYERISCHES LANDESAMT FÜR STATISTIK. 2015. https://www.statistik.bayern.de; Zugriffsdatum: 09.12.2015.

BAYERISCHES STAATSMINISTERIUM FÜR UNTERRICHT UND KULTUS. o.J. *Aktuelles zum Schuljahr 2013/14.* http://www.berthold-rueth.de/image/inhalte/file/Jahrespresse konferenz_Neuerungen%20im%20Schuljahr%202013-2014.pdf; Zugriffsdatum: 16.12.2015.

KMK (Sekretariat der Ständigen Konferenz der Kultusminister der Länder in der Bundesrepublik Deutschland). ed. 2004. *Bildungsstandards für die erste Fremdsprache (Englisch/Französisch) für den Mittleren Schulabschluss.* München: Luchterhand. http://www.kmk.org/fileadmin/veroeffentlichungen_beschluesse/2003/200 3_12_04-BS-erste-Fremdsprache.pdf; Zugriffsdatum: 07.12.2015.

STATISTISCHES BUNDESAMT. 2015. https://www.destatis.de/DE/Publikationen/Thematisch/BildungForschungKultur/Schulen/AllgemeinbildendeSchulen21101001 47004.pdf?__blob=publicationFile; Zugriffsdatum: 14.07.2015.

Sekundärliteratur und Internetquellen

CC.BUCHNER VERLAG. *In piazza, Ausgabe B.* http://www.ccbuchner.de/reihe-1-1/in_ piazza_b_241/; Zugriffsdatum: 27.12.2015.

CORNELSEN-VERLAG. *À plus! Nouvelle édition.* http://www.cornelsen.de/aplus/; Zugriffsdatum: 27.12.2015.

GER (*Gemeinsamer europäischer Referenzrahmen für Sprachen*). 2001. *Lernen, lehren, beurteilen.* Hrsg. vom Europarat. Berlin: Langenscheidt. http://www.goethe.de/referenzrahmen; Zugriffsdatum: 07.12.2015.

KLETT-VERLAG. *¡Adelante!* https://www.klett.de/lehrwerk/adelante/produktuebersicht; Zugriffsdatum: 27.12.2015.

KLETT-VERLAG. *Découvertes. Série jaune.* https://www.klett.de/lehrwerk/decouvertes-serie-jaune-2012/produktuebersicht; Zugriffsdatum: 27.12.2015

MICHLER, Christine (2005): *Vier neuere Lehrwerke für den Französischunterricht auf dem Gymnasium. Eine kritische Fallstudie mit Empfehlungen für zukünftige Lehrwerke.* Augsburg: Wißner.

MICHLER, Christine. 2014. Französischunterricht und Fachdidaktik Französisch – Traditionen und Herausforderungen, in: Lange, Harald & Sinning, Silke. edd. *Kommunikation und Verstehen. Fachdidaktik und Themenkonstitution in den sprach- und kommunikationsbezogenen Fächern und Lernbereichen.* Baltmannsweiler: Schneider Verlag Hohengehren GmbH, 113–131.

MICHLER, Christine. 2015. *Einführung in die Didaktik der romanischen Sprachen und Literaturen*. Bamberg: University of Bamberg Press.

Lehrwerke für den Französischunterricht an Gymnasien als Vermittler zwischen Unterrichtspraxis und Lehrplan

1. Der Begriff ‚Lehrwerk'

Lehrwerke bestehen, vor allem wenn sie für den Fremdsprachenunterricht konzipiert sind, aus mehreren, teils für Lernende und Lehrer, teils nur für Lehrer gedachten Bestandteilen. Der Begriff ‚Lehrwerk' verweist infolgedessen präziser als ‚Lehrbuch' auf die Komplexität des Produkts, in dessen Mittelpunkt die meist als ‚Schülerbuch' bezeichnete Komponente steht. Sie liegt in der Regel in so vielen Bänden vor, wie Lehrgangsjahre vorgesehen sind, und wird fast durchweg durch ebenso viele Grammatische Beihefte, so genannte *Cahiers* für schriftliche Übungen der Schüler und Lehrerbücher mit didaktisch-methodischen Hinweisen ergänzt. Daneben gibt es immer zusätzliche Komponenten wie Lehrerausgaben der Übungshefte, Kontrollaufgaben, Folien, Hörkassetten, CD-Roms mit Übungen, CD-Roms für Vokabel- und Grammatiktraining usw.

Die Schülerbücher haben für den schulischen Fremdsprachenunterricht besonderes Gewicht. In ihnen befinden sich die für den Fremdsprachenunterricht charakteristischen didaktischen Einheiten (auch Lektionen, Unités oder Dossiers benannt), deren Texte den Unterricht durch ihre grammatischen, lexikalischen und kulturellen Inhalte wesentlich beeinflussen. Die pro Band meist divergierende Anzahl der didaktischen Einheiten muss auf das Schuljahr verteilt werden. Die Lektionen strukturieren so den gesamten Lehrgang durch ihre Abfolge und ihren Aufbau, d.h. die Einteilung in Texte, Übungen usw. Den Kernbestand an obligatorischen didaktischen Einheiten ergänzen dann gemeinhin weitere fakultative Lektionen bzw. Lektionsteile und andere Zusatztexte.

2. Kriterien für die Zulassung eines Lehrwerks für den Französischunterricht an öffentlichen Schulen

Ein derartiges fakultatives Angebot ermöglicht die Anpassung des Lehrwerks an die Forderungen von Lehrplänen verschiedener Bundesländer, denn für die einzelnen Klassenstufen werden je nach Bundesland unterschiedliche

Kenntnisse und Fertigkeiten vorausgesetzt.[1] Nur durch variable Abschlussprofile ist es den Schulbuchverlagen möglich, dem wirtschaftlichen Gebot zu entsprechen, nicht für jeden Französischlehrgang in jedem Bundesland ein gesondertes Lehrwerk zu erstellen.[2] Die Konzeption eines Lehrwerks muss also der Aufgabe gerecht werden, in einer in der Regel einheitlichen Ausgabe der aus dem bundesrepublikanischen Föderalismus erwachsenden Vielfalt der Bildungslandschaft zu genügen.

Die Abstimmung auf den Lehrplan des Bundeslandes, in dem ein Verlag die Zulassung seines Produkts für den Unterricht an öffentlichen Schulen beantragt,[3] ist unabdingbare, aber auch selbstverständliche Voraussetzung für die Genehmigung eines Lehrwerks, dessen Autoren die Anpassung dennoch oft ausdrücklich betonen: „Etapes Méthode intensive folgt ... den Lehrplänen der einzelnen Länder". (*Etapes Méthode intensive*, Lehrerbuch 1, S. 5). Über die Angleichung an Lehrpläne hinaus, die eine Adaptation der im jeweiligen Land bevorzugten didaktischen Grundsätze nach sich zieht, ist die Gestaltung eines Lehrwerks weiterhin gesteuert von Kriterien wie Übereinstimmung mit der Verfassung und den Aufgaben der politischen Bildung, fachwissenschaftliche Orientierung am Stand der Forschung, Berücksichtigung zielgruppenspezifischer Merkmale und nicht zuletzt passende Ausstattung und ein angemessener Preis (vgl. Neuner 1995, 294; Quetz 1999a).

---

[1] Ein Beispiel soll illustrieren, wie die Kenntnisse, die von den Schülern erwartet werden, differieren: Im Bereich Grammatik verlangt der dem repräsentativ ausgewählten Lehrwerk *Découvertes* zugrunde liegende bayerische Lehrplan für die 8. Jahrgangsstufe (F2) z.B. für das Teilgebiet ‚Satz' u.a. Relativsätze mit *qui, que, où, ce qui, ce que* und die Hervorhebung mit *c'est ... qui, c'est ... que* (Fachlehrplan 1992, 217). Der entsprechende Lehrplan von Baden-Württemberg fordert für diese Jahrgangsstufe nur die Hervorhebung mit *c'est... qui* und *c'est ... que* (vgl. Bildungsplan 1994, 619).

[2] Landesspezifische Versionen eines Lehrwerks sind Ausnahmen. Dazu gehört z.B. das nicht in diese Untersuchung einbezogene Schülerbuch zu *Etudes Françaises Découvertes Cours intensif 1* (Alamargot 1997), für das eine spezielle Bayern-Ausgabe erarbeitet werden musste.

[3] Nur Schulbücher, die für die betreffende Schulart, Jahrgangsstufe und das betreffende Fach schulaufsichtlich zugelassen sind, dürfen in der Schule verwendet werden (vgl. BayEUG, Art 51). Die in Bayern lernmittelfrei zugelassenen Lehrwerke werden regelmäßig im „Amtsblatt der Bayerischen Staatsministerien für Unterricht und Kultus und Wissenschaft, Forschung und Kunst" bekannt gegeben.

3. Lehrplan vs. Lehrwerk als Steuerungselement des Unterrichts

Lehrpläne regeln neben dem Grundgesetz, der Verfassung eines Bundeslandes, der Schulordnung usw. den Schulbetrieb. Lehrpläne repräsentierten außerdem immer eine bestimmte Auffassung von Schule und deren Aufgaben, sind Indikatoren für bevorzugte didaktisch-methodische Grundsätze und geben Unterrichtsinhalte vor. Sie stellen somit eine Realität des Lehrerdaseins dar, die jeder Unterrichtende, egal welcher Schulart und welchen Unterrichtsfachs, zu beachten hat.

Französischlehrer widmen dennoch dem Lehrwerk, mit dem sie unterrichten, meist größere Aufmerksamkeit und setzen sich mit ihm intensiver auseinander als mit dem entsprechenden Lehrplan, denn ihre Arbeit und die der Schüler wird in erster Linie vom Lehrwerk gelenkt. Schüler lernen staatliche Vorgaben für den Unterricht normalerweise ohnehin nur mittelbar über das Lehrwerk kennen. Die Modellierung und Gestaltung des Französischunterrichts erfolgt maßgeblich und unmittelbar sogar über mehrere Jahre hinweg – gemeinhin bis zur 10. Jahrgangsstufe des Gymnasiums – durch das benutzte Lehrwerk.

Da Lehrwerke also einerseits in ihrer Konzeption von den Lehrplänen abhängen und andererseits die Unterrichtspraxis direkt steuern, bilden sie unbestritten den „Schnittpunkt zwischen Rahmenplänen bzw. Curricula und dem konkreten Unterrichtsgeschehen" (Quetz 1999b, 168).

4. Inhaltliche Vorgaben des Lehrplans für Lehrwerke

Unterrichtsinhalte müssen grundsätzlich sachlich berechtigt sein. Für den deutschen Französischunterricht ergeben sich zahlreiche Inhalte aus der Verpflichtung, die Beziehungen zu unserem Nachbarstaat zu verbessern – ein Auftrag, der in erster Linie durch die historische Entwicklung der Beziehungen zwischen den beiden Ländern begründet ist. In Folge der deutsch-französischen Versöhnung nach 1945 wurde das Französische, das im bayerischen Gymnasium als Wahlpflichtfremdsprache unterrichtet wird, die „einzige Schulsprache ..., zu deren bestmöglicher Förderung die Bundesrepublik juristisch verpflichtet ist (Deutsch-französischer Vertrag vom 22. 1. 1963)"

(Raabe 1995, 371).[4] Die historische Legitimation des Französischunterrichts ergänzen gegenwarts- und zukunftsbezogen einmal die Rolle, die Frankreich und Deutschland in der Europäischen Union spielen, und zum andern der daraus in Handel, Industrie, Tourismus, Bankwesen, Wissenschaft und Kultur erwachsende Fremdsprachenbedarf. Schüler sollen also „eine positive Einstellung zum Fach Französisch gewinnen und erkennen, dass Französischkenntnisse in einem vielsprachigen Europa und weltweit nützlich und wünschenswert sind" (Fachlehrplan 1992, 216).

Der Blick auf die deutsch-französischen Beziehungen und auf Europa wird im bayerischen Lehrplan konsequent immer wieder eingefordert, wenn auch in recht allgemeiner Form. Besonderes Interesse ist der „Entwicklung der Beziehungen zu Deutschland: z.B. Kriege, Vertragspolitik, bedeutende Persönlichkeiten" (Fachlehrplan 1992, 239) entgegen zu bringen, und „die Bedeutung Frankreichs bei der Entwicklung des europäischen Kulturraums soll den Schülern bewusst werden" (Lehrplan 1990, 156).

Ähnlich allgemein macht der Lehrplan Vorschläge zu vielen anderen Bereichen. So werden z.B. für landeskundliche Themengebiete Anregungen formuliert, deren Angebotscharakter – u.a. erkennbar an den Floskeln „z.B., wie, usw." – erhebliche Spielräume für die inhaltliche Füllung durch die Lehrwerkautoren lässt (z.B. für F2, 9. Jahrgangsstufe: Jugendkultur, Schulsystem, bedeutende Persönlichkeiten z.B. Molière, Rousseau, V. Hugo; vgl. Lehrplan 1990, 299; für F3, 9. Jahrgangsstufe: wichtige Namen, Ereignisse und Ideen der Epoche Ludwigs XIV., Paris als städtisches Ballungszentrum; vgl. Fachlehrplan 1992, 225).

Exakter regelt der Lehrplan nur einen auf sprachliche Inhalte bezogenen Ausschnitt der in der Unterrichtsplanung erforderlichen konkreten Entscheidungen. Verlangt werden heute typische und bekannte Unterrichtsziele des Fremdsprachenunterrichts wie die Vermittlung von kommunikativen Fertigkeiten, aufgegliedert in rezeptive Kompetenzen, d.h. Hör- und Leseverstehen, und produktive Fähigkeiten, d.h. Schreiben und Sprechen, Sprachmittlung, also Übersetzen und Dolmetschen, und Sprachlernkompetenz. Während die Menge der lexikalischen Einheiten, die Schüler lernen sollen, nur ungefähr angegeben ist (z.B. ca. 700 für F2, 7. Jahrgangsstufe; vgl. Fachlehrplan 1992, 212), bestehen präzisere Vorgaben für die grammatischen Lerninhalte oder

---

[4] Abel 1971 weist darauf hin, dass die Klausel, die die Ausweitung des Unterrichts der Sprache des anderen Landes vorsieht, in Deutschland allerdings nie ernst genommen wurde.

die grammatische Progression. Diese lässt sich beispielsweise aus der Stufung der Lerninhalte zum Bereich „Fragesatz" erkennen. Für Französisch als 2. Fremdsprache ist in der 7. Jahrgangsstufe vorgesehen: Intonationsfrage, auch verneint, Frage mit *est-ce que*, Entscheidungs- und Ergänzungsfrage, Inversion nur in häufig verwendeten Fällen; für die 8. Jahrgangsstufe: Inversionsfrage in Sätzen mit pronominalem Subjekt; für die 9. Jahrgangsstufe: indirekte Rede/Frage nach einem Verb in einer Zeit der Vergangenheit (vgl. Fachlehrpan 1992, 213, 217, 222). Die Art der Beschreibung der Inhalte bleibt dann wieder den Lehrwerkautoren überlassen.

Neben Direktiven, die sich unmittelbar auf die fremde Sprache und Kultur beziehen und die inhaltliche Legitimation des Faches betreffen, nimmt der Lehrplan pädagogische und fachübergreifende, auch auf nachschulische Bedürfnisse ausgerichtete Ziele in den Blick. Im bayerischen Lehrplan von 1990 ist die pädagogische Orientierung besonders markant. Die „Rückbesinnung auf die Aufgaben der Erziehung" (Lehrplan 1990, 129) soll Zielvorstellungen verwirklichen helfen, die in der Bayerischen Verfassung, Art. 131, Abs. 1 mit 3, beschrieben werden: „Ehrfurcht vor Gott, Achtung vor religiöser Überzeugung und vor der Würde des Menschen, Selbstbeherrschung, Verantwortungsgefühl und Verantwortungsfreudigkeit, Hilfsbereitschaft, ... Verantwortungsbewusstsein für Natur und Umwelt ... Demokratie ... und ... Völkerversöhnung" (Lehrplan 1990, 132). Dieser allen Schularten gemeinsame Erziehungsauftrag wird für das Gymnasium präzisiert. Dort sollen „auf der Grundlage eines geschichtlich begründeten Verständnisses der abendländischen Kultur" die Jugendlichen zu einem angemessenen Umgang mit Emotionen, zur Ordnung der Vorstellungswelt, Theoriebildung und Abstraktion geführt werden (Lehrplan 1990, 132).[5]

Aus den genannten Absichten des gymnasialen Unterrichts ergeben sich für ein Unterrichtsfach drei übergeordnete Lernziele, die es schwerpunktmäßig zu erfüllen gilt und die sich entsprechend auch in einem Lehrwerk für das Fach niederschlagen müssen:

---

[5] Das ca. 10 Jahre später entwickelte „Gesamtkonzept Fremdsprachen", das in Anlehnung an den *Cadre européen* (Conseil de l'Europe 2001) erarbeitet wurde, betont noch mehr Aspekte, die durch die gesellschaftliche Entwicklung Notwendigkeit geworden sind: Medienkompetenz, Teamfähigkeit, eigenverantwortliches Lernen und die interkulturelle Kommunikations- und Handlungskompetenz, die im Zuge der Globalisierung für zahlreiche Berufsprofile unabdingbar und insofern als Schlüsselkompetenz erstrebenswert ist.

1. fachlegitimierende Lernziele,
2. pädagogische Lernziele, die sich auf die Persönlichkeitsentwicklung der Jugendlichen beziehen und für jedes Unterrichtsfach maßgeblich sind,
3. fachübergreifende Lernziele, welche die Inhalte einzelner Schulfächer durch die Betrachtung von verschiedenen Seiten miteinander verknüpfen,[6] z.b. bei Themen wie „Mensch und Technik", „Probleme der Dritten Welt" (vgl. Lehrplan 1990, 212), und wichtige Kompetenzen fördern sollen, die in der Schule und später im Berufsleben von Bedeutung sind (z.b. Lern- und Arbeitstechniken).

Mehr noch als bei den fachlegitimierenden Zielen liegt bei den pädagogischen und fachübergreifenden die Art der Füllung in der Verantwortlichkeit der Lehrwerkautoren, denn die diesbezüglichen Formulierungen lassen viele Darstellungsmöglichkeiten zu.

5. Ausgestaltung der drei Zielbereiche in den Französischlehrwerken *Découvertes série bleue* und *Etapes Méthode intensive*

Die Staffelung in fachlegitimierende, pädagogische und fachübergreifende Lernziele vollzieht sich in den Lehrwerken meist implizit. Erkennbar sind die Ziele hauptsächlich in Texten und Übungen, aber auch z.T. in Illustrationen. Pädagogische und fachübergreifende Ziele sind dabei immer mit fachlegitimierenden verbunden und treten weit weniger unmittelbar ins Bewusstsein der Schüler als sprachliche und kulturelle Inhalte.

5.1 Découvertes série bleue

Découvertes, das für Französisch als zweite Fremdsprache konzipiert wurde, bietet in Übungen und Texten durchgängig fachlegitimierende Inhalte. Die Wahrnehmung der fremden Kultur erfolgt in jugendgerechter Aufmachung und durch altersangepasste thematische Aspekte, die Interesse und Verständnis für die Frankophonie entwickeln helfen.

---

[6] Die gewünschte Fächervernetzung zeigt sich an den Profilen für „Fächerübergreifende Bildungs- und Erziehungsaufgaben" (Lehrplan 1990, 193–210) wie z.B. Berufliche Orientierung, Deutsche Frage, Europa, Friedenserziehung. In den Rahmenplänen der einzelnen Fächer verweisen Randzeichen (beispielsweise G, Ek, EU) auf mögliche Bezüge.

Vom Lehrplan eingeforderte Kenntnisse über die Entwicklung der deutsch-französischen Beziehungen werden schrittweise vermittelt. Sie beziehen sich hauptsächlich auf den 2. Weltkrieg und die Versöhnung beider Staaten nach 1945, die den Weg für den deutsch-französischen Freundschaftsvertrag, Städtepartnerschaften usw. ebnete. Mit Persönlichkeiten, die auch für die deutsche Geschichte bedeutsam sind (z.B. Karl der Große, Bd. 2, L[ektion] 10; Napoleon, Bd. 3, L 4B), Informationen über die Zeit der *Occupation* und über die Rolle von Charles de Gaulle für die deutsch-französische Verständigung (Bd. 4, U(nité) M(obile) 1B) lernen die Schüler relevante Stationen im Verhältnis der Nachbarstaaten kennen. Notwendigkeit und Nützlichkeit von Französischkenntnissen belegen Szenen über die Vorbereitung und Durchführung eines Schüleraustauschs (Bd. 1, L 9 u.ö.). Die Verbreitung des Französischen in der Welt zeigen Texte über die Frankophonie (Bd. 4, UM 3). Andere Lektionsteile informieren über technische, wissenschaftliche und humanitäre Leistungen Frankreichs (z.B. Eurotunnel, Bd. 3, L 4B; TGV, Institut Pasteur, *Médecins sans frontières*, *Emmaüs*, Bd. 4, UM 2A). Photos heben die Fortschrittlichkeit und Schönheit des Landes zusätzlich hervor. Für Schüler entsteht so durchweg ein positives Frankreichbild, das dazu anregt, sich mit der französischen Sprache und dem Land auseinanderzusetzen. In Bezug auf die europäische Perspektive bleibt das Lehrwerk dagegen in Ansätzen stecken. Sie wird nur in kurzen Abschnitten z.B. über den deutsch-französischen Vertrag und die Frage, wie Europa in Zukunft aussehen könnte (Bd. 4, S. 50), angesprochen.

Was pädagogische Lernziele anbetrifft, so beabsichtigt das Lehrwerk ganz offensichtlich, auf die Schüler dahingehend einzuwirken, dass sie sich über die Notwendigkeit von Toleranz gegenüber anderen Ethnien klar werden und Einsicht in die persönliche Verantwortung für den Lernprozess entwickeln. Die für die Persönlichkeitsentfaltung wichtige Einschätzung der eigenen Lebenssituation begünstigen Vergleichs- und Bewertungsmaßstäbe für partnerschaftlich-familiäre Probleme (z.B. Bd. 1, L 5; Bd. 2, L 2C; Bd. 3, L 1, L 8; Bd. 4, L 2). Wertebewusstsein und selbständiges, kritisches Denken unterstützen beispielsweise Texte über das Verhältnis der modernen Gesellschaft zur Umwelt (Bd. 3, S. 72ff. u.ö.). Zahlreiche Lektionsteile führen ein von gegenseitiger Achtung geprägtes Zusammenleben von Personen unterschiedlicher Herkunft vor, das die Integration von Ausländern in die französische Gesellschaft problemlos ermöglicht. Ein Romanauszug aus *Jean de Florette* von Marcel Pagnol macht außerdem auf negative Folgen der Fremdenfeindlichkeit aufmerksam (Bd. 3, S. 48ff.), ein Chanson von Patricia Kaas über Obdachlose und ein Hinweis auf die *Restaurants du Cœur* werben um Verständnis für Randgruppen (Bd. 3, S. 36f.), und die grundsätzlich notwendige Offenheit gegenüber andersartigen Lebensweisen wird mehrfach augenfällig.

Fachübergreifende Anknüpfungspunkte zu Schulfächern wie Geschichte oder Erdkunde ergeben sich durch die Vorstellung französischer Regionen (z.B. Bd. 3, L 4). Unmittelbar charakteristisch für das Lehrwerk ist aber die Hinführung zu Lernstrategien und -techniken. In *Découvertes* spielen Tipps für das richtige Lernen und Arbeiten, die auch in anderen Schulfächern und später im Berufsleben verwertet werden können, eine herausragende Rolle. Auf den so genannten *Stratégies*-Seiten erhalten die Schüler z.B. Hinweise und Techniken zur Aussprachekontrolle (Bd. 1, S. 30), zum Auswendiglernen (Bd. 1, S. 45), zum Vermeiden von Fehlern bei schriftlichen Arbeiten (Bd. 1, S. 88), zum Verfassen von Texten (Bd. 1, S. 63) oder zum Aufnehmen von selbst konzipierten Texten auf Kassette (Bd. 1, S. 117). Da auch das Lehrerbuch Unterrichtsmethoden vorschlägt, die die Schüler in die Lektionspräsentation einbinden und ihnen somit Verantwortung für den Lernprozess und für die Gestaltung des Unterrichts übertragen, kann die Förderung der Autonomie als spezielles Kennzeichen des Lehrwerks gelten.

5.2 *Etapes Méthode intensive*

Das für den Lehrgang Französisch als dritte Fremdsprache erarbeitete Lehrwerk *Etapes Méthode intensive* aus dem Cornelsen-Verlag belegt wie *Découvertes* in Texten und Übungen die Legitimation des Französischunterrichts in Verbindung mit pädagogischen und fachübergreifenden Aspekten. Auch dieses Lehrwerk zeigt nur in knappster Form Entwicklungsstufen der Europäischen Union ab 1957 (Bd. 2, S. 69). Etappen der deutsch-französischen Beziehungen (z.B. Bd. 2, U 3: *Occupation*; U 6: Beginn der Städtepartnerschaften) kommen aber ebenso zur Sprache wie die Frankophonie (Bd. 2, U 8: Québec, Togo, Bruxelles), die französische Medienwelt (Bd. 1, U 7) oder die kulturelle und wirtschaftliche Bedeutung verschiedener Städte und Regionen Frankreichs (Bd. 1, U 2: Grenoble; U 6: Paris; U 9: Provence). Auch hier erschließt sich den Schülern Frankreich durch Bilder und Inhalte des Lehrwerks als ein durchgängig modernes, leistungsstarkes Land, dessen Sprache zu können von Vorteil ist.

Bei den pädagogischen Zielen lässt *Etapes Méthode intensive* eine klare Tendenz zur Meinungsbildung erkennen. So nehmen Texte und Übungen, die das Wertebewusstsein der Schüler stärken und Wege zu differenzierten Anschauungsweisen weisen, eine offensichtliche Vorrangstellung ein (z.B. Bd. 1, U 4A: Supermarkt vs. *épicerie*; U 8C: Verkehrsprobleme in der Stadt). Das Lehrwerk regt außerdem dazu an, die Gestaltung des persönlichen Lebens zu überdenken, indem es die Schüler häufig mit Ansichten und Problemen anderer Jugendlicher v.a. in Hinblick auf Schule und berufliche Orientierung konfrontiert. Durch das soziale, wissenschaftliche und ökologische Engagement, das im Lehrwerk thematisiert wird, profiliert sich *Etapes Méthode intensive* als unbestreitbar pädagogisch ausgerichtet.

Fachübergreifende Bezüge zu anderen Schulfächern wie Geschichte, Erdkunde usw. ergeben sich beispielsweise durch die Präsentation französischer Regionen (z.B. Bd. 2, U 10) oder eine kurze Zusammenfassung der Geschichte der Waldenser (Bd. 2, S. 37). Fachübergreifend ausgerichtet ist auch die Förderung des interkulturellen Lernens, auf das sich *Etapes Méthode intensive*, wie auch *Découvertes*, ausdrücklich bezieht (*Découvertes*, Lehrerbuch 1, S. L IV; *Etapes Méthode intensive*, Lehrerbuch 1, S. 4). Mehr als *Découvertes* realisiert aber *Etapes Méthode intensive* im Schülerbuch dieses Ziel durch eine explizit vergleichende Sichtweise zwischen Frankreich und Deutschland, die z.B. durch das Chanson *D'Allemagne* von Patricia Kaas, Bilder aus Deutschland (Bd. 2, S. 20 u.ö.) oder Berichte über einen deutsch-französischen Schüleraustausch (Bd. 2, S. 68 u.ö.) sichtbar wird und im Unterricht vertieft werden kann.

In besonderem Maß wird aber *Etapes Méthode intensive* dadurch charakterisiert, dass es nachdrücklich auf eine gegenseitige Unterstützung der Schulsprachen hinarbeitet. Spezielle Übungen unter dem Titel *Comprendre l'inconnu* bieten – leider nur bis zur Unité 8 des ersten Bandes – Hilfestellung bei Verständnisproblemen. Sie leiten gezielt zum Transfer, da sie die Schüler auffordern, Kenntnisse aus bekannten Sprachen zu aktivieren (z.B. aus dem Englischen, Deutschen oder Lateinischen, S. 32, 68). Sie zeigen, wie man die Bedeutung eines fremden Worts über bekannte lexikalische Einheiten der Wortfamilie erschließen kann (z.B. S. 43, 95) und warnen vor Interferenzen (z.B. bei zusammengesetzten Wörtern, S. 82). Die Aufgaben und Hinweise schaffen so eine altersgemäße, der Lernersprache angepasste Sprachbewusstheit.

6. Vergleich und Bewertung

Die fachlegitimierenden Ziele, die festlegen, welche Inhalte den Unterricht des Faches rechtfertigen und welche sprachlichen und kulturellen Kenntnisse im weitesten Sinn sich die Schüler infolgedessen laut Lehrplan über Frankreich und die Frankophonie aneignen sollen, werden in den beiden ausgewählten Lehrwerken größtenteils zufrieden stellend und ähnlich repräsentiert. Die Wahrnehmung des Landes und charakteristischer Merkmale französischer bzw. frankophoner Kultur ist auf der Basis der altersgerecht gestalteten Texte und Illustrationen (Alter der Zielgruppen: ca. 12–16 Jahre) weitgehend gesichert. Allerdings konzentriert sich *Découvertes* im Gegensatz zu *Etapes Mèthode intensive* zu sehr auf Paris: Der gesamte erste Band ist einem bestimmten Viertel der französischen Hauptstadt gewidmet. Obwohl in der letzten Lektion des Bandes auch die unmittelbare Umgebung von Paris kurz zur Sprache kommt, ist der Blick auf die französische Realität so zu stark eingeengt. Das Cornelsen-Lehrwerk ermöglicht dagegen den Schülern von Anfang an auch die Wahrnehmung der französischen Provinz.

Lückenhaft bleibt in beiden Lehrwerken die vom Lehrplan eingeforderte Europa-Kompetenz. Weder der Stellenwert, den die deutsch-französische Aussöhnung nach 1945 für das Zustandekommen der EU hatte, noch die gegenwärtige Rolle Frankreichs und Deutschlands in der EU, die zusammen den Französischunterricht insgesamt legitimieren und es u.a. rechtfertigen, dass er in Deutschland politisch und administrativ besonders unterstützt wird, werden wirklich transparent. Grundsätze der institutionellen europäischen Zusammenarbeit zeigt keines der beiden Lehrwerke in ausreichendem Umfang. Auch den konkreten fremdsprachlichen Bedarf unserer Gesellschaft, der sich nicht zuletzt aus dem Zusammenwachsen Europas ergibt, das den Schülern zahlreiche berufliche Möglichkeiten innerhalb der EU-Staaten eröffnet, berühren die Lehrwerke nur ansatzweise.

Bei den pädagogischen und fachübergreifenden Lernzielen divergieren die Schwerpunkte in den zwei Lehrwerken. Das Klett-Produkt *Découvertes* bemüht sich erkennbar, den Schülern kritisches Denken, Wertebewusstsein und Toleranz nahe zu bringen. Dabei verschweigt das Lehrwerk allerdings problematische Seiten des Zusammenlebens verschiedener Ethnien in Frankreich zugunsten einer Idylle, die vor der Realität nicht standhält. Fachübergreifende Ziele werden nachdrücklich durch Vorschläge für Lern- und Arbeitstechniken begünstigt. Das Eingehen auf die Lernerautonomie führt wirksam zu einer Orientierung des Unterrichts in Richtung auf den mündigen

Schüler. Indem *Découvertes* die Schüler zur Selbständigkeit leitet, folgt es einer Zielrichtung der Fremdsprachendidaktik, die zeitgemäßen Anforderungen entspricht.

Auch das Cornelsen-Lehrwerk *Etapes Méthode intensive* lässt mit dem Schwerpunkt auf Meinungsbildung und -äußerung unbestritten pädagogische Ziele erkennen. Es trägt aktuellen fachdidaktischen Postulaten Rechnung, indem es einmal durch die wiederholte explizite Gegenüberstellung von Frankreich und Deutschland das interkulturelle Lernen vorantreibt und zum andern dazu anleitet, Kenntnisse aus anderen Sprachen für die Erschließung von unbekanntem Vokabular einzusetzen.

Die Erziehungs- und Bildungsaufgaben des bayerischen Lehrplans von 1990 sind also in Bezug auf die ausgewählten Bereiche in beiden Lehrwerken ausreichend berücksichtigt.[7]

7. Ausblick

Das grundsätzlich positive Fazit der Bestandsaufnahme kann nicht überraschen, denn das Erfüllen der Vorgaben des Lehrplans ist Voraussetzung zur Zulassung für den Unterricht an öffentlichen Schulen. Eine Detailanalyse beispielsweise der in die Lehrwerke integrierten literarischen Texte, der Sprachbeschreibung, des Angebots an Übungen oder der Aufbereitung des Vokabulars muss dieses Ergebnis nicht notwendigerweise stützen, denn eine Beurteilung von Lehrwerken bringt je nach Untersuchungsobjekt bzw. -gesichtspunkt unterschiedliche Befunde (vgl. Michler 2005, Kap. 3–9). Zu welchen Ergebnissen eine Analyse aber kommt, immer gestattet sie mehr als die Durchsicht von Lehrplänen objektive Einsichten in die Realität des Französischunterrichts. Lehrwerke, auf denen Fremdsprachenlernen in der Schule aufbaut, zeigen konkret, wie und welche Aspekte des Lehrplans in den Klassenzimmern thematisiert werden.

Die Mittlerfunktion von Lehrwerken zwischen den staatlicherseits vorgegebenen Themen und deren praktischer Umsetzung im Unterricht macht umfassende Lehrwerkanalysen zu einem fachdidaktischen, unterrichtsprakti-

---

[7] Bei dieser Einschätzung ist der Zeitabstand zwischen dem Erscheinen des Fachlehrplans (1992) nach dem Lehrplan von 1990 und *Etapes Méthode intensive* (ab 1993) und *Découvertes* (ab 1994) zu bedenken, der es den Autoren leicht machte, bildungspolitisch vorgegebene Lernziele zu adaptieren.

schen und bildungspolitischen Desiderat. Die kritische Überprüfung der Inhalte von Lehrwerken, die aus pragmatischen, hauptsächlich finanziellen Gründen in der Schule, in der sie eingeführt sind, eine Monopolstellung haben, erfolgt indes bislang noch zu selten, sieht man von den amtlichen Zulassungsverfahren ab. Während Selbstlernmaterialien für Fremdsprachen auch mit didaktischer Bewertung auf Effektivität geprüft werden (z.B. Stiftung Warentest Heft 10/1998; Heft 11/1998; vgl. auch ‚Bildung im Internet' Heft 1/2001), gibt es über Lehrwerke für den schulischen Fremdsprachenunterricht praktisch keine öffentliche Debatte. Zwar werden Lehrende gelegentlich zu neu erschienenen Lehrwerken befragt (beispielsweise die Fragebogenaktion des Klett-Verlags „Ihre Meinung ist uns wichtig" anlässlich der Publikation des Lehrwerks *Découvertes Cours Intensif*, Bd. 1). Inwieweit die Auswertung der eingegangenen Einschätzungen aber zu tatsächlichen Konsequenzen für Inhalt und Gestaltung von Nachfolgewerken führt, kann nicht beurteilt werden. Überprüfbare Veröffentlichungen von Umfrageergebnissen sind nicht bekannt.

Resultate wissenschaftlicher Lehrwerkanalysen, v.a. wenn sie als Globalanalysen angelegt sind und über die bislang vielfach übliche Begutachtung von Einzelaspekten eines Lehrwerks hinausgehen, bilden aber nicht nur eine Basis für Auskünfte über den Unterricht. Sie sind auch Ausgangspunkt für seine bestmögliche Gestaltung, die wiederum voraussetzt, dass Inhalte und Form von Lehrwerken ständig revidiert werden. Solche Revisionen sind einmal als Anpassung an neue didaktische Erkenntnisse und Postulate notwendig. Zum anderen bezieht sich Sprachunterricht auf Realitäten, die einem permanenten Wandel unterworfen sind.

Die regelmäßige Aktualisierung der Inhalte des Lehrwerks ist umso dringlicher, als die im Unterricht besprochenen Themen für die Lernenden unvermeidbare Realität ihres Schülerdaseins sind, und Lehrwerke die Meinung der Schüler über die Fremdsprache und die fremde Sprachgemeinschaft prägen. Lehrwerkinhalte sind insofern entscheidende Faktoren für die Akzeptanz des Sprachunterrichts (vgl. zur Einschätzung von Lehrwerken durch Schüler z.B. Leupold 1988; Polleti 1993; Kallenbach 1996). Veraltete oder uninteressant dargebotene Inhalte wirken sicher kontraproduktiv. Den für den Französischunterricht in Deutschland Verantwortlichen muss deshalb daran gelegen sein, Lehrwerke zu optimieren. Schüler müssen erkennen können, dass sie das im Französischunterricht vermittelte sprachliche und kulturelle Wissen nutzbringend anwenden können, und dass sich die Anstrengung, die ihnen das Fremdsprachenlernen abverlangt, demnach lohnt. Da Französischunterricht gegenwärtig unter einem deutlichen Rückgang der Schülerzahlen leidet – zumeist zugunsten des Spanischen, das als leichter erlernbar gilt –, sind solche Einsichten zusammen mit einer Erhöhung der Attraktivität des Französischunterrichts nachdrücklich geboten.

Literatur

ABEL, Fritz. 1971. „Kommissar Maigret und die Blumen des Bösen. Zum Französischunterricht in der Bundesrepublik", in: *Frankfurter Allgemeine Zeitung* (15. April), 24.

LEHRPLAN FÜR DAS BAYERISCHE GYMNASIUM. 1990. Amtsblatt der Bayerischen Staatsministerien für Unterricht und Kultus und Wissenschaft und Kunst. München.

FACHLEHRPLAN FÜR FRANZÖSISCH. 1992. Amtsblatt des Bayerischen Staatsministeriums für Unterricht, Kultus und Wissenschaft und Kunst. *Lehrplan für das bayerische Gymnasium.* München.

BILDUNGSPLAN FÜR DAS GYMNASIUM DER NORMALFORM. 1994. Amtsblatt des Ministeriums für Kultus und Sport Baden-Württemberg. *Lehrplanheft 8.* Stuttgart.

CONSEIL DE L'EUROPE. edd. 2001. *Cadre européen commun de référence pour les langues: apprendre, enseigner, évaluer.* Paris : Didier.

GESAMTKONZEPT FREMDSPRACHENUNTERRICHT IN BAYERN. 2001. Bestandsaufnahme und Perspektiven. edd. Bayerisches Staatsministerium für Unterricht und Kultus. München.

KAHL, Detlev. 2000. „Zehn Thesen zum Umgang mit dem Lehrwerk", in: Fery, Renate & Raddatz, Volker. edd. *Lehrwerke und ihre Alternativen,* Frankfurt a.M. [u.a.]: Lang, 125–128.

KALLENBACH, Christiane. 1996. *Subjektive Theorien – Was Schüler und Schülerinnen über Fremdsprachenlernen denken.* Tübingen: Narr.

LEUPOLD, Eynar. 1988. „Schüleräußerungen zu Lehrbuchillustrationen. Eine Untersuchung zum Französischunterricht", in: *Praxis des Neusprachlichen Unterrichts* 35, 280–287.

MICHLER, Christine. 2005. *Vier neuere Lehrwerke für den Französischunterricht auf dem Gymnasium. Eine Fallstudie mit Empfehlungen für künftige Lehrwerke.* Augsburg: Wißner.

NEUNER, Gerhard. 1995. „Lehrwerke", in: Bausch, Karl-Richard & Christ, Herbert & Krumm, Hans-Jürgen. edd. *Handbuch Fremdsprachenunterricht,* dritte, überarbeitete und erweiterte Auflage. Tübingen, Basel: Francke, 292–295.

POLLETI, Axel. 1993. „Französischlehrbücher im Urteil von Schülern und Lehrern. Bericht über eine Umfrage", in: *Praxis des Neusprachlichen Unterrichts* 40, 183–190.

QUETZ, Jürgen. 1999a. „Welche linguistischen, didaktischen, administrativen und ökonomischen Normen muss ein Lehrwerk erfüllen, bevor es selbst Normen setzen kann?", in: Börner, Wolfgang & Vogel, Klaus. edd. *Lehrwerke im Fremdsprachenunterricht – lernbezogene, interkulturelle und mediale Aspekte.* Bochum: AKS-Verlag, 3–30.

QUETZ, Jürgen. 1999b. „Lehrwerkforschung als Grundlage der Lehrwerkkritik", in: Bausch, Karl-Richard & Christ, Herbert & Königs Frank G. & Krumm, Hans-Jürgen. edd. *Die Erforschung von Lehr- und Lernmaterialien im Kontext des Lehrens und Lernens fremder Sprachen. Arbeitspapiere der 19. Frühjahrskonferenz zur Erforschung des Fremdsprachenunterrichts.* Tübingen: Narr, 168–175.

RAABE, Horst. 1995. „Französisch", in: Bausch, Karl-Richard & Christ, Herbert & Krumm, Hans-Jürgen. edd. *Handbuch Fremdsprachenunterricht, dritte, überarbeitete und erweiterte Auflage.* Tübingen, Basel: Francke, 369–374.

SCHULORDNUNG FÜR DIE GYMNASIEN IN BAYERN. 1996. GSO mit dem Gesetz über das Erziehungs- und Unterrichtswesen (BayEUG) 14. Auflage. München: Maiss.

Lehrwerke

ALAMARGOT, Gérard et al. 1997. *Etudes Françaises. Découvertes cours intensif 1. Ausgabe Bayern.* Stuttgart: Klett.

BAUER, Hans G. et al. 1994. *Etudes Françaises. Découvertes 1, Série bleue. Lehrerbuch.* Stuttgart: Klett.

BEUTTER, Monika et al. 1994ff. *Découvertes série bleue.* Bd. 1–4. Stuttgart : Klett.

MÖßER, Thomas et al. 1993ff. *Etapes méthode intensive.* Bd. 1 u. 2. Berlin : Cornelsen.

POLLETI, Axel. 1994. *Etapes. Méthode Intensive 1. Lehrerhandbuch.* Berlin: Cornelsen.

II. Untersuchungsfeld Textarbeit

Authentische und didaktisierte Texte in Lehrwerken für den Französischunterricht der Anfangsphase

1. Der Begriff ‚Authentischer Text' in Lehrwerken für den Anfangsunterricht

Sprachliche und landeskundliche Inhalte zur Verfügung zu stellen oder beispielsweise Lesekompetenz zu fördern, ist im Fremdsprachenunterricht ohne Texte praktisch unmöglich. Deshalb sind sie in Lehrwerken, die den Französischunterricht zumindest in der Anfangszeit weitgehend bestimmen, in großer Zahl vorhanden. Der inzwischen üblichen weiten Auslegung des Textbegriffs entsprechend, beinhalten die Unterrichtsmaterialien seit geraumer Zeit nicht mehr nur schriftlich vorliegende sprachliche Dokumente, sondern gleichermaßen Mündliches, Musik, Filme, Nichtsprachliches wie Bilder oder Gesten und Kombinationen unterschiedlicher Textsorten.[1] Die verschiedenen Arten von Lehrwerktexten sollen den Schülern in erster Linie durch progressiv eingeführte lexikalische und grammatische Lerninhalte möglichst vielseitig einsetzbare pragmatische Möglichkeiten eröffnen. Diese Absicht merkt man den für Lehr- und Lernzwecke erstellten Texten oftmals nur allzu deutlich an, was zu einer Künstlichkeit führt, die den Anspruch der Authentizität weit hinter sich lässt.[2]

In Bezug auf Bestimmung und Diskussion der Dimensionen des Begriffs ‚Authentizität', kann auf andere Beiträge dieser Publikation (vgl. Nachweis über Erstveröffentlichung), insbesondere Leitzke-Ungerer und De Florio-Hansen, verwiesen werden. Für das Thema des vorliegenden Artikels ist allerdings die Definition des Begriffs „authentischer Text" durch die Lehrwerke wesentlich. Während sich das Adjektiv ‚authentisch' im eigentlichen

---

[1] Wie dieses moderne, offene Verständnis von Text hat auch der dynamische Textbegriff, der einen Text nicht als ein fertiges Produkt sieht, für den Fremdsprachenunterricht Gültigkeit. So gibt es beispielsweise zahlreiche Vorschläge zur Arbeit mit Hypertexten oder mit E-Mails (vgl. Praxis Fremdsprachenunterricht 4/2003), in denen die Wechselwirkungen zwischen Texten und Medien für den Fremdsprachenunterricht fruchtbar gemacht werden.

[2] Zu unterscheiden sind im Wortsinn authentische Texte und solche, die für den Unterricht authentisch wirken. Diese können nach Sarter (2006, 53) auch didaktisierte Texte sein. Der Begriff ‚Authentizität' ist im Rahmen des Unterrichts allerdings grundsätzlich mit Vorbehalt zu gebrauchen, denn Unterricht kann niemals den Anspruch auf eine authentische Situation erheben.

Wortsinn[3] nur auf sprachlich nicht bearbeitete Dokumente « *élaborés par des francophones pour des francophones à des fins de communication* » (Cuq & Gruca 2006, 431) bezieht, fasst z.B. das verbreitete Lehrwerk *Découvertes* aus dem Klett-Verlag den Begriff weiter:

> Als authentische Materialien kommen Bandes dessinées, Chansons, Gedichte, Websites, Werbung usw. zum Einsatz. Diese werden im Schülerbuch überwiegend im Lektionsteil *Album* in nicht oder geringfügig adaptierter Form präsentiert (Fezer 2004, 7; auch: Ebertz 2006, 6).

Für *Découvertes*, und nicht nur für dieses Lehrwerk, gelten also auch solche Texte als authentisch, die adaptiert, jedoch nicht ausdrücklich für den Unterricht von Muttersprachlern verfasst sind.

Die folgende Untersuchung befasst sich mit der Leistung der so definierten authentischen und didaktisierten Lehrwerktexte für die oftmals untrennbar miteinander verbundenen interkulturellen und kommunikativen Fertigkeiten (vgl. u.a. Schmenk 2008). Dazu werden zunächst die thematischen Schwerpunkte der Texte in vier verbreiteten Lehrwerkbänden für den Anfangsunterricht im Fach Französisch zusammengefasst. Die schriftlich vorliegenden Texte stehen aus Zeitgründen und wegen ihrer nach wie vor tragenden Rolle im Unterricht im Mittelpunkt, so dass auditive, audio-visuelle und rein visuelle Texte nur am Rande berücksichtigt werden. In einem weiteren Schritt wird abgewogen, was das vorhandene Textmaterial für die Entwicklung der genannten Kompetenzen leisten kann. Eine angemessene Bewertung ist jedoch kaum möglich, ohne die den Texten beigeordneten Aufgaben einzubeziehen. Abschließend wird eine Antwort auf die Frage versucht, ob eine Abkehr von eigens für das Lehrwerk konzipierten zugunsten einer Hinwendung zu authentischen Texten im Anfangsunterricht für die Ausbildung der fokussierten Kompetenzen wünschenswert ist, und wie dieses Vorhaben gestaltet sein könnte.

2. Textcorpus

Für die Untersuchung wurden herangezogen: *Découvertes 1* (Klett), *A plus ! 1* (Cornelsen) für Französisch als 2. Fremdsprache und *Cours Intensif 1* (Klett), *A plus ! 1 Méthode Intensive* (Cornelsen) für Französisch als 3.

---

[3] Vgl. gr. αυθεντικός bzw. lat. *authenticus*: ‚zuverlässig', ‚urschriftlich', ‚eigenhändig'.

Fremdsprache. In den Bänden variiert die Textanzahl pro Lektion.[4] *Découvertes 1* hat neun Lektionen zu jeweils zwei bis drei obligatorischen Texten, plus jeweils einen fakultativen Textteil. *A plus ! 1* ist in sieben obligatorische Lektionen zu je drei *séquences* unterteilt, die immer durch einen *Approche-*, *Repères-* und *Entracte*-Teil ergänzt sind.[5] In *Cours Intensif 1* gibt es neun Lektionen mit jeweils einem vorentlastenden *Entrée*-Teil und zwei oder drei festen Textteilen, darüber hinaus Zusätze wie *plaisir de lire*, *Sur Place* o.ä. *A plus ! 1 Méthode Intensive* hat sieben *Unités* zu je drei *séquences*, zuzüglich je einen *Approche-*, *Repères-*, *Pratiques*-Teil und unregelmäßig einen sogenannten fakultativen *Entracte*, der landeskundlichen Themen gewidmet ist.

2.1 Textsorten und -themen

In Bezug auf die Textsorten richten sich die vier Lehrwerkbände nach den Vorgaben der Lehrpläne, die in den verschiedenen Bundesländern gültig sind. Für das erste Lernjahr sind dort gemeinhin kurze, einfache Dialoge, Briefe, Sachtexte, Erzähltexte, Hörtexte, Lieder, Bildergeschichten, Comics, Werbetexte gefordert,[6] die altersspezifische und landeskundlich relevante Themen behandeln sollen. In den Lehrwerken sind die Texte am Anfang durch ihre dialogische Form überwiegend auf Mündlichkeit ausgerichtet. Inhaltlich orientieren sie sich bevorzugt an Situationen, die für einen Schüleraustausch und erste Kontakte mit Franzosen hohe Relevanz haben (Begrüßung, Vorstellung, Wohnsituation, Schulleben im fremden Land, Schüleraustausch, Freizeitaktivitäten, Erkundung einer Stadt und deren Umgebung). Die Schüler lernen so, wie sie sich angemessen verhalten und sprachlich artikulieren können.[7]

---

[4] Eine genaue Aufstellung der Textanzahl ist abhängig von der Definition ‚Text' und unterbleibt hier aus Zeitgründen. Dienes & Mendez kommen bei ihrer Untersuchung auf 51 Texte in *A plus ! 1*, von denen sie ein Fünftel als Comics einstufen. Für *Découvertes 1* zählen sie 46 Texte, von denen einige beschriftete Einzelbilder sind (Dienes & Mendez 2007, 44). Die große Zahl von Comics in *A plus ! 1* kann nur dadurch zustande kommen, dass die comicartig angelegten Lektionstexte mitgezählt wurden. Authentische Comics gibt es in dem Lehrwerkband nicht.

[5] Weiter gibt es eine *Unité Supplémentaire* zu vier *séquences* und eine *Unité Révision* mit einem Text.

[6] Die hier genannten Textsorten aus dem bayerischen Lehrplan für Französisch (G8; vgl. ISB 2009) finden sich ähnlich in Lehrplänen anderer Bundesländer (z.B. Hessen; Rheinland-Pfalz u.a.).

[7] *A plus ! 1* enthält zusätzlich zu diesem allen vier Lehrwerkbänden gemeinsamen Bestand einen Text über eine Einkaufssituation. *Cours Intensif 1*, der für den kürzeren Lehrgang F3 konzipiert ist, bespricht außerdem noch das Thema *Les vêtements des jeunes*, *A plus ! 1*

2.2 Das Angebot an authentischen Texten

Das Angebot an schriftlichen authentischen Texten beläuft sich in den ausgewählten Bänden auf wenige Beispiele, die überdies fast durchweg in den fakultativen Lehrwerkteilen untergebracht sind.

Die geringste Anzahl von authentischen Texten hat *A plus ! 1* mit der Nachdichtung zu *La Cigale et la Fourmi* von Sylvie Gonsolin (S. 98) und zwei Gedichten von Anne-Marie Chapouton (*L'automne*; *L'hiver, la neige*, S. 99).[8]

In *Découvertes 1* gibt es je ein Lied von Gilles Floret (S. 16) und Bruno Husar (S. 40), einige *planches* aus dem Comic *Malika Secouss* von Tehem (S. 94), das Gedicht *La mer* (Claude Roy) und den Text des Liedes *Bonjour la France*[9] (S. 184). *Les Termites attaquent* (S. 121) und das Gedicht *La montagne* (S. 184) von Léo Koesten – er ist einer der Lehrwerksautoren –, sind den semiauthentischen Texten zuzurechnen.[10]

Mehr authentische Texte hat *Cours Intensif 1*. Es gibt zwei nur wenige Zeilen umfassende Textteile aus Chansons von Camille Dalmais und Joe Dassin (S. 63), *Victime de la mode* von MC Solaar als Hörtext (S. 91) und mehrere Auszüge aus verschiedenen Comics, die Einzelbilder, aber auch eine ganze Seite umfassen (*Titeuf*, S. 53; S. 71; *Rob, Wed & Co*, S. 73, S. 111; *Cédric*, S. 101; *Les aventures de Marion et Charles*, S. 74; *Astérix chez les Helvètes*, S. 109).

A plus ! 1 Méthode Intensive enthält den Liedtext von *Métis* (Y. Noah, S. 129), einen bearbeiteten (*d'après*) Auszug aus der Jugendzeitschrift „Okapi" (S. 108) und eine Bedienungsanleitung für eine öffentliche Toilette in Paris (S. 71). Hinzu kommen einige abgedruckte Beispiele von tatsächlich existierenden Internetseiten wie die Suche nach einem Briefpartner über Mômes.net (S. 48), ein Rezept für Clafoutis von http//www.ctoutmoi.com/cu isto/desserts/clafoutis.htm (S. 69) und die Internetseite des *collège Alfred de*

Méthode Intensive geht zusätzlich auf soziale Projekte, verschiedene Regionen Frankreichs und Luxemburg ein.

[8] Als authentischer Text im weiteren Sinn kann das mehrfach erwähnte *collège Clément Marot* gelten, das tatsächlich existiert.

[9] Text: M. Simille & M. Delancray; Musik: Baglioni & Coggio. Gesungen wird es von der in den 1960 und 70er Jahren bekannten italienischen Schlagersängerin Rita Pavone.

[10] Vgl. Leupold 2007, 40. Unter semiauthentischen Texten versteht er Texte, die von Muttersprachlern geschrieben sind und insofern Authentizität beanspruchen können, andererseits aber in ihrer Authentizität eingeschränkt sind, da „bei ihrer Konzeption bestimmten didaktischen Vorgaben zum Handlungsrahmen, zur Lexik sowie zu den grammatischen Strukturen Rechnung getragen wurde".

Vigny (http//www.ac-versailles.fr/etabliss/cig-vigny-courbevoie, S. 29), das im Lehrwerkband eine zentrale Rolle spielt.[11]

Trotz der Ausweitung des Begriffs ‚authentisch' belegt die Durchsicht der ausgewählten Lehrwerkbände für den Anfangsunterricht ein eindeutiges Übergewicht der didaktisierten, nicht authentischen (*textes fabriqués*) bzw. semiauthentischen Texte. Diese Dominanz besteht auch dann, wenn man neben Print- und Hörtexten Mischformen von Schrift und Bild wie Plakate, Comics usw. einbezieht.[12] Zu Letzteren weisen die Lehrwerke zwar eine ausgeprägte Tendenz auf, doch handelt es sich bei den comicartigen Bildgeschichten meist um *textes fabriqués,* die den oben genannten Themen verpflichtet sind.

3. Leistung von authentischen und didaktisierten Texten ...

3.1 ... für die interkulturelle Kompetenz

Interkulturelle Kompetenz meint in erster Linie die Fähigkeit eines Menschen, mit Angehörigen eines anderen Kulturkreises erfolgreich zu kommunizieren und umzugehen. Dazu brauchen die Lernenden Kenntnisse, die sie für kulturelle Merkmale sensibilisieren, auf deren Basis sie sich vorurteilsfrei der fremden Kultur nähern, Empathie entwickeln und den eigenen Standpunkt kritisch reflektieren können.

Viele der didaktisierten Texte gehen explizit oder implizit auf landeskundliche Besonderheiten ein, indem sie französische und deutsche Gegebenheiten einander gegenüber stellen und beispielsweise Situationen schildern, die deutschen Schülern oftmals unbekannt sind (die Begrüßung durch die *bise*, ein französisches Frühstück, die Schulkantine, Erläuterungen zu französischen Festen u.v.a.m.). Außerdem bieten sie zur Bewältigung dieser Situationen sprachliche Mittel an (z.B. Formulierungen für Begrüßung und Verabschiedung). Mit solchen Informationen über die *civilisation française* leisten die Lehrwerke einen dem Sprachniveau der Schüler angemessenen

---

[11] Die abgedruckte Seite mit dem Titel *Le CDI* konnte allerdings nicht aufgerufen werden (Zugriffsdatum: 1.7.2010).

[12] In allen vier Lehrwerkbänden sind mehrere visuelle Texte vorhanden (Stadtplan von Paris, Metroplan, Frankreichkarte, Photos von Sehenswürdigkeiten, (Kino-)Plakate etc.). In *A plus ! 1* gibt es zudem Hinweise auf Internetseiten (z.B. S. 117; S. 136), in *Cours Intensif 1* auf Websites französischer Kaufhäuser (S. 80) und die Homepage des Klett-Verlags (S. 65).

Beitrag zur erfolgreichen Kommunikation zwischen Angehörigen der französischen und deutschen Kultur.

Die wenigen authentischen Texte in den Lehrwerken gehen – mit Ausnahme vielleicht der Bedienungsanleitung für öffentliche Toiletten (*A plus ! 1 Méthode Intensive*, S. 71) – explizit kaum auf Divergenzen zwischen den Ländern oder landestypische Eigentümlichkeiten ein. Sie machen Schüler hauptsächlich mit Phänomenen des kulturellen Lebens (Film, Literatur, Musik) in Frankreich bekannt, zeigen Seiten französischer Internetportale und eröffnen deutschen Jugendlichen damit in bescheidenem Rahmen themenbezogene Gesprächsmöglichkeiten mit ihren französischen Partnern.

3.2 ... für die kommunikative Kompetenz

Für die Fähigkeit, sich verständlich und empfängerorientiert auszudrücken und auf Aussagen des Gesprächspartners eingehen zu können, kurz kommunikative Kompetenz, braucht ein Lernender grammatische und lexikalische Kenntnisse und Fertigkeiten, aber auch ein Repertoire an elementaren, ansatzweise auch soziolinguistisch geprägten Kommunikationsstrategien.

Texte sind dabei in vielerlei Hinsicht hilfreich. Textrezeption bereichert den Wortschatz bzw. festigt den bereits aktiv wie passiv vorhandenen. Durch Texte lernen die Schüler Wörter und Kollokationen in typischen Zusammenhängen kennen, die Konnotationen verdeutlichen. Texte bieten Sprechakte und Redewendungen an, die Anfänger oftmals direkt in ihren Sprachgebrauch übernehmen können, so dass ihre fremdsprachliche Handlungsfähigkeit frühzeitig entwickelt wird. Texte demonstrieren darüber hinaus die Notwendigkeit grammatischer Kenntnisse, deren ‚dienende Funktion' für die Kohärenz eines Textes transparent wird. Schüler lernen außerdem mit Satzverknüpfungen und Diskursmarkierungen Mittel der Textbildung und -strukturierung kennen. Nicht zuletzt erlaubt der Textzusammenhang den Aufbau von Erschließungstechniken und gibt Transferhilfen.

Diese vielfältigen Leistungen eines Textes übernehmen in den Lehrwerken zum überwiegenden Teil nicht die seltenen und oft bruchstückartigen authentischen Texte, sondern die *textes fabriqués* – schon allein wegen ihres zahlenmäßigen Übergewichts.

4. Übungen und Aufgaben zu den Texten in Lehrwerken

Kommunikative Kompetenz erlangen die Schüler jedoch nicht allein durch Textrezeption. Die Übungen und Aufgaben, die auf den Texten aufbauen, spielen dabei eine entscheidende Rolle.[13]

4.1 Aufgaben zu nicht authentischen, didaktisierten Texten

Zu den didaktisierten Texten werden in den drei Lehrwerken schwerpunktmäßig Aufgaben zum Textverständnis und zu grammatischen sowie lexikalischen Inhalten gestellt. Vorherrschend sind traditionelle Frage- und Antwort-Aufgaben, Lückentexte, Zuordnungsaufgaben, Umformungsübungen, *vrai / faux*-Übungen, Beschreibungen von visuellen Texten (Bildern), Dialogübungen, Übungen zum Hörverstehen, zur Aussprache, zur Satzbildung, Sprachmittlung usw.

4.2 Aufgaben zu den authentischen Texten

Die Arbeitsaufträge zu den authentischen Texten variieren in den Bänden. Die Nachdichtung zu *La Cigale et la Fourmi* von Sylvie Gonsolin (S. 98) in *A plus ! 1* ist von drei Zeichnungen begleitet, die den Strophen zugeordnet werden sollen. Außerdem werden die Schüler aufgefordert, einen Dialog zwischen Ameise und Grille zu erfinden. Zu den zwei Gedichten von Anne-Marie Chapouton (S. 99) gibt es keine Aufgaben. Die Schüler werden angeregt, eines von beiden (jeweils elf Zeilen) auswendig zu lernen.

Auch *Découvertes 1* enthält nur wenige Aufgaben. Die Schüler sollen zur Playbackversion des Liedes von Gilles Floret singen (S. 16), zu den Strophen des Liedes von Bruno Husar passende Bilder malen, Vokabelnetze erstellen und unbekannte Wörter durch Zeichnungen erschließen (S. 40), in einer Zusammenfassung des Comics *Malika Secouss* auf „Fehlersuche" gehen und einen Dialog zwischen Malika und ihrer kleinen Schwester erstellen (S. 94).

---

[13] In diesem Beitrag werden die Termini ‚Übungen' und ‚Aufgaben' der Einfachheit halber parallel verwendet, da der Schwerpunkt nicht auf einer Analyse der Übungs- und Aufgabenformate liegt. Grundsätzlich wird zwischen den Begriffen wie folgt unterschieden: Übungen beziehen sich schwerpunktmäßig auf die Formbeherrschung sprachlicher Strukturen und bilden mit dem Ziel der sicheren Anwendung systematisch bestimmte sprachliche Fertigkeiten aus. Aufgaben verlangen von den Schülern im Allgemeinen die Anwendung komplexerer Aktivitäten als Übungen, begünstigen die zielgerichtete Sprachverwendung, binden die sprachlichen Fertigkeiten in einen situativen Rahmen und fordern zu realen kommunikativen Aktivitäten auf (vgl. Leupold 2008).

Der Text von Léo Koesten soll Ausgangspunkt zu einem persönlichen Bericht über die eigenen familiären Verhältnisse sein (S. 121).

Cours Intensif 1 verlangt vor allem Erläuterungen der Inhalte und ermutigt zu Meinungsäußerungen. Zu den Chansons (S. 63) gibt es eine inhaltsbezogene Frage und die Aufforderung, *Aux Champs-Elysées* anzuhören, zu singen und dann ein Lied über die eigene Stadt zu schreiben. *Victime de la mode* regt zum Gedankenaustausch über Modebewusstheit und Schlankheitswahn an. Die Fragen zu den Comics beziehen sich auf die Erklärung von Aussagen, auf das Sammeln von Argumenten (S. 53) und die Erläuterung der Enttäuschung der Mutter einer Comicfigur (S. 73). Zu *Les aventures de Marion et Charles* (S. 74) sollen die Schüler einen Dialog erfinden und die Szene spielen. Die zwei Bilder aus *Cédric* (S. 101) veranlassen zu Überlegungen über die Motive von Cédrics Familie, einen Kuchen nicht essen zu wollen, und über die mögliche Reaktion der eigenen Familie auf einen selbstgebackenen Kuchen. Nach der Beschäftigung mit *Astérix chez les Helvètes* (S. 109) und *Wed raconte la guerre en Gaule* (S. 111) wird an die Schüler appelliert, sich mit den in der *bande dessinée* über die Fremden geäußerten Meinungen auseinanderzusetzen.[14]

A plus ! 1 Méthode Intensive zieht die authentischen Texte hauptsächlich heran, um den Schülern klarzumachen, dass sie auch schon im ersten Lernjahr viel verstehen können. Typisch sind deshalb Fragen wie „Was könnt ihr verstehen?" (z.B. zu Mômes.net, S. 48; zum Kochrezept, S. 69; zur Bedienungsanleitung der Toilette, S. 71). Auch auf den Text von *Métis* (S. 129) folgt eine ähnliche Frage: *A votre avis, un/e métis/se, qu'est-ce que c'est?* Der Auszug aus der Jugendzeitschrift *Okapi* (S. 108) verlangt ebenfalls Textverständnis und zielt durch den Auftrag *Expliquez à un/e copain/e qui ne comprend pas le français: quel est le problème de ce garçon? Résumez les réponses en allemand* auf die Aufgabenform „Sprachmittlung".

---

[14] Zu Plakaten, die als authentische visuelle Texte gelten dürfen, stellt *Cours Intensif 1* unterschiedlich zu bewertende Aufgaben. Auf der Basis eines Theaterplakats (S. 15) wird zum Transfer aus anderen Sprachen angeregt. Ein anderes Filmplakat zu *Le fabuleux destin d'Amélie Poulain* (S. 21) illustriert eine Einsetzübung, in dem einmal der Name der Schauspielerin Audrey Tautou genannt wird.

5. Bewertung

Zusammenfassend ist festzustellen, dass die authentischen und didaktisierten Texte im ersten Lernjahr die interkulturelle Kompetenz vor allem dadurch begünstigen, dass landeskundliches Wissen aufgebaut wird, das dann zu den gewünschten interkulturellen Fertigkeiten führen soll.

Die kommunikative Kompetenz bringen die wenigen authentischen Texte durch – allerdings seltene – Arbeitsaufträge voran, die das Globalverständnis überprüfen und fördern wollen und bedeutende Faktoren des kommunikativen Verhaltens unterstützen, indem sie die Schüler zu individuellen Äußerungen und einer im weiten Sinn kreativen Sprachverwendung anregen.[15]

Einen erheblich größeren Beitrag zur Kommunikationsfähigkeit leisten die zu den didaktisierten Texten gestellten Übungen. Sie sind im Wesentlichen kognitivierend und arbeiten unmittelbar der Fähigkeit zu, Gespräche zielgerichtet führen zu können, da sie Vokabular, Grammatik und Strukturen so festigen, dass die sprachlichen Mittel auch in anderen Zusammenhängen verwendet werden können.

6. Authentische vs. didaktisierte Texte?

In den durchgesehenen Lehrwerkbänden für den Anfangsunterricht dominieren schriftliche, nichtauthentische Texte, die oftmals von einem relativ geschlossenen Textmodell geprägt sind. Dieses Übergewicht liegt sicher zum Teil am Stand der Lernersprache, die den Schülern den Zugang zu vielen authentischen Materialien aus dem Zielsprachenland noch verschließt, wenn diese nicht durch didaktische Eingriffe und Hilfen bearbeitet werden. Insofern rechtfertigt sich die eingangs zitierte Definition von ‚authentischer Text' durch *Découvertes*.

Die interkulturelle und kommunikative Kompetenz der Schüler wird in den Lehrwerken hauptsächlich von den didaktisierten Texten vorangetrieben, da diese einen deutlichen Bezug zu den Situationen haben, denen Schüler im Ausland höchstwahrscheinlich ausgesetzt sind, und damit zu ihren vermuteten gegenwärtigen und zukünftigen sprachlichen Bedürfnissen.

Dieses Ergebnis ist m.E. wesentlich in der Tatsache begründet, dass die Lehrwerke die authentischen Texte fast nur als ‚Anhängsel' präsentieren und

---

[15] Aufgaben zu den authentischen Texten, wie Lieder singen und Gedichte auswendig lernen, tragen nur minimal zum Erwerb von Kommunikationsfähigkeit bei.

ihnen bei weitem nicht den Status zuerkennen, den sie als Dokumente der französischen *civilisation* für das Sprachenlernen haben sollten. Eine intensivierte Hinwendung zu Authentizität auch schon im Anfangsunterricht wäre mehr als wünschenswert, um die Schüler mit dem Sprachgebrauch solcher Texte zu konfrontieren. Erstens wäre der Motivationsvorteil gegenüber den oftmals als langweilig empfundenen *textes fabriqués* unbestreitbar, zweitens verringerte man die Gefahr eines Kulturschocks, den Schüler, die über einen längeren Zeitraum in einem sprachlichen und textuellen ‚Schonraum' gehalten werden, bei der Begegnung mit Originaltexten erleiden könnten.

Um bereits im ersten Lernjahr zumindest für eine größere Ausgewogenheit als bisher zwischen *textes fabriqués* und authentischen Texten zu sorgen bzw. letzteren den Vorrang zu geben, wäre es zweckmäßig, schon im Anfangsunterricht konsequent mit Textdossiers zu arbeiten. Diese sollten zu einem bestimmten Thema neben einem der Progression des Lehrwerks verpflichteten *texte fabriqué* mehrere authentische Texte beinhalten, die verschiedene Textsorten belegen (Briefe, *faits divers*, Rezepte, Gebrauchsanweisungen etc.). Authentische literarische, visuelle, audio-visuelle oder Sachtexte können bei einer sachgemäßen Annotation in ihrem Schwierigkeitsgrad durchaus die Interimskompetenz der Lerngruppe etwas übersteigen und so interessante Herausforderungen schaffen. Um „erfolgreich zwischen den Kulturen kommunizieren zu können" (vgl. Erll & Gymnich 2007), wäre es überdies vorteilhaft, speziell solche authentischen Texte in ein Dossier aufzunehmen, die als *lieux de mémoire* im kollektiven Gedächtnis der Franzosen verankert sind.[16] Für den Anfangsunterricht eignen sich u.a. (Kinder-)Lieder und Märchen. Die Übungen und Aufgaben, die dem Sprachlernniveau entsprechend der kommunikativen Kompetenz zuarbeiten, sollten sich dann auf alle in einem Dossier verfügbaren Textsorten beziehen und nicht nur an den didaktisierten Text und die von ihm vorgegebene Progression angeglichen sein.

In einer so konzipierten Textsammlung haben zudem solche sinnvollen Rubriken ihren Platz, in denen zu bestimmten Redesituationen idiomatische Wendungen systematisiert sind, die in den Texten verstreut auftauchen bzw. im Zusammenhang mit den thematisierten Situationen stehen.[17]

---

[16] Beispiele: *Sur le pont d'Avignon*, Fabeln von Jean de La Fontaine, Textauszüge von Saint-Exupéry, Charles Perrault u.v.a.m.

[17] Solche Listen gibt es in den Klett-Lehrwerken unter der Überschrift *On dit*, in den Cornelsen-Lehrwerken unter *Qu'est-ce qu'on dit?*. Es handelt sich um Zusammenstellungen von Redewendungen, die z.B. für die Verbalisierung von Vorlieben/Abneigungen (*j'aime ou je*

Textdossiers, die wie vorgeschlagen, überwiegend authentische Texte enthalten, die nicht mehr nur auf eine ‚Anhängsel'-Funktion reduziert sind, führen zu einer Frage, die besonders im Anfangsunterricht relevant ist: Welche Sprachnorm soll den Schülern am Lehrgangsanfang vermittelt werden? Die didaktisierten Texte basieren schwerpunktmäßig auf einer schichtenneutralen Varietät (vgl. Abel 1997). Für die Kommunikation mit Gleichaltrigen werden die Schüler so nur teilweise gerüstet, denn deren Sprache enthält Ausdrücke und Wendungen, die in den *textes fabriqués* in der Regel nicht zu finden sind, wohl aber in authentischen Texten aus dem frankophonen Sprachraum. Obwohl es nicht Ziel des Französischunterrichts für Anfänger sein kann, den Schülern schichtenspezifische und v.a. recht kurzlebige Varianten des Französischen beizubringen, sollten sie doch zumindest rezeptiv hin und wieder mit Texten konfrontiert werden, die sich dem wirklichen Sprachgebrauch ihrer Altersgenossen annähern.

Literatur

Lehrwerke

BÄCHLE, Hans et al. 2004. *À plus ! 1. Französisch für Gymnasien*. Berlin: Cornelsen.
BÄCHLE, Hans et al. 2007. *À plus ! 1 Méthode Intensive. Lehrwerk für den Französischunterricht (3. Fremdsprache) an Gymnasien*. Berlin: Cornelsen.
BRUCKMAYER, Birgit et al. edd. 2004. *Découvertes 1 für den schulischen Französischunterricht*. Stuttgart [u.a.]: Klett.
EBERTZ, Mirja et al. 2006. *Découvertes 3. Lehrerbuch*. Stuttgart [u.a.]: Klett.
FEZER, Ulrike et al. 2004. *Découvertes 1. Lehrerbuch*. Stuttgart [u.a.]: Klett.
GAUVILLE, Marie et al. 2006. *Cours Intensif 1. Französisch für den schulischen Unterricht*. Stuttgart: Klett.

Sekundärliteratur

ABEL, Fritz. 1997. „Aufgaben der Französischdidaktik – der Augsburger Ansatz", in: Altenberger, Helmut. ed. *Fachdidaktik in Forschung und Lehre*. Augsburg: Wißner, 13–45.
CUQ, Jean-Pierre & GRUCA, Isabelle. 2006. *Cours de didactique du français langue étrangère et seconde*. Grenoble: Presses Universitaires de Grenoble.

---

déteste, Cours Intensif 1, S. 21) oder zum Fragen nach dem Weg/der Uhrzeit (*Pardon, madame…, Découvertes 1*, S. 61) verwendet werden können. In den Cornelsen-Lehrwerken hat die Rubrik *Qu'est-ce qu'on dit?* keine differenzierende Überschrift. Die dort abgedruckten Ausdrücke können aber thematisch einem Gebiet zugewiesen werden (vgl. z.B. *A plus ! 1* zur Lektion 4 *Qu'est-ce que vous faites?*: Zusammenstellung zu Vorlieben und Abneigungen, S. 62).

DIENES, Katalin & MENDEZ, Carmen. 2007. „Sprechen lernen mit Lehrwerken? Eine vergleichende Analyse von *À plus* und *Découvertes*", in: *Praxis Fremdsprachenunterricht* 2, 43–48.
ERLL, Astrid & GYMNICH, Marion. 2007. *Interkulturelle Kompetenzen: Erfolgreich kommunizieren zwischen den Kulturen.* Stuttgart: Klett.
LEUPOLD, Eynar. 2007. *Textarbeit im Französischunterricht.* Seelze-Velber: Klett/Kallmeyer.
LEUPOLD, Eynar. 2008. „*A chaque cours suffit sa tâche ?* Bedeutung und Konzeption von Lernaufgaben", in: *Der fremdsprachliche Unterricht Französisch* 96, 2–8.
SARTER, Heidemarie. 2006. *Einführung in die Fremdsprachendidaktik.* Darmstadt: Wissenschaftliche Buchgesellschaft.
SCHMENK, Barbara. 2008. *Lernerautonomie. Karriere und Sloganisierung des Autonomiebegriffs.* Tübingen: Narr.

Lehrpläne (Zugriffsdatum: 1.7.2010):
ISB 2009: Staatsinstitut für Schulqualität und Bildungsforschung – ISB. ed. *Lehrplan für das Gymnasium in Bayern (G8).* München: ISB. http://www.isb.bayern.de/isb/index.asp?STyp=14&LpSta=6&Fach=13&MNAV=6&QNAV=4&TNAV=0&INAV=0

Hessen:
http://www.hessen.de/irj/HKM_Internet?cid=ac9f301df54d1fbfab83dd3a6449af60

Rheinland-Pfalz:
http://lehrplaene.bildung-rp.de/no-cache/lehrplaene-nach-faechern.html?tx_abdownloads_pi1[category_uid]=94&tx_abdownloads_pi1[cid]=5786

Sachsen:
http://www.sachsen-macht-schule.de/apps/lehrplandb/downloads/lehrplaene/lp_gy_franzoesisch_2007.pdf

Lieder und Songs in Lehrwerken für den Italienischunterricht an deutschen Gymnasien

> Literatur und Musik sind zwei Paar Stiefel.
> Und doch. Literatur ist aus Sprache gemacht, und
> Sprache allerdings hat mit Musik viel zu tun.
> Auch in der Literatur ist der Atem des Autors
> (und des Lesers) wichtig, sein Herzschlag.
> Der Rhythmus eines Textes macht seinen Sinn,
> sein Tempo (presto, adagio), steuert die Lektüre (Widmer 2005).

Erkenntnisinteresse

Im Leben von Jugendlichen hat Popmusik einen außerordentlich hohen Stellenwert. Sie ist permanenter Begleiter durch den Alltag, oftmals die alleinige Grundform musikalischen Erlebens und darüber hinaus maßgeblicher Sozialisationsfaktor, der in seiner Bedeutung durch die ständig aktivierten oder zumindest in Bereitschaft gehaltenen MP3-Player bzw. IPods, die oftmals Statussymbol sind, verstärkt wird.[1]

Musik beeinflusst als „Struktur gewordene Emotion" (Widmer 2005) direkt unsere Gefühle. Allerdings spielen auch die Texte von Songs eine keineswegs zu unterschätzende emotionale Rolle. Dies ist wenig verwunderlich, da Text und Musik schon immer eng zusammen gehörten, denn gesprochene Texte haben in der Regel eine melodische und rhythmische Struktur, und die Vertonung eines Textes akzentuiert dessen prosodische Merkmale (Akzent, Tonhöhe, Sprachfluss, Satzmelodie, Pausen, unterschiedliche Betonung von Silben usw.).

Die neusprachliche Didaktik bedient sich mindestens seit den Zeiten Viëtors der Verbindung von Text und Musik (vgl. Hellwig 1996, 20). Blell & Hellwig (1996) weisen außerdem darauf hin, dass im Rahmen „älterer ganzheitspsychologischer und fachdidaktischer und musikrhythmischer Ansätze" (Blell & Hellwig 1996, 10) schon ab ca. 1880 mit Liedern gearbeitet wird.[2]

---

[1] Ca. 64% der Jugendlichen nutzen in ihrer Freizeit täglich den MP3-Player (vgl. MPFS, *Jim-Studie 2009*, 16).

[2] So sind beispielsweise für Rudolf Steiner Rhythmus und musikalische Elemente wichtige Säulen des Unterrichts (vgl. Steiner 1973, 121f.).

Heute spielt Musik als relevanter Faktor bei der Realisierung unterrichtlicher Ziele umso mehr eine Rolle, als erstens Neurowissenschaftler und Didaktiker seit geraumer Zeit den Nutzen des interhemisphärischen Lernens hervorheben, zweitens gefordert wird, den Lebensweltbezug, die sog. *lifeskills*, und damit Elemente der Alltagskultur von Heranwachsenden mit ihren impliziten (Motivations-)Möglichkeiten in den Unterricht zu integrieren, und drittens Handlungsorientierung, Lernerorientierung und Ganzheitlichkeit für den modernen neokommunikativen Fremdsprachenunterricht konstitutiv sind (vgl. Meißner & Reinfried 2001, 9f.). Diese Prinzipien können durch die Arbeit mit Musik wesentlich gefördert werden.

Wenn auch im Mittelpunkt des musikalischen Erlebens heutiger Jugendlicher unbestreitbar Produktionen der anglo-amerikanischen Popszene stehen, sind doch Songs von Repräsentanten der aktuellen italienischen Musikkultur wie Zucchero, Eros Ramazzotti, Antonello Venditti, Laura Pausini, Lùnapop usw. ebenfalls Teil ihrer Interessenbereiche. Auch diese Sänger binden die Aufmerksamkeit der Schüler und bereichern mit Sicherheit unter verschiedenen Zielsetzungen den Italienischunterricht, für den die Verflechtung von Sprache und Musik überdies besonders naheliegt, wird doch der italienischen Sprache gemeinhin eine besondere Musikalität zugeschrieben. Sie galt lange Zeit als die Sprache schlechthin der Oper, und im 19. Jahrhundert waren Arien aus Werken von Verdi, Donizetti, Puccini, Rossini und anderen Komponisten so populär wie heute Schlager.

Es ist also nur konsequent, wenn Lehrwerke, auf die sich der gegenwärtige Italienischunterricht stützt, auf Musik eingehen. Sie tun dies allerdings in unterschiedlicher Intensität. Im Folgenden wird zunächst untersucht, wie ausgewählte Lehrwerke auf Musik Bezug nehmen und welche Absichten die zu Musikthemen gestellten Aufgaben verfolgen. Ausgehend von der Bewertung der Ergebnisse werden Möglichkeiten skizziert, durch die Verbindung von Musik, Sprache und Bewegung den ganzheitlichen Lernprozess zu unterstützen, also körperlichen und affektiv-emotionalen Aspekten im Sprachunterricht Geltung zu verschaffen.

Lehrwerksanalyse

1. Bestand und vorgesehene Unterrichtsaktivitäten

Die Tendenzen der Arbeit mit Songs und Liedern in unterschiedlichen Lehrwerksgenerationen werden im Folgenden an je drei älteren und neueren Lehrwerkbänden für Italienisch illustriert. Die Erscheinungszeit des jeweiligen Lehrwerks bedingt naturgemäß die Aktualität der darin enthaltenen Lieder. Unabhängig von dieser Zeitgebundenheit der Auswahl sind fachdidaktisch die Schwerpunkte interessant, die bei den Aufgaben zu den Liedern gesetzt werden.

In Band 1 des bis vor kurzem im gymnasialen Italienischunterricht weit verbreiteten Lehrwerks *Capito* (C.C. Buchner 1993) wird in einem Lektionstext, in dem es um die Frage geht, was ein junges Mädchen zu einer Party anziehen soll, die Refrainzeile „Bello, bello e impossibile, con gli occhi neri" (S. 94) aus dem gleichnamigen Song von Gianna Nannini zitiert. In einer Übung werden erwähnt „la musica di Bee Gees" und „la musica di Ennio Morricone" (S. 98). Ein Textausschnitt von 22 Zeilen aus Gianna Nanninis *Fotoromanza* (S. 123) ist Anlass zu textanalytischen und gattungsspezifischen Fragen (z.B. „was ist eine Strophe, ein Reim, ein Refrain?").

Band 2 von *Capito* (C.C. Buchner 1995) verlangt bei *Lontana è Milano* von Antonello Venditti (S. 19) Antworten auf Fragen zum Verständnis und zum Stil des Textes. Auch der Fragenkatalog zu Vendittis *Roma Capoccia* (S. 35), der einen Vergleich mit einem Gedicht von Trilussa (*Le rovine, fortuna d'Italia*) in Romanesco und Italienisch (S. 34) anstrebt, zielt in erster Linie auf Sprache und Inhalt. Die Schüler sollen überlegen, welcher der beiden Texte ausdrucksvoller und poetischer ist. Die textbezogenen Fragen zu *Il pescatore* von Fabrizio De André (S. 164f.), zu *La fotografia* von Enzo Jannacci (S. 166f.) und zu *L'uomo e la nuvola* von Angelo Branduardi (S. 168) erweitert das Lehrwerk durch den Auftrag, „il rapporto fra la musica e le parole" zu analysieren.

Band 2 von *Corso Italia* (Klett 1996) gibt im Rahmen einer Hörverstehensübung knappe Informationen zu Bänkelsängern (*gli ultimi cantastorie*, S. 25). Im Mittelpunkt steht nicht die Musik, sondern das Textverständnis. Dies gilt auch für das von Fiorella Mannoia gesungene *I dubbi dell'amore* (z.B. „Um welche Zweifel handelt es sich? Welche Hypothesen werden aufgestellt? Wie würde der Leser/die Leserin reagieren?", S. 56), zu dem es ebenfalls Hörverstehensaufgaben gibt.

In piazza (C.C. Buchner 2003) enthält Informationen über Puccini mit der Aufgabe, anhand einer Liste von Operntiteln einen anderen berühmten italienischen Opernkomponisten – Verdi – zu identifizieren (S. 20). Es gibt weiter eine Hitliste von Schlagern (*Classifica Mix e singoli*, S. 51), ein Programmblatt für ein Konzert von Vivaldis *Le quattro stagioni* (S. 102) in der Chiesa San Bartolomeo in Venedig, das v.a. dazu dient, den Lernern zu verdeutlichen, dass *quattro stagioni* nicht nur auf Pizza bezogen ist. Lieder von Lùnapop (*50 Special*, S. 139), Jovanotti (*Penso positivo*, S. 167) und Vasco Rossi (*Siamo solo noi*, S. 167) sind Anlässe für textanalytische Fragen. Daneben gibt es in einer Grammatikübung Anspielungen auf CDs von Lùnapop und Luca Carboni (S. 107), ein Interview mit Nek (darin geht es allerdings im wesentlichen um seine Mutter und nicht um seine Musik, S. 158), Vokabular *Per descrivere una canzone*, Fragen zum persönlichen Musikgeschmack und einen Verweis auf die Internetseite www.musicaitaliana.com (S. 141).

Der erste Band von *Appunto* (C.C. Buchner 2006) beinhaltet zwei Texte über ein Pop-Konzert in Rom (*In diretta da Roma: concerto pop-rock italiano*, S. 13; *Il concerto comincia*, S. 18).[3] Genannt werden Zucchero, Nek, Jovanotti, i Pooh, Paola e Chiara. Der Verweis „G 5.6" bei der Übung *Musica* (S. 89), unter der eine Notenzeile mit „Prim, Sekund, Terz... wie geht's weiter?" abgedruckt ist, führt zu dem Grammatikteil des Lehrwerks, der sich den Ordnungszahlen widmet. Ein Informationskasten zu „*I Cantantori* – Die italienischen Liedermacher" (S. 160) vermittelt den Schülern landeskundlich-kulturelles Wissen.

Vorhanden ist weiter ein *Indovinello con „fare"* (S. 36), dessen richtige Lösung den Anfang einer Opernarie ergibt. Dahingestellt sei, ob die Schüler in der Lage sind, allein aus den sieben Noten, die dem Präsensparadigma von *fare* zugeordnet sind, auf *La donna è mobile* aus Verdis *Rigoletto* zu schließen.

Band 2 von *Appunto* (C.C. Buchner 2007) bezieht sich auf Musik jenseits der Popkultur und überrascht mit einem religiösen Lied aus dem Mittelalter, zu dem Vokabelfragen gestellt werden (*Il cantico delle creature*, S. 64f.). In Besonderheiten der neapolitanischen Musik führen ein *Napule è* von Pino Daniele (S. 86) und der kurze informative Beitrag *Musica napoletana* (S. 87).

---

[3] Aus dem Lehrerbuch von *Appunto* ist nicht zu entnehmen, ob sich der Text auf ein fiktives oder reales Konzert bezieht. Möglich ist jedoch, dass auf ein Freiluftkonzert angespielt wird, das jedes Jahr am 1. Mai auf der Piazza San Lorenzo in Laterano stattfindet.

Andiamo a teatro (S. 88) zeigt die Besetzungsliste der Oper *Falstaff* von Giuseppe Verdi. Fragen zur Musik werden nicht gestellt.

2. Bewertung

In der Regel, so macht der Befund der repräsentativ durchgesehenen Bände deutlich, nehmen die Lehrwerke – gemessen an der Anzahl anderer Texte – selten auf Musik Bezug. Außerdem sind die wenigen Lieder bzw. Anspielungen auf das musikalische Leben in Italien durchweg Ausgangspunkt für Hörverstehensübungen oder rein textanalytische und sprachbezogene Arbeitsaufträge. Einzig die Aufforderung in *Capito 2*, „il rapporto fra la musica e le parole" (S. 168) zu analysieren, kann als musikspezifische Tendenz gedeutet werden.

Die musikalische Seite der Lieder ist in den Lehrwerken für den Italienischunterricht also mehr als unbedeutend. Konsequent machen die Lehrbücher auch keine Vorschläge zu Übungen, die auf der Musik aufbauen und rhythmisch und bewegungsorientiert sind. Damit befinden sie sich im Einklang mit einem Großteil der fachdidaktischen Literatur, die zwar als Schrittmacher von Theorie und unterrichtspraktischen Konzepten zeitweise Interesse an solchen Vorgehensweisen und damit am Thema Musik beteuert (vgl. z.B. Leupold 2002, 4), aber kaum konkrete Anregungen für eine Betrachtungsweise bietet, die neben der textuellen auch die musikalische Seite berücksichtigt. So verweist beispielsweise Robert Christoph, der die derzeit umfassendste Publikation zur Didaktik des Italienischen vorgelegt hat, für einen „fächerübergreifenden Ansatz" auf „[die] Musikkollegen oder die Experten unter den Schülern", und dies, obwohl er die „musikalische Form" als „eine weitere Sinnebene" versteht (Christoph 2005, 202).

Sicher dient auch schon die oberflächliche Kenntnis von Liedern und Sängern der Erweiterung des kulturellen Wissens der Schüler, und natürlich kann weder die Nützlichkeit von Textarbeit, die wesentliche Basis des Fremdsprachenunterrichts ist, noch die von Hörverstehensübungen, sprachbezogenen, textanalytischen und landeskundlich-interkulturell ausgerichteten Übungs- und Aufgabenarten für den Italienischunterricht bestritten werden. Gerade Lehrwerke, die aufgrund der Zulassungsbestimmungen den Lehrplänen der einzelnen Bundesländer und der inzwischen durch die Bildungsstandards generell eingeforderten Ausrichtung an abprüfbaren Kompetenzen entsprechen müssen, kommen nicht umhin, derartige Übungen und Aufgaben bereitzustellen. Fremdsprachenunterricht kann deshalb und aufgrund der knapp bemessenen Zeit sprachliche oder kulturelle Aspekte nie aus den Augen verlieren. Überdies ist er kein Konkurrenzunternehmen zum Musikunterricht, so dass eine rein musikbezogene Auswertung von Liedern und Songs im Unterricht des Italienischen als Fremdsprache nicht anzustreben ist. Dennoch entspricht die Reduktion der Lieder auf sprachdidaktische Anliegen weder der ursprünglichen Produktionsabsicht von Liedern zum Hörvergnügen noch den *lifeskills* der Schüler oder den eingangs erwähnten, von der Fachdidaktik schon im 19. Jahrhundert aufgegriffenen ganzheitspsychologischen und musikrhythmischen Ansätzen (vgl. Blell & Hellwig 1996, 10). Nicht zuletzt werden aus diesen Gründen seit langem sporadisch, aber immer wieder die eindimensionalen Verfahren bei Liedern beanstandet, die übrigens nicht nur im Italienischunterricht festzustellen sind. Besonders drastisch fällt die Kritik bei Chambard & Damoiseau aus. Sie nennen ein solches Vorgehen eine ‚Amputation', eine ‚Sterilisation': Ein Lied auf einen geschrieben Text zu reduzieren, [...] bedeutet, es zu sterilisieren, indem man das wegnimmt, was den Lernenden primär anzieht (*„Réduire la chanson à un texte écrit, si riche qu'il puisse être, ce serait la stériliser sur le plan pédagogique en l'amputant de ce qui attire d'abord l'étudiant,* [...]"; Chambard & Damoiseau 1984, 23).

Mögliche Impulse für den Italienischunterricht[4]

Will die Lehrkraft das Leistungsvermögen von Text **und** Musik im Unterricht nutzen, will sie über sprach- und textbezogene Übungen und Aufgaben hinausgehen und durch diese Verbindung nicht nur den Unterricht bereichern, sondern eventuell auch eine Intensivierung des Hörgenusses bewirken, muss sie selbst tätig werden und musikalisches, extratextuelles Wissen vorweisen.

---

[4] Wichtig für Lehrende ist die Frage, in welchem Umfang Songtexte verwendet und vervielfältigt oder Musikvideoclips betrachtet werden können, ohne dabei Urheberrechte zu verletzen. Zu diesen Aspekten hat das Internetportal *lehrer-online* Informationen zusammengestellt (vgl. www.lehrer-online/url/songtexte; Zugriffsdatum: 6.12.2009). Wenn es sich beim Songtext nicht um eine Raubkopie handelt, ist es erlaubt, die Schüler diesen im Internet aufrufen zu lassen, ihn per Beamer zu zeigen, auf Folie abzudrucken oder vervielfältigt an die Klasse auszuteilen. Außerdem dürfen Arbeitsblätter mit Songtexten und Aufgabenstellungen erstellt und verteilt sowie Songtexte in einem passwortgeschützten Bereich des Internets (z.B. Schulintranet) abgespeichert werden.

Vor dieser Aufgabe schrecken viele zurück. Dies ist bedauerlich, denn so gehen einige Möglichkeiten für einen handlungsorientierten Unterricht verloren.

Die folgenden Vorschläge, die, um die Konkretisierungen durch andere Beiträge in diesem Band der Akten des Italianistentags nicht vorweg zu nehmen (vgl. Nachweis über Erstveröffentlichung), allgemein gehalten sind, sollen die Lehrenden motivieren, sich auf ein möglicherweise ungewohntes Terrain zu wagen, indem sie der Musik und dem Rhythmus im Sprachunterricht Raum geben, die Arbeit mit Musiktexten mit Handeln verbinden und damit die dem Lernen zuträgliche interhemisphärische Interaktion fördern (vgl. Betz 1995, 92; Schiffler 2002, 16). Die Lehrkraft muss dabei allerdings auch akzeptieren, dass der Lautstärkepegel in der Klasse zeitweise ansteigt.

1. Vorschläge ohne aktives, rhythmusbezogenes Handeln der Schüler

Zunächst zwei Varianten, bei denen die Schüler noch nicht unmittelbar rhythmisch tätig werden müssen. Wählt man nämlich den Einstieg über das Hören eines Songs können die Schüler z.B. – losgelöst vom Textverständnis und unabhängig vom jeweiligen Sprachniveau – Eindrücke von Instrumenten, Stimme(n), Tempo, Veränderungen des Tempos, Hintergrundgeräuschen, Wiederholungen in Rhythmus und Melodie etc., kurz: von musikalischen Auffälligkeiten, sammeln. Sie können Empfindungen und Assoziationen notieren und sich dann darüber austauschen.

Eine andere Möglichkeit ist, den Text zunächst lesen und Hypothesen bezüglich der Musik (welche Instrumente, Melodie, welcher Rhythmus sind passend?) anstellen lassen. Der zu beiden Formen nötige musikbezogene Wortschatz, der nicht gänzlich zum Lernwortschatz deklariert werden sollte, lässt sich mit den Lernenden nach und nach erarbeiten bzw. wird ihnen in Form von Listen zur Verfügung gestellt. Es kann aber von einer hohen Motivation, sich den Wortschatz anzueignen, ausgegangen werden, denn es handelt sich um Vokabular, durch das deutsche und italienische Jugendliche über gemeinsame Interessensgebiete sprechen können, so dass kommunikative Ziele in den Vordergrund rücken, die auch außerhalb der Schule von Belang sind, und Sprache dadurch „in ihrer eigentlichen kommunikativen Funktion, d.h. zur Verständigung über einen bestimmten Inhalt" (Wilts 2001, 212) gebraucht wird.

2. Vorschläge mit aktivem, rhythmusbezogenem Handeln der Schüler

Mehr Aktivität seitens der Schüler verlangen Textvorträge, bei denen durch die Veränderung der Stimmqualität, Tonhöhe und Lautstärke beim Sprechen die rhythmische und metrische Struktur eines Textes nachempfunden werden soll.

Denkbar ist eine unterschiedliche Darbietungsweise von Textzeilen beispielsweise als Frage, Aussage, Ausruf oder der Vortrag eines Textes im Tonfall eines Berichts in Funk oder Fernsehen, als Liebesbrief, als fröhliches oder trauriges Ereignis. Übungen zum chorischen, rhythmischen Sprechen mit der ganzen Klasse oder in Gruppen helfen bei der Entwicklung von Intonation, prosodischen Elementen und Artikulationsfähigkeit (Leupold 2002, 4). Hilfreich ist dabei die Begleitung beispielsweise durch ein Tamburin, durch rhythmisches Klatschen, oder die Aufforderung, den Körper im Takt mit wippen zu lassen. Beweglichkeit und genaues Zuhören erfordert der Auftrag, bei vorher festgelegten Wörtern aufzustehen und sich dann schnell wieder zu setzen.[5]

Eine andere Aufgabe zielt auf eine rhythmische Textproduktionstechnik, die nach der Regel erfolgt, dass sich jede Zeile nur aus einer bestimmten Silbenzahl zusammensetzen darf (vgl. Llorca 1998, 36). Die Lehrkraft gibt den Anfangssatz einer Geschichte in der gewünschten Silbenzahl vor. Die Schüler müssen dann die Geschichte mit (Teil-)Sätzen mit der gleichen Silbenzahl fortführen (z.B. *venerdì sera – Susi ha visto – un ragazzo che …*).

Die Lehrkraft kann weiter mit der Klasse vereinbaren, dass je ein Schüler – wie beim Jazz ein Instrument – ein Solo hat, d.h. dass er einige Zeilen des Textes rhythmisiert vorträgt, während der Rest der Klasse beispielsweise durch Fingerschnippen, Klatschen oder Summen die Begleitung übernimmt. Die Ablösung des jeweiligen ‚Solisten' geht fließend vor sich. Solche rhythmischen Vorträge von Einzelnen oder Gruppen haben als Sprechgesänge Ähnlichkeit zu den *rap songs*, die in der aktuellen Musikszene eine große Rolle spielen.

---

[5] Rhythmisch orientierte Hüpfspiele sind für Schüler, die Italienisch als dritte oder spätbeginnende Fremdsprache lernen, wohl nur eingeschränkt geeignet.

Das von James Asher entwickelte, in Deutschland allerdings wenig adaptierte Modell *Total Physical Response* (TPR), bei dem Sprache und Bewegung z.B. durch pantomimische Darstellungen,[6] die das Einbeziehen des ganzen Körpers erfordern, in Verbindung gebracht werden, kann durch Musik bereichert und weitergeführt werden, indem man mit den Schülern sog. *action songs* entwickelt, bei denen ein ganzes Lied oder auch nur der Refrain in Bewegung bzw. Handlung umgesetzt[7] und so die emotionale Beteiligung unterstützt wird.[8]

Fazit

In den durchgesehenen Lehrwerken werden Lieder in der Tradition der nach wie vor privilegierten kognitiven-intellektuellen Verfahren vornehmlich auf textanalytische Merkmale reduziert. Ganz im Sinne der nach wie vor stark präsenten Ausrichtung an grammatischer und lexikalischer Progression, die zahlreiche entsprechende Übungen nach sich zieht, sind Lieder wie andere Texte auch fast ausschließlich Basis für Sprachübungen. Die musikalisch-rhythmische Ebene bleibt marginal bzw. ist nicht vorhanden.

Diese Schwerpunkte korrespondieren weitgehend mit der immer noch sehr beliebten Unterrichtsform des Frontalunterrichts, bei dem die Schüler überwiegend still sitzen und kognitiv-reproduktiv tätig sein müssen, und dessen Lehrerzentrierung keinen oder nur einen minimalen Raum für ganzheitliche und handlungsorientierte Verfahren mit einem multisensorischen Angebot bietet.

Lösen sich die Lehrkräfte aber zumindest streckenweise vom Lehrwerk bzw. gehen über es hinaus und entwickeln Konzepte für handlungs- und rhythmusorientierte Phasen, könnte durch die Bündelung solcher praktischen

---

[6] Bernard Dufeu (vgl. http://www.psychodramaturgie.de, Zugriffsdatum: 6.12.2009) befasst sich seit den 70er Jahren des letzten Jahrhunderts mit effektivem Sprachenlernen über eine Kombination aus Psychodrama und Dramaturgie (*Psychodramaturgie linguistique*), bei der eine relativ hohe Fehlertoleranz gewährt wird. Da für ihn Sprache Handeln bedeutet, wird die Fremdsprache über das dramatische Spiel erworben, fehlenden Wortschatz liefert der Lehrer.

[7] Bewegungsgehemmte Schüler sollten jedoch nicht zum Mitmachen genötigt werden. Sie sollten langsam und ohne Zwang an derartige Übungen herangeführt werden.

[8] Weitere Optionen sind sog. Body Raps nach bestimmten Bewegungsabfolgen (Move, Tense, Shake, Relax; Schiemann 2009, 13) oder sog. *jazz chants*, bei denen Jazz-Rhythmen sprachliche Strukturen und die Intonation veranschaulichen.

Entwürfe und ihre theoretische Untermauerung das Desiderat einer umfassenden Lieddidaktik für den Italienischunterricht Wirklichkeit werden. Aufgabe einer derartigen Didaktik wäre es, Unterrichtsziele, -inhalte und -verfahren zu formulieren, die auf verschiedene Musikstücke angewendet werden können, die nicht nur das beliebte Argument der Abwechslung und Motivation bedienen und die Lieder damit mehr oder weniger aus dem ‚offiziellen' Programm ausklammern. Neben einer Auswahl geeigneter Songs sollte dieser Teilbereich der Fachdidaktik musikspezifische Übungen vorstellen, die von Freude an Bewegung, Reim und Lied, Rhythmik und Melodie geprägt sind, also Erfahrungen einbeziehen, die Gefühl und Sinne, aber auch den Intellekt ansprechen. Der Wechsel zwischen Anstrengung und Entspannung, sprachlichen und nicht-sprachlichen Interaktionen käme sicherlich dem Lernerfolg zugute.

Literatur

Lehrwerke

JÄGER, Andreas & SCHMIDT, Axel. edd. 1993. *Capito. Unterrichtswerk für Italienisch. Übungsbuch 1*. Bamberg: C. C. Buchners Verlag.

JÄGER, Andreas & SCHMIDT, Axel. edd. 1995. *Capito. Unterrichtswerk für Italienisch. Übungsbuch 2*. Bamberg: C. C. Buchners Verlag.

MASTINU, Maria et al. edd. 1996. *Corso Italia 2. Italienisch für Fortgeschrittene*. Stuttgart [u.a.]: Klett.

JÄGER, Andreas & MÖRL, Karma. edd. 2006. *Appunto 1. Unterrichtswerk für Italienisch*. Bamberg: C. C. Buchners Verlag.

JÄGER, Andreas & MÖRL, Karma. edd. 2007. *Appunto 2. Unterrichtswerk für Italienisch*. Bamberg: C. C. Buchners Verlag.

SCHMIEL, Sonja & STÖCKLE, Norbert. edd. 2003. *In piazza. Italienisch in der Oberstufe*. Bamberg: C. C. Buchners Verlag.

Sekundärliteratur

BETZ, Hans-Jörg. 1995. „Spielerisch agieren, imaginieren und kommunizieren – ein Weg zu mehr Ganzheitlichkeit im Englischunterricht", in: Timm, Johannes-Peter. ed. *Ganzheitlicher Fremdsprachenunterricht*. Weinheim: Deutscher Studien Verlag, 78–104.

BLELL, Gabriele & HELLWIG, Karlheinz. 1996. „Zur Einführung: Bildende Kunst und Musik im Fremdsprachenunterricht", in: Blell, Gabriele & Hellwig, Karlheinz. *Bildende Kunst und Musik im Fremdsprachenunterricht*. Frankfurt a.M. [u.a.]: Lang, 7–13.

CASPARI, Daniela. 2009. „Kompetenzorientierter Französischunterricht: Zentrale Prinzipien und ihre Konsequenzen für die Planung von Unterricht", in: *Französisch heute*, Nr. 2, 73–78.
CHAMBARD, Lucette & DAMOISEAU, Robert. edd. 1984. *La chanson d'aujourd'hui. Mythes et images du temps présent*. Sèvres: ELP.
CHRISTOPH, Robert. 2005. *„Voi ch'insegnate". Einführung in die Didaktik und Methodik des gymnasialen Italienischunterrichts*. Dillingen: Akademie für Lehrerfortbildung und Personalführung.
HELLWIG, Karlheinz. 1996. „Sehen und hören, empfindend verstehen und sprechen – Bild- und Musik Kunst im Fremdsprachenunterricht", in Blell, Gabriele & Hellwig, Karlheinz. *Bildende Kunst und Musik im Fremdsprachenunterricht*, 15–31.
LEUPOLD, Eynar. 2002. „Musique & Cie", in: *Der fremdsprachliche Unterricht Französisch*, Nr. 3, 4–8.
LLORCA, Régine. 1998. „Rythme et création", in : *Le français dans le monde*, n. 296, 35–37.
MEIßNER, Franz-Joseph & REINFRIED, Marcus. edd. 2001. *Bausteine für einen neokommunikativen Französischunterricht: Lernerzentrierung, Ganzheitlichkeit, Handlungsorientierung, Interkulturalität, Mehrsprachigkeitsdidaktik. Akten der Sektion 13 auf dem 1. Frankoromanistentag in Mainz, 23.–26.08.1998*. Tübingen: Narr.
MPFS (Medienpädagogischer Forschungsverbund Südwest) ed. *JIM-Studie 2009. Jugend, Information, (Multi-)Media. Basisuntersuchung zum Medienumgang 12- bis 19-Jähriger*. Stuttgart (http://www.mpfs.de/fileadmin/JIM-pdf09/JIM-Studie 2009.pdf; Zugriffsdatum: 6.12.2010).
SCHIEMANN, Steven. 2009. „The Body Rap – Le rap du corps. Ein Lied für Bewegung und Erholung", in: *Praxis Fremdsprachenunterricht*, Nr. 2, 13–18.
SCHIFFLER, Ludger. 2002. „Singen und kinästhetisches Fremdsprachenlernen. Gehirnforschungen zu Musik und Sprache", in: *Der fremdsprachliche Unterricht Französisch*, Nr. 3, 16–17.
STEINER, Rudolf. 1973. *Gegenwärtiges Geistesleben und Erziehung. Ein Vortragszyklus gehalten in Ilkley (Yorkshire) vom 5. bis 17 August 1923*. Rudolf Steiner Verlag: Dornach.
TIMM, Johannes-Peter. ed. 1995. *Ganzheitlicher Fremdsprachenunterricht*. Weinheim: Deutscher Studien Verlag.
WIDMER, Urs. 2005. „Literatur und Musik", in: *Neue Zürcher Zeitung* (online) 01.10.2005. http://www.nzz.ch/2005/10/01/li/articleD4B5K.html (Zugriffsdatum: 20.8.2009) Link: http://www.perlentaucher.de/feuilletons/2005-10-01.html#a11921 (Zugriffsdatum: 20.8.2009).
WILTS, Johannes. 2001. „Grundzüge einer Spielfilmdidaktik für den Französischunterricht", in: *Neusprachliche Mitteilungen aus Wissenschaft und Praxis*, Nr. 54/4, 210–221.

(Inter)kulturelles Lernen im Italienisch- und Französischunterricht durch Lehrwerkfamilien

1. Die Rolle von Texten in Lehrwerken für den Fremdsprachenunterricht

In den Anfangsjahren baut schulischer Fremdsprachenunterricht in der Regel auf einem Lehrwerk auf, dessen verschiedene Komponenten (Grammatische Beihefte, Übungshefte, Lehrerbücher, Folien usw.) inhaltlich auf das im Mittelpunkt stehende Schülerbuch ausgerichtet sind, das seinerseits in erster Linie von den dort abgedruckten Texten charakterisiert ist.

Es handelt sich dabei zu Beginn des Lehrgangs selten um authentische, sondern überwiegend um didaktisierte Dokumente, die von den Lehrwerkautoren mit der Absicht erstellt wurden, einerseits Grammatik und Wortschatz einzuführen und zu belegen und andererseits die Schüler mit den Realitäten des fremden Landes bekannt zu machen. Die Texte beeinflussen allein schon durch ihre Menge erheblich den Gesamteindruck, den die Schüler vom Fremdsprachenlehrgang gewinnen und prägen durch die enthaltenen zielkulturellen Informationen maßgeblich das Bild, das sich die Jugendlichen von dem Land und seinen Bewohnern machen. Aus Absicht und Wirkung ergibt sich eine doppelte Funktion: Die Texte müssen den zu erlernenden Sprachgebrauch dokumentieren und als „sekundär verfaßte Abbilder einer primären Realität" (Bleyhl 1999, 30) das Interesse der Schüler für Land und Leute wecken bzw. aufrecht erhalten, um sie so anzuspornen, die fremde Sprache zu erlernen.

Dieser oft prekären Aufgabe versuchen viele Lehrwerke dadurch zu genügen, dass sie die Lektionstexte thematisch mehr oder weniger locker durch eine im Kern stabile Gruppe von Figuren verketten. Hauptsächlich in den Bänden, die für den Lehrgangsanfang vorgesehen sind, ist diese Gruppe häufig eine Lehrwerkfamilie, d.h. ein fest umrissener Personenkreis von Erwachsenen und Kindern, die im Wesentlichen das Alter der Zielgruppe haben und deren Erlebnisse lernstimulierend wirken sollen.

Da immer mehr Schüler Frankreich und Italien, um die es im Folgenden geht, aus Urlaubsaufenthalten kennen, darf ein gewisses Interesse an der Sprache, an Land und Leuten vorausgesetzt werden. Ferienreisen geben jedoch meist nur oberflächlich Aufschluss über die Lebensbedingungen in einem Land, so dass es trotz der allgemein gestiegenen Mobilität ein zentrales

Anliegen des Französisch- bzw. Italienischunterrichts und damit der Lehrwerke bleibt, Informationen über landestypische Gebräuche, Verhaltensweisen und Lebenssituationen zu vermitteln. Die Funktion von Lehrwerkfamilien, die Schüler als Motivationsfaktor durch die Lektionen eines oder mehrerer Lehrwerkbände zu begleiten, wird somit deutlich überlagert von der Aufgabe, für Verschiedenheiten zwischen Deutschland und dem anderen Land zu sensibilisieren, informative Einblicke in fremdkulturelle Lebensformen zu geben und vor allem familiäre Lebensweisen zu veranschaulichen, die dem Urlauber normalerweise verschlossen bleiben.

2. Beispiele aus verbreiteten Lehrwerken für den Italienisch- bzw. Französischunterricht

Die folgenden Ausführungen zu Lehrwerkfamilien beziehen sich schwerpunktmäßig auf den jeweils ersten Band von zwei etwa zur gleichen Zeit konzipierten Lehrwerken, die in Bayern an Gymnasien für den Unterricht des Italienischen bzw. des Französischen als Wahlpflichtfremdsprache zugelassen sind und, obwohl ihre Erstpublikation über zehn Jahre zurückliegt, immer noch benutzt werden. Die Untersuchung der in den Lehrwerkbänden entworfenen Familienbilder und Rollenkonzepte ist verbunden mit Fragen nach dem Nutzen, den die Schüler aus den vorgeführten Familienmodellen für den Aufbau von (inter)kultureller Kompetenz ziehen können, nach dem Realitätsgehalt der Darstellung des fremden Landes und nach den Möglichkeiten, die die Präsentation bietet, Klischees abzubauen bzw. zu objektivieren und zu korrigieren.

2.1 *Capito.* Unterrichtswerk für Italienisch

Für den Italienischunterricht als 3. Wahlpflichtfremdsprache an Gymnasien ist in Bayern gegenwärtig (d.h. 2006; vgl. Nachweis über Erstveröffentlichung) nur das zweibändige Lehrwerk *Capito* zugelassen und entsprechend weit verbreitet.

Im Wesentlichen erzählen die 16 jeweils aus drei Texten bestehenden Lektionen des ersten Bandes Alltagssituationen aus dem Leben der römischen Familie D'Andrea. Leitfigur ist die jüngste Tochter Raffaella, die verspricht, dass die Schüler eine „lustige italienische Familie" (S. 8) kennen lernen werden.[1] Diesem Anspruch wird die pubertäre Nervensäge – *la peste della famiglia,* so ihre Schwester (S. 14) – allerdings als einzige in etwa gerecht.

Die Familie besteht aus dem Rechtsanwalt Giuseppe D'Andrea, seiner Frau Silvana, einer Lehrerin,[2] der Tochter Marilena, einer Studentin, dem Sohn Daniele, der noch Schüler ist, und eben Raffaella. Die ca. Elfjährige besucht die *quinta elementare*[3] (S. 190) und beschreibt sich selbst als *bella e pazzerella* (S. 14). Ihre Geschwister charakterisiert sie nach klassischem Muster: Daniele ist *molto intelligente,* Marilena *una vera bellezza ... elegante e stravagante* (S. 14). Von der Intelligenz der Studentin, der die Lehrwerkautoren das oft von Frauen belegte Fach Kunstgeschichte zugeordnet haben, ist nicht die Rede. Diese Vorstellung der Geschwister ist sicher ironisch intendiert, festigt aber ebenso herkömmliche Denkmuster wie der Kommentar der Großmutter, die Mutter und Kinder anlässlich eines Besuchs vom Bahnhof abholen: *È sempre più bella Marilena! E Daniele, che fusto!*[4] (S. 84). Auch andere Eigenschaften, die den drei Kindern zugeschrieben werden, stabilisieren Klischees: Raffaella hat – was ja angeblich kennzeichnend für Mädchen ist – Schwierigkeiten bei den Mathematikaufgaben (S. 78f.), ihr Bruder interessiert sich für Fußball, was bei Marilena wiederum auf Unverständnis stößt: *L'unica cosa che ho capito io è che mi piace lo sport se fa bene alla salute*[5] (S. 152).

Die Zeichnung der Eltern ist gleichfalls wenig geeignet, herkömmlichen Rollenstereotypen entgegen zu steuern. Der Vater Giuseppe, der im Lehrwerk als Familienvater praktisch keine Rolle spielt, steht in vier Texten allein im Mittelpunkt: Beim täglichen Frühstück in der Bar (Lektion 4A), auf einer Reise zu einem Kongress über internationales Recht nach Mailand (Lektion 12A) und zweimal im Gespräch mit einem Bekannten bzw. Kollegen (Lektionen 4B, 12B). Nur in einer dieser Unterhaltungen wird die Familie erwähnt.

---

[1] Die Seitenangaben beziehen sich i.F., wenn nicht anders erwähnt, auf Jäger & Schmidt. edd. 1993. Die Lehrwerkfamilie in *Capito* wird als „offeneres Modell ..., in dem der Akzent auf Individualität liegt und Konflikte dazugehören", beschrieben (Jäger et al. 1996, 3). Zu Recht heißt es: „Ist die Familie zu brav, zu geschlossen und nestwarm, dann geht sie sicher bald auf die Nerven." (ebd.).

[2] Der Lehrerinnenberuf gehört in Italien zu einem der traditionell wichtigsten Tätigkeitsfeldern von Frauen (vgl. Ginsborg 1994, 300).

[3] Dt.: Die 5. Klasse der italienischen Grundschule.

[4] Dt.: Marilena wird immer schöner. Und Daniele – was für ein Prachtkerl!

[5] Dt.: Für mich ist nur eines klar: Ich mag Sport, wenn er gesundheitsfördernd ist.

Giuseppe, der sich gewohnheitsmäßig dem familiären morgendlichen *Caos* – so im Titel von Lektion 2A – entzieht, bezeichnet sich ohne genauere Begründung dennoch als *povero padre* (S. 19). Seine Frau kommentiert diese wohl witzig gedachte Bemerkung mit einem Hinweis auf ihre Dreifachbelastung als Hausfrau, Mutter und Lehrerin: *Mio marito, sempre al lavoro, ed io, moglie e madre, con i ragazzi a casa e i ragazzi a scuola*[6] (S. 19). Damit akzentuiert sie eine Realität, die zumindest zur Entstehungszeit des Lehrwerks (Erstauflage: 1993) nicht nur in Italien das Leben der Frauen bestimmte. Eine paritätische Arbeitsteilung zwischen den Eheleuten besteht nicht, so dass der Aufgabenbereich der berufstätigen Frau die Sorge um Haushalt und Kindererziehung mit umfasst. Wie selbstverständlich bereitet Silvana also auch ihren erwachsenen Kindern morgens das Frühstück (S. 24) und passt auf, dass die drei die notwendigen Bücher, Hefte, warme Pullover und keine unpassende Lektüre – gemeint sind Comics – einpacken (S. 34). Die ablehnende Haltung den *fumetti* gegenüber illustriert zusammen mit den Büchern, mit denen die beiden Älteren zum Frühstück erscheinen, den Bildungsanspruch der Familienmitglieder. Marilena befasst sich mit einem Kunstbuch, Daniele liest auf Deutsch Thomas Manns Novelle „Der Tod in Venedig". Derartig beschäftigt, stehen die beiden für Hilfeleistungen nicht zur Verfügung und lassen sich von der Mutter bedienen.

Aber nicht nur in Bezug auf mütterliche Fürsorge, die Hilfe bei Hausaufgaben einschließt (Lektion 7), entspricht Silvana konventionellen Rollenerwartungen. Auch als Hausfrau erfüllt sie gängige Pflichten. Sie organisiert den wöchentlichen Hausputz, kocht und kauft regelmäßig ein, so dass sie in Lebensmittelgeschäften und auf dem Markt so gut bekannt ist, dass der Obst- und Gemüsehändler sie beim Vornamen nennt: *Vuoi fare la pizza, Silvana?* (S. 103). Signor D'Andrea wird hingegen vom *barista*, bei dem er jeden Morgen frühstückt, gesiezt: *... avvocato, arrivederLa* (S. 42).

Der im Lehrwerk vorgestellte Lebensraum Silvanas konzentriert sich auf Wohnung und (Lebensmittel)Geschäfte. Entsprechend sind ihre Interaktionspartner die Kinder, ihre Mutter und Geschäftsleute. Als berufstätige Frau bleibt sie, anders als ihr Mann, völlig unbestimmt. Die Schüler erfahren weder, an welcher Art von Schule sie unterrichtet, noch welches Arbeitspensum sie dort zu bewältigen hat. Unklar ist auch, inwieweit ihre berufliche Tätig-

---

[6] Dt.: Mein Mann arbeitet ständig, während ich mich als Ehefrau und Mutter um die Kinder zu Hause und in der Schule kümmern muss.

keit zur Erhaltung des familiären Lebensstandards notwendig ist oder auf pädagogischer Neigung bzw. einem Bedürfnis nach ‚Selbsterfüllung' im weitesten Sinn beruht. Ihre Belastung als berufstätige Mutter und Ehefrau wird von den Familienmitgliedern nicht kommentiert, und auch sie selbst begehrt nicht gegen das Rollenbündel auf. Als Individuum, das sich durch persönliche Interessen profiliert, tritt sie an keiner Stelle hervor.[7] Nur bei der Urlaubsplanung artikuliert sie eigene Bedürfnisse, indem sie erkennen lässt, dass sie Erholung braucht und deshalb die Ferien an einem ruhigen Ort verbringen will: *Dopo le fatiche dell'anno scolastico ... vorrei trascorrere le vacanze in un luogo tranquillo*[8] (S. 192). Dieser Wunsch wird vom Ehemann sofort akzeptiert, denn er entspricht seinen eigenen Vorstellungen. Mit der Erlaubnis, sogar das Nesthäkchen Raffaella die Ferien ohne die Eltern bei einer befreundeten Familie auf Ischia verbringen zu lassen, demonstriert das Ehepaar eine Liberalität, die es sonst nicht an den Tag legt.[9] Die Ferienpläne der beiden Älteren untermauern noch einmal das Interesse der Familienmitglieder an Bildungsgütern. Daniele will mit Klassenkameraden nach München, wo er schon einmal anlässlich eines Schüleraustauschs war, und dann weiter *a guardare ... l'affresco più bello e più grande mai dipinto da un italiano!*[10] (S. 193) – gemeint sind die Fresken Tiepolos in der Würzburger Residenz. Marilena will mit ihrem Freund Luca ins Veneto, um u.a. die Villen Palladios und moderne Architektur zu besichtigen.

---

[7] Während ihr Mann sich z.B. zu den italienischen Staatskrisen äußert, scheint sich Silvana weder für Politik zu interessieren noch eine Meinung dazu zu haben. Womit sie, abgesehen vom Haushalt, die viele Zeit verbringt, die ihr nach Ansicht ihres Mannes zur Verfügung steht (Giuseppe: *Silvana sta benissimo, soprattutto perché adesso ha molto tempo per se stessa. I ragazzi sono grandi e liberi e non chiedono più ogni cosa alla mamma*, S. 47 – Dt.: Silvana geht es bestens, vor allem weil sie jetzt viel Zeit für sich selbst hat. Die Kinder sind groß und selbständig und kommen nicht mehr mit jedem Problem zur Mutter), wird nicht erwähnt.

[8] Dt.: Nach den Anstrengungen des Schuljahres würde ich die Ferien gern an einem ruhigen Ort verbringen.

[9] Die Grenzen ihrer Vorurteilslosigkeit zeigt z.B. die Weigerung der Mutter, der Tochter eine modische Jacke zu kaufen, weil sie glaubt, es sei eine Punkerjacke (S. 73).

[10] Dt.: um das schönste und größte Fresko, das jemals von einem Italiener gemalt wurde, anschauen.

2.2 *Découvertes série bleue* für den schulischen Französischunterricht

Auch die Autoren des ein Jahr nach *Capito* erstmals aufgelegten Lehrwerks für Französisch *Découvertes série bleue*,[11] das in Bayern vornehmlich für den Lehrgang ‚Französisch als zweite Fremdsprache' genutzt wird,[12] greifen auf das Mittel der didaktischen Personalisierung zurück, um fremdkulturelle Lebensweisen transparent zu machen. Im Gegensatz zu *Capito* konzentriert sich der erste Band des Lehrwerks jedoch nicht auf eine Familie. Im Mittelpunkt stehen vielmehr die drei weißen Familien Rigot, Lacroix und Noblet. Dazu kommen *les Saïd*, die maghrebinischer Abstammung sind. Das Leben der vier Familien, die alle das traditionelle Bild einer intakten Kleinfamilie spiegeln, ist v.a. durch die Kinder – *les copains de la rue Daguerre* – vernetzt.

Durch die Einbeziehung der in Frankreich stark vertretenen Gruppe der Nordafrikaner gibt das Lehrwerk die ethnische und kulturelle Vielfalt der französischen Gesellschaft wieder. In der Darstellung des Zusammenlebens bleibt *Découvertes* allerdings auf einer idyllischen Ebene, denn weder die freundschaftlichen Beziehungen der Kinder noch die Äußerungen der Erwachsenen lassen die in der französischen Gesellschaft nicht nur latent vorhandenen Konflikte zwischen Franzosen unterschiedlicher ethnischer Herkunft anklingen.

Der Realität auch keineswegs ganz entsprechend, erfährt man nur von ökonomischen Problemen der Immigranten. Die Familie Saïd muss den Bankrott ihres Lebensmittelgeschäfts befürchten, so dass sich Gespräche im Wesentlichen um Existenzsorgen drehen. Die Kinder Ahmed und Yasmina helfen deswegen im Geschäft mit, um den Lebensstandard zu sichern und die drohende Geschäftsaufgabe abzuwenden. Die Kinder der weißen französischen Familien haben dagegen keine derartigen Pflichten. Obwohl Hinweise auf den finanziellen Hintergrund der einzelnen Familienverbände nur sporadisch sind, scheint es bei den Rigot, Lacroix und Noblet keine finanziellen Probleme zu geben. Sie sind durch Berufe und Besitz in der Mittelschicht situiert: Der Vater Rigot z.B. ist *conducteur de TGV*, die Mutter Krankenschwester, Computer sind selbstverständliches Zubehör in den Zimmern der Kinder, die Großeltern Lacroix haben ein Haus in Fontainebleau.

Da in dem Französisch-Lehrwerk die Texte vornehmlich von der Perspektive der Kinder bestimmt werden, deren Erlebnisse sich meist in Schule und

---

[11] Die Seitenangaben beziehen sich i.F. auf Beutter 1994.
[12] In manchen Schulen auch für Französisch als erste Fremdsprache.

Freizeit abspielen, gewährt das Lehrwerk seltener als *Capito*, das den familiären Alltag und bestimmte Anschauungen der Erwachsenen transparent macht, Einblicke in das Familienleben *à la française* und Lebensbedingungen, die sich von den deutschen unterscheiden.

Aufschlussreich für das Thema 'Lehrwerkfamilien' ist indes ein Vergleich der Abbildungen des italienischen Elternpaars und der Eltern Rigot und Noblet. Zeichnungen und Bilder suggerieren zum einen unterschiedliche Frauenbilder. Die Französin Mme Rigot trägt Jeans und eine moderne Frisur (S. 8 u.ö.), während die Italienerin Silvana d'Andrea eine große, das Gesicht erdrückende Brille und streng zurückgebundene Haare hat (S. 10 u.ö.). Da sich die große Brille auch bei der Darstellung von Raffaellas Lehrerin findet (S. 30) und andere Figuren, die im weitesten Sinn als Intellektuelle eingestuft werden können, nicht über dieses Attribut verfügen, kann man dem Lehrwerk den Vorwurf nicht ersparen, ein klischeehaftes Lehrerinnenbild vorzuführen.

Mme Rigot (S. 8)

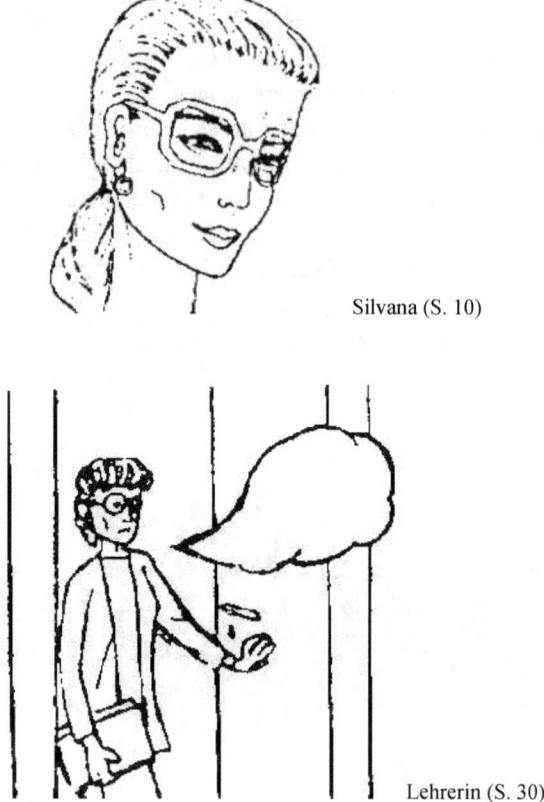

Silvana (S. 10)

Lehrerin (S. 30)

Beachtenswert sind zum anderen die indirekten Hinweise auf eine partnerschaftlich orientierte Lebenseinstellung der französischen Paare. So zeigt *Découvertes* z.B. das gemeinschaftliche Arbeiten von Vater und Mutter Rigot bzw. Noblet in der Küche (S. 37, 38 u.ö.) und verzichtet damit, anders als *Capito*, auf eingleisige Rollenzuweisungen in der Erwachsenenwelt.

Eltern Rigot in der Küche (S. 37)

Das Französisch-Lehrwerk bricht zudem die in *Capito* vorhandene Stereotypisierung der Kinder auf. Eine Abbildung visualisiert z.B., wie die Lehrwerk-Figur Nathalie aus Freude am Spiel zum Fußball greift (S. 25), und ein Text demonstriert, wie sie Rechte in der Familie einklagt, die ihrem wenig älteren Bruder zugestanden, ihr aber verwehrt werden, was sie als ungerecht empfindet (S. 38f.). Auch durch Verweise auf geschwisterliche Reibereien (z.B. S. 46ff.) rückt *Découvertes* näher an familiäre Realitäten. In *Capito* stiftet allein der Quälgeist Raffaella eine gewisse Unruhe.

3. Zusammenfassung und Bewertung

Aus der Untersuchung ergibt sich, dass trotz immanenter Unterschiede in den zwei repräsentativ herangezogenen Lehrwerken die traditionelle Familie als Wert vorherrscht. In beiden Lehrwerken dominieren intakte Kleinfamilien mit Vater, Mutter, Kind(ern). Während in *Capito* andere Familienmodelle nicht auftauchen, lässt *Découvertes* zumindest im zweiten Band eine alleinerziehende Mutter agieren. Auch wenn Italien in Hinblick auf Familien mit einem Elternteil, unehelichen Kindern und Scheidungsquote unterhalb von Frankreich und Deutschland liegt (vgl. Ginsborg 1994, 284ff.), vermittelt eine Konzentration auf solche sozialen Konstellationen in einem Schulbuch ein einseitiges Gesellschaftsbild.

In *Découvertes* treten familiäre bzw. gesamtgesellschaftliche Werte im Ganzen weniger nachdrücklich in den Vordergrund, denn dort überwiegt, wie gesagt, die Perspektive der Kinder, die vornehmlich bei Freizeitbeschäftigungen gezeigt werden. In *Capito* dagegen formulieren Vater und Mutter d'Andrea mit ihren Wertmaßstäben Normen, die für Dasein und Handeln gültig sind. Von dieser Norm abweichende Lebensformen werden von ihnen strikt abgelehnt,[13] wie ihre große Skepsis gegenüber Marilenas Freund Luca, einem angeblichen Punk, anschaulich illustriert.[14] Eine Erweiterung bzw. Relativierung durch zusätzliche Figuren erfahren die von ihnen vorgebrachten Meinungen nur sehr selten, und auch die Kinder D'Andrea stellen die Bewertungen der Eltern kaum in Frage. Sie unterstützen vielmehr indirekt deren im Wesentlichen konservative Einstellungen, z.B. indem Daniele ungeprüft die Einschätzung von Luca als Punk übernimmt (S. 184) oder indem sich nicht einmal Marilena explizit gegen die Diskriminierung ihres Freundes, den ihre Eltern – nebenbei bemerkt – nicht einmal persönlich kennen, auflehnt.

Luca (S. 10)

Das gute Verhältnis der Familienmitglieder wird aber weder davon noch von Geringfügigkeiten wie kurzen Auseinandersetzungen zwischen Mutter und Tochter über Mode belastet, so dass die Schüler eine durch und durch harmonische Familie erleben, die mit drei Kindern übrigens aus dem statistischen Rahmen fällt, denn mit einer Geburtenrate von 1,1 Kindern im Jahr 1991, d.h. in etwa der Zeit, in der das Lehrwerk erstellt wurde, rangiert Italien in der

---

[13] Signor d'Andrea verdächtigt Punks grundsätzlich, sich nicht um eine Ausbildung zu kümmern, zu trinken und Drogen zu nehmen: *non studiano, non lavorano, ascoltano soltanto quella musica terribile, bevono, e poi, forse prendono la droga!* (S. 47) – Dt.: Sie lernen nichts, sie arbeiten nicht, sie hören nur diese schreckliche Musik, trinken und nehmen vielleicht sogar Drogen.

[14] Die Abbildung (vgl. hier S. 90) zeigt einen jungen Mann, der über keinerlei Attribute verfügt, die man gemeinhin bei einem Punk vermutet.

europäischen Statistik weit hinten (vgl. Große & Trautmann 1997, 115). Das Lehrwerk unterstützt also indirekt das verbreitete Stereotyp der kinderreichen italienischen Familie.

Mit der ungebrochenen klassischen Aufgabenteilung zwischen Vater und Mutter bietet *Capito* den Schülern außerdem weit mehr als das Französischlehrwerk überlieferte Rollenkonzepte an. Nach außen hin wird zwar eine moderne italienische Familie vorgeführt, in der die Mutter nicht nur ans Haus gebunden ist und die erwachsene Tochter durch ihr Studium signalisiert, dass sie sich nicht in erster Linie in Bezug auf eine zukünftige Rolle als Hausfrau definiert. Die Textinhalte legen die Frau trotz Berufstätigkeit jedoch auf den Haushalt fest und behalten den außerhäuslichen Bereich dem Mann vor. Sicherlich demonstriert *Capito* zu Recht, dass in Italien wie in zahlreichen anderen Ländern auch, die berufstätige Frau im Gegensatz zum Mann vielen Aufgaben gleichzeitig ausgesetzt ist (vgl. Ginsborg 1994, 286), dass in Italien die Frau „sempre e comunque il fulcro della famiglia" ist (Stoll 2001, 12) und dass der „mito della mamma mammona resiste a tutto ... La figura della madre resta un punto fisso, irrinunciabile nell'educazione dei bambini e dei ragazzi"[15] (Stoll 2001, S. 20). Eine erkennbare Distanz zu der traditionellen Rollenzuweisung, wie man sie am Ende des 20. Jahrhunderts erwarten könnte, gibt es aber weder bei der Lehrerin Silvana noch bei der Studentin Marilena. Trotz zutreffender impliziter und expliziter Hinweise und Aussagen tendiert das Lehrwerk also alles in allem in der Zeichnung der Figuren und des Familiengefüges zu einem klischeeartig angelegten Bild, das, auch wenn man von konservativen Strukturen italienischer Familien ausgeht, der Wirklichkeit nur bedingt gerecht wird.

In *Découvertes* tritt, wie erwähnt, das Familienleben im Vergleich zum Anteil der Erlebnisse der Jugendlichen zurück. Dadurch spart *Découvertes* viele Facetten des familiären Lebens aus und bietet entsprechend weniger Kritikpunkte. Dennoch ist ersichtlich, dass ein prinzipiell moderneres Bild der Familie vermittelt wird: Die Elternpaare arbeiten bei den im Haus anfallenden Tätigkeiten zusammen, und ein Mädchen pocht auf Gleichbehandlung von männlichen und weiblichen Kindern. Zudem ermöglicht das Geflecht aus mehreren Lehrwerkfamilien zumindest ansatzweise eine differenzierte Schilderung der Lebensbedingungen, wenn auch das Lehrwerk das Potential für

---

[15] Dt.: ... jedenfalls immer der Mittelpunkt der Familie ... Der Mythos der Über-Mutter widersteht allem und jedem ... Die Mutter bleibt ein Fixpunkt, der in der Erziehung der kleinen und größeren Kinder nicht wegzudenken ist.

eine realistische Darstellung, das im Zusammentreffen von Familien unterschiedlicher ethnischer Herkunft liegt, zu wenig nutzt.

Fragwürdig ist in beiden Lehrwerken das Übergewicht der Mittelschicht. Sieht man von der Familie Saïd ab, ist in keiner der Lehrwerkfamilien der Lebensstandard ein Problem. Urlaub, Fernsehapparat, Kleidung, Bücher, Teilnahme am Schulaustausch mit Deutschland, Studium der Kinder etc. scheinen selbstverständlich zu sein. Wie schon in Bezug auf das führende Modell der Kleinfamilie liegt m.E. darin ein bedenkliches Ungleichgewicht zur Realität, denn man kann davon ausgehen, dass es immer mehr Schüler gibt, deren Lebenswelt von finanziellen Schwierigkeiten geprägt ist.

Welchen Gewinn können nun die Schüler aus den präsentierten Familienbildern für ihre (inter)kulturelle Kompetenz ziehen, die im Zeitalter der Globalisierung in Hinblick auf ein Leben in einer multikulturellen Gesellschaft erforderlich ist?

Um kulturelle Kompetenz zu erwerben, braucht man die Fähigkeit, aus der eigenen Kultur heraus andere Kulturen verstehen zu können. Dazu wiederum benötigt man Einblicke in fremde Normen, Werte, Verhaltensmuster und gesellschaftliche Rahmenbedingungen, die den Jugendlichen am Beispiel eines Familienverbandes zweifellos nahe gebracht werden können. (Inter)kulturelle Kompetenz setzt auch die Einsicht in die Dringlichkeit eines toleranten Nebeneinanders verschiedener Lebensformen und Kulturen voraus. Unterricht soll die Schüler deswegen anleiten, sich kognitiv und affektiv dem Gegenüber zu öffnen, so dass sie nachvollziehen können, wie der andere die Welt wahrnimmt, dass sie dessen Positionen zu akzeptieren lernen, sie mit den eigenen vergleichen und angemessen auf kulturelle Unterschiede reagieren können.

Dafür leistet hauptsächlich *Capito* zu wenig. Während in *Découvertes* das Auftreten einer deutschen Austauschschülerin den vergleichenden Blick auf die beiden Länder stärkt, lässt *Capito* eine kontrastive Perspektive zu Gegebenheiten in Deutschland weitgehend vermissen, so dass die Thematisierung soziologischer und kultureller Unterschiede zwangsläufig dem Lehrer überlassen bleibt. In *Découvertes* begünstigt überdies der Perspektivenwechsel zwischen vier Familien die Bereitschaft, die Welt aus verschiedenartigen Blickwinkeln zu betrachten. In *Capito* fehlen durch die Konzentration auf eine Familie Vergleichsmäßstäbe für Lebensbedingungen innerhalb der anderen Kultur, die in *Découvertes* durch das Geflecht der vier Familien zumindest theoretisch vorhanden sind. Zudem passen die in der Lehrwerkfamilie von *Capito* dokumentierten Wertvorstellungen nicht zu anerkannten pädagogischen Lernzielen wie Toleranz gegenüber anderen Denkweisen, Gleichberechtigung und Training eines partnerschaftlich ausgerichteten Sozialverhaltens. Wo in *Découvertes* die Elternpaare paritätisch geregelte Beziehungen vorleben, festigt die Familiendarstellung in *Capito* im Bewusstsein der Schüler Sozialformen, deren Abbau, zumindest aber Relativierung, zu heute üblichen Unterrichtszielen gehören.

Da Lehrwerke für einen bestimmten Zeitraum – abgesehen von (teilweise sicher auch subjektiven) Erläuterungen des Lehrers – oft die maßgebliche, d.h. einzige, Informationsquelle der Schüler über die Realitäten in der fremden Sprachgemeinschaft darstellen, sind Texte und Lehrwerkfamilien – wie eingangs erwähnt – ein wesentliches Medium, um den Lernenden die fremde Lebenswirklichkeit fassbar zu machen. Auch bei einer steigenden Quote von Auslandsaufenthalten während Schulzeit und Ferien, im Zeitalter von Internet und anderen multimedialen Informationsmöglichkeiten sind Lehrwerke damit für das soziokulturelle Wissen der Mehrheit der Schüler normsetzend. Da es Ziel des Fremdsprachenunterrichts ist, den Schülern ein realistisches Bild der Lebenswirklichkeit in dem Land, dessen Sprache sie lernen sollen, zu bieten und so den Weg zu einem verständnisvollen Kontakt mit der anderen Kultur zu ebnen, ist dem Unterricht nicht mit Texten gedient, die idyllisierend sind, eine tendenziell konservative und letztendlich harmonistische Welt in den Mittelpunkt stellen,[16] Pseudokonflikte thematisieren oder unhinterfragt eingebürgerte Klischees weitergeben und typische Situationen des täglichen Lebens weitgehend ausklammern. Für eine erfolgreiche (inter)kulturelle Kommunikation müssen Andersartigkeiten begreiflich gemacht, Toleranz, Neugierde und Offenheit gefördert werden.

Die für die Art der Präsentation verantwortlichen Lehrwerkautoren haben die Pflicht, die Schüler ohne Beschönigung auf die fremde Wirklichkeit vorzubereiten, mit der diese z.B. bei einem Schüleraustausch konfrontiert werden. Anstehende Revisionen bzw. Neukonzeptionen von Lehrwerken sollten also Anlass sein, Stereotypisierungen aufzubrechen und einer realistischen

---

[16] Die idealisierte Darstellung der „heilen Lehrbuchwelt" war in den 70er Jahren häufig Gegenstand der Kritik. Auch heute wird zu Geschlechterstereotypen und rollenkonformem Verhalten in Lehrwerktexten immer wieder Stellung genommen (vgl. Fäcke 1999; Lüger-Ludewig & Lüger 1980; Neuroth-Hartmann 1986).

Sicht auf die andere Gesellschaft mit ihren sozialen, wirtschaftlichen, politischen und kulturellen Gegebenheiten den Weg zu öffnen. Lehrwerkfamilien bieten dazu die Möglichkeit, wenn sie entsprechend gestaltet sind.

Literatur

BEUTTER, Monika et al. 1994. *Etudes Françaises. Découvertes 1 Série bleue für den schulischen Französischunterricht.* Stuttgart [u.a.]: Klett.

BLEYHL, Werner. 1999. „Das Lehrbuch im Fremdsprachenunterricht: Funktionen und Grenzen", in: Bausch, Karl-Richard et al. edd. *Die Erforschung von Lehr- und Lernmaterialien im Kontext des Lehrens und Lernens fremder Sprachen: Arbeitspapiere der 19. Frühjahrskonferenz zur Erforschung des Fremdsprachenunterrichts.* Tübingen: Narr, 23–34.

FÄCKE, Christiane. 1999. *Egalität – Differenz – Dekonstruktion: eine inhaltskritische Analyse deutscher Französisch-Lehrwerke.* Hamburg: Kovač.

GINSBORG, Paul. a cura di. 1994. *Stato dell'Italia.* Mailand: Mondadori.

GROßE, Ernst Ulrich & TRAUTMANN, Günter. 1997. *Italien verstehen.* Darmstadt: Primus Verlag.

JÄGER, Andreas & SCHMIDT, Axel. edd. 1993. *Capito. Unterrichtswerk für Italienisch. Übungsbuch 1.* Bamberg: C. C. Buchners Verlag.

JÄGER, Andreas et al. edd. 1996. *Capito. Unterrichtswerk für Italienisch. Lehrerheft 1.* Bamberg: C.C. Buchners Verlag.

LÜGER-LUDEWIG, Brigitte & LÜGER, Heinz-Helmut. 1980. „Rollenklischees und soziale Stereotype im fremdsprachlichen Anfangsunterricht", in: *französisch heute* 11/2, 93–107.

NEUROTH-HARTMANN, Birgit. 1986. *Das Bild der Spanier in bundesdeutschen Spanischlehrbüchern (1960–1984). Eine Untersuchung von Lehrbuchpersonen in ausgewählten Spanischlehrbüchern der letzten 25 Jahre.* Göttingen: Univ. Diss.

STOLL, Christine. 2001. *Novità italiane – clicca qui! Entwicklungstendenzen in der modernen italienischen Gesellschaft unter Einbeziehung der neuen Medien. Der neue Lehrplan für Italienisch auf der Kursstufe des Gymnasiums.* Fortbildungsveranstaltung für Italienischlehrerinnen und -lehrer an allgemein bildenden Gymnasien in Baden-Württemberg. Freiburg.

Illustrationen in Lehrwerken für den Französischunterricht in Deutschland

1. Einleitung

Illustrationen, also statische, den visuellen Medien zugeordnete Bilder, sind aus aktuellen Lehrwerken für jedes Schulfach und jeden Lehrgangstyp nicht mehr wegzudenken. Dominierten in Lehrwerken für den Fremdsprachenunterricht bis in die 1960er Jahre noch eindeutig die Textanteile, so sind moderne Lehrbücher für Fremdsprachen bunt und bilderreich. Häufig sind sie sogar mit Visualisierungen wie Zeichnungen, Fotografien, Bildern, Skizzen, Karikaturen, Comics, Collagen, Mischformen aus Schema und Zeichnung usw. regelrecht überfrachtet.[1] Solche in der Regel zweidimensionale Repräsentationen von Unterrichtsinhalten mit unterschiedlichem Abstraktionsgrad (vgl. Schönfeldt 2005, 158) und einer oft wesentlich höheren Informationsdichte als Sprachtexte[2] spielen im Unterrichtsgeschehen sowie bei der Einschätzung von Lehr- und Lernmaterialien durch Schüler und Lehrer eine bedeutende Rolle, so dass sie zu Recht Gegenstand zahlreicher Publikationen sind[3] und ihnen ein zentraler Platz in Lehrwerkanalysen zukommt.

Der folgende Beitrag überprüft ausgewählte Lehrwerke für den Französischunterricht in Deutschland im Hinblick auf vorhandene Illustrationen. Da gerade in der Anfangsphase des Fremdsprachenunterrichts der Bebilderung von Lehr- und Lernmaterial zahlreiche Funktionen zukommen, konzentriert sich die Untersuchung auf den jeweils ersten Band der Lehrwerke *À plus! Französisch für Gymnasien* (Berlin: Cornelsen 2004) und *Découvertes für den schulischen Französischunterricht* (Stuttgart [u.a.]: Klett 2004). Die Ergebnisse werden zusammengefasst und mit Anregungen für die Gestaltung zukünftiger Lehrwerke verbunden.

---

[1] Seit den 1980er Jahren entfallen „zwischen einem Drittel und der Hälfte der Fläche in den Schülerbüchern auf farbige Abbildungen" (Reinfried 2008, 198).

[2] Dies gilt v.a. für sogenannte Infographien.

[3] Aus Platzgründen können nur wenige Hinweise gegeben werden. Mit Bildmedien im Allgemeinen befasst sich unter lernpsychologischen Aspekten ausführlich Weidenmann 1991. Zu Illustrationen in Lehrwerken äußert sich eingehend Schönfeldt 2005. Für Funktionen von Illustrationen im Französischunterricht ist immer noch Reinfried 1992 grundlegend. Daneben gibt es Themenhefte fachdidaktischer Zeitschriften, die sich mit Illustrationen bzw. Bildmedien beschäftigen (z.B. *Der fremdsprachliche Unterricht Französisch*, Heft 1, 25, 1997).

2. Leistungen und Aufgaben von Illustrationen

Illustrationen erfüllen im Unterricht vielfältige pädagogische, lernpsychologische, mediendidaktische und fachdidaktische Funktionen. Diese betreffen grundsätzlich das Lernen durch sinnliches Wahrnehmen, die schnelle Rezeption und gute Erinnerung von Bildinformationen, die Offenheit von Bildern und die mehrkanalige Informationsentnahme. Im Fremdsprachenunterricht konzentriert sich die Rolle von Illustrationen auf die Veranschaulichung der fremden Lebenswelt und die Bedeutung der visuellen Wahrnehmung für Sprechfähigkeit und Sprechmotivation. Damit ist ein umfangreiches, auf die spezifische Fremdsprache ausgerichtetes Aufgabengebiet umrissen, zumal sich Illustrationen in der Regel – oftmals gleichzeitig – für den kognitiven und affektiven Bereich des Fremdsprachenlernens und verschiedene Lerninhaltsbereiche nutzen lassen. Illustrationen erleichtern die Einführung von Wortschatz, Grammatik, Landeskunde, indem sie die Unterrichtsinhalte bildhaft konkretisieren, tragen als Lernhilfe für die Schüler zum Erfassen und Memorieren der dargebotenen neuen sprachlichen Sachverhalte bei, lassen „Handlungsrahmen und Kommunikationsräume entstehen, ... ebnen das Textverständnis, steuern Übungen und erklären strukturelle Zusammenhänge" (Schrader 1998, 186). Als Impulsgeber für Sprech- und Schreibanlässe fördern Abbildungen die Sprachanwendung, unterstützen z.B. Hörverständnisübungen und liefern Material für Sprachspiele im Fremdsprachenunterricht.

Der affektive Bereich, in dem Illustrationen wirken, berührt schwerpunktmäßig das Gebiet der für das erfolgreiche Lernen unabdingbaren Motivation.[4] Bilder binden und lenken die Aufmerksamkeit der Lernenden und regen sie zur Beschäftigung mit der Sprache an, sie können aber ein Lehrwerk auch „nur" optisch auflockern, wenn sie keinen unmittelbaren Bezug zu den neuen Lerninhalten haben.

Aus der Fülle der Leistungen und Aufgaben von Illustrationen im Fremdsprachenunterricht kristallisieren sich vier für die Lerner und deren Lernpro-

---

[4] Detailliertere Informationen zur Motivationsstruktur von Fremdsprachenlernern gibt z.B. Apelt 1992.

zess, aber auch für Lehrer und ihr erfolgversprechendes Unterrichten besonders bedeutsame Funktionen heraus,[5] deren Realisierung in den zwei Lehrwerksbänden für das erste Lernjahr Französisch an Gymnasien im Folgenden überprüft werden soll.

1. Die *zur Verbalisierung stimulierende Funktion* ist eine wesentliche Aufgabe des Mediums *Bild* im Fremdsprachenunterricht (vgl. Reinfried 1992, 247), d.h. auch in Lehrwerken, die v.a. in den ersten Lernjahren Grundlage des Unterrichts sind. Schüler sollen auf der Basis von Illustrationen die gelernten sprachlichen Einheiten und Regeln z.b. in Bildbeschreibungen, Bildergeschichten oder Dialogübungen anwenden und progressiv zu möglichst freien Formulierungen und zur Sprechfertigkeit gelangen. Für die Entwicklung des freien Sprechens und Schreibens sind vor allem sogenannte offene Abbildungen zweckdienlich. Unter diese Kategorie fallen Illustrationen, die einen begrenzten Ausschnitt der Realität zeigen, bei denen das Dargestellte in keinen bzw. nur vagen Bezug zur Vergangenheit und Zukunft gebracht werden kann, in denen die Beziehung von dargestellten Personen untereinander oder zur Gesellschaft nicht klar definiert ist, oder auf deren Grundlage die Interaktionen von Menschen (fast beliebig) interpretiert und entwickelt werden können (vgl. Nieweler 2006, 141f.).

2. Die *semantisierende Bildfunktion* hat für Lehrer und Schüler bei der Einführung neuer lexikalischer Einheiten einen hohen Stellenwert, kann doch die Wortschatzvermittlung im Fremdsprachenunterricht durch Illustrationen besonders effektiv und zeitsparend gestaltet werden. Ein Bild erläutert dem Lerner die Bedeutung eines Lexems gemeinhin unmittelbar und lässt so Missverständnisse vermeiden. Verbale Erklärungen benötigen hingegen oftmals viel Zeit, können der sprachlichen Kompetenz der Lerner im Anfangsunterricht nur unter Schwierigkeiten angepasst werden und führen überdies nicht immer zum gewünschten Erfolg. Bilder helfen außerdem die angestrebte Einsprachigkeit gerade in der ersten Zeit des Fremdsprachenunterrichts erfolgreich durchzuhalten, da durch die Konkretisierung von Gegenständen bzw. Situationen der Rückgriff auf das Deutsche vermieden werden kann.

3. Illustrationen, deren Inhalte der *landeskundlich-interkulturellen* Komponente im Unterricht zugute kommen,[6] ermöglichen es, die fremde Realität

---

[5] Eine erschöpfende Analyse sämtlicher Funktionen von Illustrationen kann im vorgegebenen Rahmen nicht geleistet werden.

[6] Die hier zusammengefassten Bereiche werden in der fachdidaktischen Literatur oftmals nicht klar getrennt. Landeskunde ist als integrativer Bestandteil des Fremdsprachenunterrichts monokulturell, auf die Kultur des Zielsprachenlandes ausgerichtet, interkulturelles

und Kultur im Klassenzimmer anschaulich zu machen. Ziel des Fremdsprachenunterrichts ist es, den Lernenden „sprachliche Kompetenz als Handlungskompetenz" (Michler 2005, 411) zu vermitteln. Dazu gehören auch Wissen und Fertigkeiten aus dem landeskundlichen Bereich, denn „sprachliche Kompetenz ohne eine gewisse Kenntnis der Welt und ohne die Vertrautheit mit soziokulturellen Konventionen, die in der jeweiligen Sprachgemeinschaft gelten" (Abel 2007, 19), gibt es nicht. Um diese Vertrautheit bei den Schülern zu entstehen lassen, sind Illustrationen besonders nutzbringend, denn sie geben dem Lernenden Einblicke in die fremden Lebensverhältnisse, bahnen landeskundlich-interkulturelle Kompetenz an, vertiefen sie und können durch die bewusste Auseinandersetzung mit den Bildinhalten dazu beitragen, bestehende mentale Modelle, d.h. auch Vorurteile, zu differenzieren oder zu korrigieren. Als implizite oder explizite Gegenstände des Unterrichts stellen Abbildungen von Städten, Sehenswürdigkeiten oder Landschaften und die Visualisierung andersartiger Lebensgewohnheiten zudem einen hohen Motivationsfaktor dar, denn sie binden das Interesse der Lernenden und öffnen den lernpsychologisch wichtigen affektiven Zugang zu Lerninhalten.

4. Abbildungen mit *mnemotechnischer Funktion* begünstigen die Verarbeitung fremdsprachlicher Inhalte hauptsächlich im lexikalischen und grammatischen Bereich. Zeichnungen, Schemata oder Grafiken dienen als Gedächtnisstütze, machen grammatische Strukturen bewusst, indem sie komplexe Sachverhalte reduziert und übersichtlich darstellen, strukturieren Wort- und Begriffsfelder und tragen im Allgemeinen nachhaltiger als verbale Erklärungen und Paraphrasen zum Behalten neuer lexikalischer Ausdrücke bei.

3. Untersuchung der Lehrwerke

3.1 *À plus ! 1*[7]

Das Lehrwerk *À plus ! 1* ist großzügig bebildert. Die Illustrationen, die überwiegend einem comicähnlichen zeichnerischen Stil verpflichtet sind, aber auch Fotos mit Zeichnungen vermischen, nehmen auf den Lektionstextseiten und in den Übungsteilen in der Regel mehr Raum ein als der gedruckte Text. Damit entspricht das Lehrwerk sicher dem Geschmack der jugendlichen

---

Lernen geht darüber hinaus und bezieht sich auch auf Wissen über andere Sprachgemeinschaften. Moderner Fremdsprachenunterricht ist beiden Aufgabenkreisen verpflichtet.

[7] Alle Seitenangaben beziehen sich auf: Bächle, Hans et al. edd. 2004. *À plus ! 1*: Französisch für Gymnasien. Berlin: Cornelsen.

Schüler[8] und beeinflusst sie positiv, sich mit der Fremdsprache zu beschäftigen.

Illustrationen, die *zur Verbalisierung stimulieren*, sind in *À plus ! 1* häufig. So regt beispielsweise eine bildgestützte Vorstellungsübung zur Anwendung elementarer Redewendungen für die Kontaktaufnahme an (S. 13), eine Bildbeschreibung lässt Vokabular thematisch gebündelt gebrauchen (S. 26), Fotografien lenken eine dialogische Partnerarbeit (S. 117 u.ö.). Andere Übungen fordern durch visuelle Impulse zur Simulation eines Verkaufsgesprächs auf dem Markt (S. 77) oder zum Erzählen einer Bildgeschichte (S. 44) auf, die *bédé* (Comic) „*Fantômas à Lyon*" soll Grundlage für ein Rollenspiel sein (S. 102, 104). Solche auf den Stand der Lernersprache abgestimmte Übungen ermuntern zum Anwenden der gelernten Formulierungen.

---

[8] Das Lehrwerk ist vor allem für Französisch als zweite Fremdsprache konzipiert, richtet sich also an ca. 12- bis 13-jährige Schüler der sechsten Jahrgangsstufe.

Abb.1: *À plus! 1*, S. 23

Die *semantisierende Bildfunktion* unterstützen z.B. Bilder von verschiedenen Geschäften (S. 10) oder von Obst- und Gemüsesorten (S. 75), denen die jeweiligen französischen Bezeichnungen beigeordnet sind. Auf vielen Abbildungen ist das Vokabular thematisch in Begriffsfeldern zusammengestellt, so dass durch die Gruppierung Vokabular vernetzt und die Behaltensleistung der Schüler gesteigert wird. Solche Begriffsfelder gibt es nicht nur im Lektions-

und Übungsteil. Auch im Vokabelteil finden sich ähnliche Hilfestellungen, z.B. die Zeichnung eines Tisches mit verschiedenen, für ein Frühstück typischen Gegenständen (S. 174). Sinnvoll ist, dass den Abbildungen von Objekten, die man gemeinhin in einem Klassenzimmer vorfindet, die französischen Bezeichnungen in typisch französischer Schreibschrift zugeordnet sind, so dass diese Illustration gleichzeitig zur Semantisierung und zum Aufbau von landeskundlichem Wissen herangezogen werden kann (S. 23, vgl. Abb. 1).

Die Dominanz der Strichzeichnungen drängt in *À plus ! 1* die *landeskundlich-interkulturelle Funktion* zurück, denn Zeichnungen vermitteln meist eine weniger nachhaltige Vorstellung des fremden Landes und seiner Kultur als Fotografien. Dennoch kann durch Bilder aus *À plus ! 1* landeskundliches Wissen aktiviert und neues hinzugefügt werden. Eine Frankreichkarte (Inneneinband) enthält beispielsweise zahlreiche Charakteristika verschiedener Städte und Regionen (z.B. der Eiffelturm in Paris, eine Asterix-Figur in der Bretagne), Stadtansichten (z.B. Lyon, S. 8, 9, 17, 46, 55 u.ö.) und Fotos von landschaftlich reizvollen Gegenden (z.B. von der Bretagne und Auvergne, S. 116) geben den Schülern erste, wenn auch durch die oft sehr kleinen Abbildungen beeinträchtigte Impressionen von Frankreich.

Im Schülerbuch, dem hauptsächlichen Arbeitsmittel der Lernenden, wird gemessen an der Menge des Bildmaterials die *mnemotechnische Bildfunktion* nur zurückhaltend verwendet. Sie findet sich v.a. im Vokabelteil und auf den Seiten, in denen Grammatikstoff zusammengefasst wird. So verdeutlicht ein gezeichneter Hamburger die Stellung der Negationspartikel beim Verb (S. 62, 161). Präpositionen des Ortes können sich die Schüler anhand einer Bilderreihe, die eine Katze unter, auf, in etc. einem Schrank zeigt, einprägen (S. 155). Die Merkregel „Schreib von der Insel" für die Reihenfolge der Satzglieder (Subjekt, Verb, direktes Objekt, indirektes Objekt) wird bildlich dargestellt (S. 181) und die Opposition „maskulin-feminin" durch eine blaue bzw. rosa Markierung visualisiert (z.B. S. 32). Bildhinweise auf Fehler wie z.B. die Verwechslung der Begriffe *le défaut* und *la faute* decken verbunden mit der Visualisierung der vom Englischen abweichenden französischen Schreibweise von *exercice* (S. 166, vgl. Abb. 2) gleich zwei typische Fehlerquellen ab. Die zahlreich erwähnten Transfermöglichkeiten aus dem Englischen symbolisiert eine Lupe mit der englischen Flagge (z.B. bei *la solution*, S. 171; *continuer*, S. 173).

⚠ Nicht verwechseln:

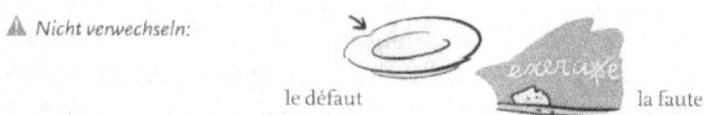

le défaut   la faute

Abb. 2: *À plus ! 1*, S. 166

Abb. 3: *Découvertes 1*, S. 74

3.2   Découvertes 1[9]

In *Découvertes 1*,[10] das trotz zahlreicher bunter Illustrationen ein insgesamt ausgewogeneres Text-Bild-Verhältnis als *À plus ! 1* erkennen lässt, spielen die vier der Untersuchung zugrunde liegenden Bildfunktionen ebenfalls eine bedeutende Rolle.

---

[9]   Alle Seitenangaben beziehen sich auf: Bruckmayer, Birgit et al. edd. 2004. *Découvertes 1 für den schulischen Französischunterricht*. Stuttgart [u.a.]: Klett.

[10] Auch *Découvertes 1* ist in erster Linie für den Lehrgang „Französisch als 2. Fremdsprache" erarbeitet.

Zu einer dem Anfangsunterricht angemessenen *Verbalisierung* fordern Illustrationen auf, die z.B. Szenen am Postschalter, auf dem Bahnhof, in der Schule usw. darstellen (S. 13). In einer Frage-Antwort-Partnerarbeit sollen abgebildete Objekte verschiedenen Personen zugeordnet werden (S. 21 u.ö.), Bildbeschreibungen (S. 29 u.ö.) bzw. Bildgeschichten (S. 74; vgl. Abb. 3) werden veranlasst und lassen die gelernten Einheiten und Strukturen üben.

Die *semantisierende Bildfunktion* wird genutzt, wenn Bilder dem Lehrer helfen, schwierige Textinhalte zu erläutern (z.b. *Au club d'escalade*, S. 45f.), Fotografien und Zeichnungen von Geschäften, Bauwerken, Gegenständen oder Personen (z.B. S. 21, 27, 44) erlauben es, unmissverständlich und schnell unbekannten Wörtern Bedeutungen zuzuweisen. Dies gilt auch für die wortschatzdidaktisch zweckmäßige Präsentation des Vokabulars in mit Bildern versehenen Begriffsfeldern (z.B. *Les activités*, S. 43; *Les moyens de transport*, S. 57; *Des animaux*, S. 156), die die Vernetzung des Wortschatzes stützen.

Wie in *À plus ! 1* ist auch in *Découvertes 1* die *landeskundlich-interkulturelle Bildfunktion* im Vergleich zu den beiden erstgenannten Funktionen weniger ausgeprägt, denn comicartige Zeichnungen dominieren und Fotografien, die den Schülern die fremde Realität veranschaulichen, sind seltener. Sind Bilder vorhanden (z.B. Impressionen von Paris, S. 53; vgl. Abb. 4; Place de la Bastille, S. 27; Arc de triomphe, S. 80f.), sind diese, wie in dem Cornelsen-Lehrwerk auch, oft klein oder wenig aussagekräftig (z.B. eine unspezifische Gebirgslandschaft, S. 106). Die Frankreichkarte im Innenband von *Découvertes 1* konzentriert sich auf wenige typische Symbole (z.B. Eiffelturm, Schloss Chambord, Champagnerflasche und Weintrauben) und wirkt deshalb weniger überfrachtet als jene in *À plus ! 1*, lässt aber ebenfalls landeskundliches Wissen entwickeln und vertiefen.

Illustrationen mit *mnemotechnischer Funktion* setzt *Découvertes 1* im Schülerbuch eher selten ein. Beispiele sind Anregungen zum Erstellen von Wörternetzen (*un appartement*, S. 39; *un studio*, S. 74), Farben zur Hervorhebung von Negationspartikeln (S. 69) und Tabellen zum *article contracté* (S. 44). Einprägsam ist die bildliche Darstellung der Redewendung *avoir un chat dans la gorge* (dt.: einen Frosch im Hals haben), die sicher hilft, einen typischen Germanismus zu vermeiden (S. 77, 149). Im Vokabelverzeichnis verweisen kleine umrahmte Kästchen mit D, E, Sp, I auf die Sprache, zu der jeweils Parallelen gezogen werden (z.B. zu *un pantalon*: E *pants*, Sp *pantalón*, I *pantaloni*, S. 152).[11]

---

[11] Der Nutzen solcher Verweise ist für Schüler, die Französisch als 2. Fremdsprache lernen, sicher nur begrenzt.

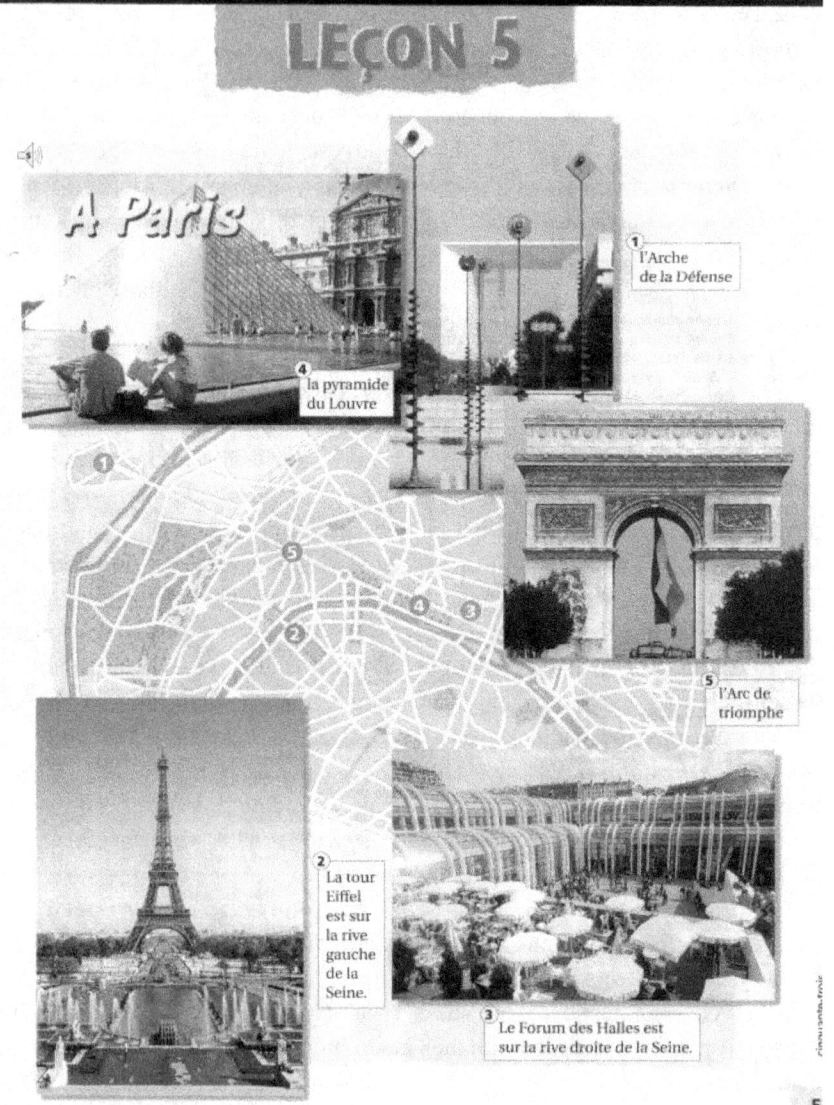

Abb. 4: *Découvertes 1*, S. 53

4. Bewertung

Die Durchsicht der beiden Lehrwerksbände aus dem Jahr 2004 zeigt, dass das Angebot an Illustrationen zusammen mit den Texten und Übungen, die an den vermuteten Interessen der Jugendlichen orientiert sind, dem Ziel verpflichtet ist, relativ schnell zu Handlungskompetenz in der neuen Sprache zu führen. Französischlehrer, deren Unterricht auf einem der beiden Lehrwerke basiert, finden im wesentlichen Bildmaterial vor, mit dem sie arbeiten und das Interesse der Schüler an einer weiteren Auseinandersetzung mit der Sprache wecken können. Der Wert der Bilder, die im Allgemeinen von guter technischer Qualität sind, wird jedoch durch das oftmals zu kleine Format beeinträchtigt. Beide Lehrwerke enthalten informierende und unterhaltende Bilder, nutzen die wichtigsten Funktionen von Illustrationen im Fremdsprachenunterricht und unterstützen mit den Abbildungen die zentralen Lernzielbereiche des Französischunterrichts, wenn auch in unterschiedlicher Intensität.

In beiden Französischlehrwerken spielt die zur *Verbalisierung* auffordernde Bildfunktion zu Recht eine große Rolle. Die Bebilderung hält die Schüler von Anfang an dazu an, die Sprache produktiv zu gebrauchen. Den Illustrationen sind entsprechende Impulse zugeordnet, die der Lehrer durch – selbst zu entwickelnde – Zusatzaufgaben weiter ausweiten kann. Die Aufgabe, weiterführende Übungen zu erstellen, betrifft v.a. die Arbeit mit sogenannten offenen Abbildungen, denn in beiden Lehrwerken überwiegen die relativ eindeutigen und geschlossenen Bilder, die den Freiraum der Schüler bei ihren Äußerungen einschränken.

Die Verwendung der *semantisierenden Bildfunktion*, die besonders in der Anfangsphase, in der die Schüler nur über einen begrenzten Wortschatz verfügen, Lehrern und Schülern das Arbeiten in französischer Sprache erleichtern, ermöglichen beide Lehrwerke durch die häufig eingesetzte bildliche Darstellung der Bedeutung von Vokabeln und von Textinhalten. So machen sie den Rückgriff auf die Muttersprache der Schüler unnötig. Die Illustration von Wortbedeutungen, die gleichzeitig Gedächtnis- und Verständnisstütze für die Schüler ist, hilft insofern bei der Realisierung der Einsprachigkeit, die nach wie vor als prinzipielle Zielvorgabe des Fremdsprachenunterrichts gilt. Positiv ist überdies, dass entsprechende Illustrationen die eigenständige Wortschatzerschließung (z.B. bei der individuellen Texterarbeitung) durch die Lerner begünstigen,[12] und die Lehrwerke Wortschatz oft nach bebilderten Begriffsfeldern oder semantischen Beziehungen strukturiert darbieten.

---

[12] Nieweler hebt den Wert der *mots-images* hervor, die sich die Schüler selbst ausdenken (Nieweler 2006, 142). Zur Autosemantisierung vgl. z.B. Polleti 2000.

In Bezug auf die *landeskundlich-interkulturelle Bildfunktion* wäre ein ausgewogeneres Verhältnis von Zeichnungen und aussagekräftigen Fotografien wünschenswert, denn dadurch würden die Anfänger mehr wichtige Eindrücke des Landes und der französischen Lebensart erhalten, die ihnen als Realitätsersatz das Zurechtfinden im andersartigen Alltagsleben erleichtern. Infographien, die sowohl zur Verbalisierung anregen als auch landeskundliche Informationen transportieren (z.B. *À plus ! 1*, S. 136), werden in beiden Lehrwerksbänden noch zu selten genutzt.

Die *mnemotechnische Bildfunktion* findet in beiden Bänden vor allem durch kleine Abbildungen im Vokabelteil Verwendung, durch die farbige Markierung der Endungen von Verben, durch blau bzw. rosa unterlegte maskuline bzw. feminine Formen und die altersgemäße Veranschaulichung von Strukturen und grammatischen Sachverhalten. Jedoch besteht die Gefahr, dass in beiden Schülerbüchern diese Visualisierungen, v.a. die mit blassen Farben gekennzeichneten Endungen, im farbigen Gesamtlayout untergehen.

Für beide Lehrwerke gilt, dass die vorhandenen Illustrationen sich vielfach für mehrere Zwecke heranziehen lassen. Oft sind sie Stimulus zum Gebrauch der Fremdsprache und Semantisierungshilfe oder sind Sprechanlässe und enthalten landeskundliche Informationen (vgl. *À plus 1*, S. 116: *Le quiz du Tour de France*). Dadurch wird der für die Unterrichtspraxis zweckdienlichen Forderung von Reinfried, didaktische Bilder polyfunktional, d. h. mehrfach einsetzbar zu konzipieren (vgl. Reinfried 1992, 258), im wesentlichen Genüge getan.

Trotz des grundsätzlich zufrieden stellenden Eindrucks, den *À plus ! 1* und *Découvertes 1* in Bezug auf das Untersuchungsgebiet „Illustrationen" machen, darf gerade im Hinblick auf die Bedeutung von Bildern in unserer medial geprägten Welt ein prinzipieller Mangel nicht unerwähnt bleiben. Beide Lehrwerke versäumen es, den Lehrern didaktisch-methodische Anweisungen zur altersangemessenen Bildwahrnehmung, zum Bildverstehen sowie zu Einsatz und Nutzung von Bildmaterial zu geben. Die „Teilkompetenz ‚Sehen'" hat „in den Übungen in Lehrbüchern oder Übungssammlungen" noch keinen gesicherten Platz (Schwerdtfeger 2003, 299). Selbst wenn diese Fähigkeit nicht zu den Hauptlernzielbereichen des Fremdsprachenunterrichts gehört, sollten Lehrwerke, wie durch Lehrpläne für den Fremdsprachenunterricht seit längerem vorgeschrieben,[13] neben sprachlichen, landeskundlichen und interkulturellen Lerninhalten auch fächerübergreifende Zielsetzungen wie die Medienerziehung in ihr Konzept integrieren und so helfen, die Schüler zu einem kritischen Medienverhalten anzuleiten. Es wäre also lohnend, sie anhand von einem oder zwei Beispielen zu der *visual literacy* zu führen,[14] durch die sie eigenständig und kritisch mit Illustrationen arbeiten und „sehen lernen" können. Damit wäre der Bogen zu einem an Bildungsstandards und Kompetenzen orientierten Unterricht gespannt (vgl. Einführung der nationalen Bildungsstandards der KMK, http://www.kmk.org), dessen Zielsetzungen weg von der Vermittlung von Teilfertigkeiten hin zu komplexen Fähigkeiten und Fertigkeiten geht.

Literatur

Lehrwerke

BÄCHLE, Hans. et al. edd. 2004. *À plus ! 1: Französisch für Gymnasien*. Berlin: Cornelsen.

BRUCKMAYER, Birgit. et al. edd. *Découvertes 1 für den schulischen Französischunterricht*. Stuttgart [u.a.]: Klett.

Sekundärliteratur

ABEL, Fritz. 2007. „Geschichte im Französischunterricht", in: Hasberg, Wolfgang & Weber, Wolfgang E. J. edd. *Geschichte entdecken. Karl Filser zum 70. Geburtstag*. Berlin, Münster: LIT, 19–47.

APELT, Walter. 1992. „Motive – Motivation – Motivierung", in: Jung, Udo O. H. ed. *Praktische Handreichung für Fremdsprachenlehrer*. Frankfurt a. M.: Lang, 85–93.

HALLET, Wolfgang. 2008. „Die Visualisierung des Fremdsprachenlernens. Funktionen von Bildern und visual literacy im Fremdsprachenunterricht", in: Lieber, Gabriele. ed. *Lehren und Lernen mit Bildern. Ein Handbuch zur Bilddidaktik*. Baltmannsweiler: Schneider-Verlag Hohengehren, 212–222.

---

[13] Vgl. beispielsweise „Fachprofil Moderne Fremdsprachen des Bayrischen Staatsministeriums für Unterricht und Kultus", das zusätzlich zu „Sprache, Umgang mit Texten, Interkulturelles Lernen und Landeskunde" auch den Lernbereich „Medien" enthält (Bayerisches Staatsministeriums für Unterricht und Kultus. ed. *Fachprofil Moderne Fremdsprachen* (http://www.isb-gym8-lehrplan.de/contentserv/3.1/g8.de/index.php?StoryID=26366; Zugriffsdatum: 3.12.2008).

[14] Vgl. u.a. Hallet 2008; Michler 2011.

MICHLER, Christine. 2005. *Vier neuere Lehrwerke für den Französischunterricht auf dem Gymnasium: eine kritische Fallstudie mit Empfehlungen für zukünftige Lehrwerke*. Augsburg: Wißner.

MICHLER, Christine. 2011. „Visual literacy durch Illustrationen in Lehrwerken für den Französischunterricht in Deutschland", in: Reinfried, Marcus & Rück, Nicola. edd. *Innovative Entwicklungen beim Lernen und Lehren von Fremdsprachen. Festschrift für Inez De Florio-Hansen*. Giessener Beiträge zur Fremdsprachendidaktik. Tübingen: Narr, 141–159.

NIEWELER, Andreas. ed. 2006. *Fachdidaktik Französisch*. Stuttgart [u.a.]: Klett.

POLLETI, Axel. 2000. „Neue Vokabeln selbst erschließen", in: *Der Fremdsprachliche Unterricht. Französisch* 45, 19–21.

REINFRIED, Marcus. 1992. *Das Bild im Fremdsprachenunterricht: Eine Geschichte der visuellen Medien am Beispiel des Französischunterrichts*. Tübingen: Narr.

REINFRIED, Marcus. 2008. „Bilder in Fremdsprachen-Lehrwerken", in: Lieber, Gabriele. ed. *Lehren und Lernen mit Bildern. Ein Handbuch zur Bilddidaktik*. Baltmannsweiler: Schneider-Verlag Hohengehren, 198–211.

SCHÖNFELDT, Claudia. 2005. *Die Rolle der Visualisierung im bilingualen deutsch-englischen Erdkundeunterricht* (Dissertation). Braunschweig: Fachbereich für Geistes- und Erziehungswissenschaften der Technischen Universität Carolo-Wilhelmina. http://deposit.ddb.de/cgi-bin/dokserv?idn=977164594; Zugriffsdatum: 25.11.2007.

SCHRADER, Heide. 1998. „Der Reiz des Visuellen. Offene Bilder im Fremdsprachenunterricht", in: *Fremdsprachenunterricht* 42/51, 186–192.

SCHWERDTFEGER, Inge C. 2003. „Übungen zum Hör-Sehverstehen", in: Bausch, Karl-Richard et al. edd. *Handbuch Fremdsprachenunterricht*. Vierte, vollständig neu bearbeitete Aufl. Tübingen, Basel: Francke, 299–302.

WEIDENMANN, Bernd. 1991. *Lernen mit Bildmedien: Psychologische und didaktische Grundlagen*. Weinheim: Beltz Verlag.

Förderung der Sehkompetenz durch Illustrationen in Lehrwerken für den Französischunterricht in Deutschland

1. Visuelle Medien in der Lebenswelt von Jugendlichen

Medien, die Informationen verschiedenster Art visuell immer stärker verdichtet präsentieren können, sind charakteristisch für die moderne Wissens- und Konsumgesellschaft. Beispielsweise sind Bilder im Internet oft sehr komplexe Datenträger, und auch die allgegenwärtigen Werbeanzeigen und ähnliche Textformen nutzen die Möglichkeiten der visuellen Komprimierung von Botschaften. Die bildliche Vermittlung von Inhalten durch neue technologische Möglichkeiten ist so auch selbstverständlicher Bestandteil der Lebenswelt der Jugendlichen, die technischen Neuerungen im Allgemeinen sehr aufgeschlossen gegenüberstehen.

Bildliche Darstellungen erschließen sich jedoch – entgegen einer verbreiteten Meinung – keineswegs immer von selbst. Nicht selten ist für ihre Deutung eine visuelle Lesefähigkeit notwendig, die dazu befähigt, Bilder zu interpretieren.[1] Diese Kompetenz, für die sich die Begriffe *visual literarcy*,[2] piktorale Literalität oder Sehkompetenz etabliert haben, ist durch die überreichlich vorhandenen visuellen Anreize in unserem Alltag zu einer erstrebenswerten und bildungsrelevanten Kulturtechnik geworden. Bei Heranwachsenden, deren Sicht auf die Wirklichkeit inzwischen wahrscheinlich weit mehr von Visualisierungen als von gedruckten Texten bestimmt wird, ist sie aber oftmals noch nicht oder lediglich rudimentär ausgebildet, so dass Jugendliche die dargestellten Inhalte häufig nur oberflächlich „lesen" und deuten können. Sie müssen also darin geschult werden, Bilder zu entschlüsseln.

---

[1] Der Begriff „Bild" wird hier in einem weiten Sinn gebraucht und schließt Illustrationen verschiedenster Art wie Fotografien, Zeichnungen, Cartoons etc. (einschließlich Mischformen) ein.

[2] Fransecky & Debes (1972, 7) bestimmen *visual literacy* wie folgt: „Visual literacy refers to a group of vision-competencies a human being can develop by seeing and at the same time having and integrating other sensory experiences. The development of these competencies is fundamental to normal human learning. When developed, they enable a visually literate person to discriminate and interpret the visible actions, objects, and symbols natural or manmade, that he encounters in his environment."

2. *Visual literacy* im Fremdsprachenunterricht

Medien und Visualisierungen bestimmen nicht nur den öffentlichen Raum, sie sind auch im Bildungssektor fest verankert. Durch neue Visualisierungsmöglichkeiten beeinflussen technische Innovationen Lehr- und Lernformen, Lehrpläne[3] und Bildungsstandards[4] verlangen die Förderung von Medienkompetenz.[5] Der Auftrag des Unterrichts, fachspezifische Kenntnisse und Fertigkeiten weiterzugeben und zur Selbst- und Sozialkompetenz beizutragen, weitet sich damit auf Medienalphabetisierung aus. Innerhalb dieses Bereichs spielt angesichts der lebensweltlichen und persönlichkeitsbezogenen Konsequenzen aus den permanenten visuellen Anreizen die Sehkompetenz eine wesentliche Rolle. Für deren Ausbildung ist keineswegs nur der Kunstunterricht zuständig. Auch anderen Fächern wie dem Fremdsprachenunterricht kommt es zu, bei Jugendlichen die Urteilskraft zu entwickeln, durch die sie appellative Funktionen, Parteilichkeit, Emotionalität von Bildern einschätzen, analysieren und objektivieren können (vgl. Rössler 2008, 82). Ausgehend von den Sehgewohnheiten der Schüler sollen ein sachlich-kritischer Blick auf ein Bild eingeübt und eine reflektierte Auseinandersetzung mit Visualisierungen angebahnt werden.

Diese haben seit Comenius' *Orbis sensualium pictus* von 1658 im Unterricht einen festen Platz, der auf der Erkenntnis beruht, dass Lernen an Erfahrungen gekoppelt ist, die von sinnlicher, vorzugsweise visueller Wahrnehmung herrühren. Im Fremdsprachenunterricht erfüllen Bilder maßgebliche, in erster Linie den Spracherwerb unterstützende Funktionen.[6] Durch ihre Anschaulichkeit verhelfen sie dem Schüler ganz allgemein zu greifbaren Einsichten, mit welchen er sein Wissen konstruieren kann. Im Detail leisten sie

---

[3] Recht allgemein formulierte Forderungen finden sich z.B. im *Fachprofil Moderne Fremdsprachen* (Bayerisches Staatsministerium für Unterricht und Kultus. ed. o.J.). Für den Lernbereich „Umgang mit Texten und Medien" heißt es dort: „Neben der Arbeit mit schriftlichen Texten ... beschäftigen sie (die Schüler, C.M.) sich mit Hörtexten, Filmen bzw. Filmausschnitten sowie Cartoons, Photos und anderen visuellen und graphischen Darstellungen."

[4] Die für den Mittleren Schulabschluss in der ersten Fremdsprache (Englisch, Französisch) formulierten Bildungsstandards verlangen neben der Entwicklung von Sprachbewusstheit die Integration von Methodenlernen zum Umgang mit Texten und Medien in den Unterricht (Christ 2006, 263).

[5] Zum Begriff ‚Medienkompetenz' vgl. z.B. Küster 2005, 68ff.

[6] Wesentliche Funktionen des Mediums „Bild" im Fremdsprachenunterricht sind die *Stimulierung zur Verbalisierung*, die Unterstützung bei der *Semantisierung*, die *landeskundlich-interkulturelle* und die *mnemotechnische* Funktion (vgl. Michler 2010).

als Auslöser für Sprechanlässe einen wichtigen Beitrag zur fremdsprachlichen Kommunikationsfähigkeit, erleichtern die Einführung von Wortschatz und Grammatik, indem sie die Unterrichtsinhalte konkretisieren, unterstützen als Lernhilfe die Schüler beim Erfassen und Memorieren der dargebotenen sprachlichen Sachverhalte, lassen „Handlungsrahmen und Kommunikationsräume entstehen, [...] ebnen das Textverständnis, steuern Übungen und erklären strukturelle Zusammenhänge" (Schrader 1998, 186). Sie dienen nicht zuletzt der für den Sprachunterricht unerlässlichen Veranschaulichung von Gegebenheiten der fremden Lebenswelt,[7] indem sie „zwischen der Wirklichkeit und dem Lernenden" vermitteln (Schönfeldt 2005, 155).

Fachdidaktische Publikationen beachten jedoch immer häufiger nicht nur die lernfördernden Funktionen von Bildern und ihr Potential als Träger sprachlicher und landeskundlich-kultureller Unterrichtsinhalte. Sie stellen das Sehvermögen neben die traditionellen Fertigkeiten Lesen, Schreiben, Hören, Sprechen (vgl. z.B. Schwerdtfeger 1989, 2003; Hallet 2008a, b; Seidl 2007a, b, c).[8] Dies ist, obwohl Schule nach wie vor dazu tendiert, vorrangig die mit der Schrift verbundenen Lernzielbereiche zu fördern (vgl. Seidl 2007c, 2), im Fremdsprachenunterricht in mehrfacher Hinsicht gerechtfertigt: zum einen vor dem Hintergrund der für jede Art von Unterricht gültigen pädagogisch-sozialen Ziele, zum anderen durch die inzwischen unbestrittene Bedeutung des Konzepts der Lernerautonomie, das „geistige Unabhängigkeit" gegenüber der manipulierenden Absicht, die vielfach hinter Bildern steckt, einschließt (vgl. Wilts 2001, 216). Wesentlich legitimiert sich die Perspektive „Sehkompetenz im Fremdsprachenunterricht" durch den beschriebenen Stellenwert von visuellen Medien und Bildern im Unterrichtsgeschehen und durch die mit einer Bildanalyse verbundene Erweiterung der sprachlichen Kompetenzen, die sich aus der Erläuterung von visuellen Texten, die Bilder ja sind, ergibt.

---

[7] Den Lernenden soll „sprachliche Kompetenz als Handlungskompetenz" (Michler 2005, 411) vermittelt werden. Dazu gehören Wissen und Fertigkeiten aus dem landeskundlichen Bereich, denn „sprachliche Kompetenz ohne eine gewisse Kenntnis der Welt und ohne die Vertrautheit mit soziokulturellen Konventionen, die in der jeweiligen Sprachgemeinschaft gelten" (Abel 2007, 19), gibt es nicht.

[8] Anders als in Frankreich, wo „die Analyse visueller Vorgaben traditionell eine größere Rolle spielt als in Deutschland" (Reimann 2006, 441), sind konkrete Reflexionen zum Einsatz von Fotografien im deutschen Französischunterricht noch nicht sehr häufig.

3. Visuelle Kompetenz in ausgewählten Lehrwerken für den Französischunterricht

Bei der Gestaltung von Lehr- und Lernmaterialien spielen Illustrationen ihren zahlreichen Aufgaben im Fremdsprachenunterricht entsprechend eine zentrale Rolle. Moderne Sprachlehrwerke geben Bildern viel Raum. Die Bücher sind bunt und bilderreich und vor allem im Text- und Übungsteil mit funktionsgebundenen oder nur auflockernden Visualisierungen oft fast überfrachtet.[9]

Vornehmlich Lehrwerke für Anfänger (Französisch als 2. Fremdsprache) wie beispielsweise *À plus! 1 Französisch für Gymnasien* (Bächle et al. 2004) und *Découvertes 1 für den schulischen Französischunterricht* (Bruckmayer et al. 2004) sind so großzügig bebildert, dass Illustrationen, vor allem mit Fotos vermischte Zeichnungen, auf den Lektionstextseiten und in den Übungsteilen oft mehr Platz als der gedruckte Text einnehmen. Damit treffen die Autoren gewiss den Geschmack der ca. zwölf- bis dreizehnjährigen Schüler, für die die Bücher gedacht sind. Spezielle Aufgaben, die sich auf die Sehkompetenz beziehen, gibt es jedoch nicht, und dies obwohl sich die Suggestivkraft von Bildern bei Kindern besonders entfaltet. Auch die Handreichungen für Lehrer enthalten weder Hinweise auf Kriterien, die der Auswahl der Bilder zugrunde liegen, noch Anleitungen zur Arbeit mit ihnen, sieht man von unspezifischen Aufträgen ab, die z.B. zu einem Vergleich der Aussagen in einer Hörverstehensübung mit einem Foto im Schülerbuch auffordern („,HV-Übung (Hör-Seh-Verstehen)" 4, in: *À plus ! 1*, S. 43; vgl. auch Gregor 2004, 58).[10]

Etwas besser sieht die Lage in den Lehrwerken aus, die für den Unterricht in der Oberstufe bestimmt sind. Der Unterschied zwischen Lehrwerken für Anfänger und Fortgeschrittene ist teilweise sicher im Sprachniveau der Zielgruppe begründet, denn die längere Lernzeit ermöglicht differenziertere Ausdrucksmöglichkeiten in vielfältigen Themenbereichen.[11] Fragen, die beispielsweise zu einigen der in den Oberstufenlehrwerken *Parcours* (Mößer et

---

[9] Laut Reinfried entfallen seit den 1980er Jahren „zwischen einem Drittel und der Hälfte der Fläche in den Schülerbüchern auf farbige Abbildungen" (Reinfried 2008, 198).

[10] Auch das Lehrerhandbuch zu *Découvertes 1* (Fezer 2004) enthält keine Aussagen zu Auswahl und Intention der Illustrationen. Unter der Rubrik „Lernbereiche: Hörsehverstehen" heißt es: „Das Hörsehverstehen kann vor allem mit dem Video *Clin d'oeil* geschult werden, aber auch im Schülerbuch spielt es eine Rolle, wenn beispielsweise Bilder oder Fotos in den Verstehensprozess einbezogen werden" (Fezer 2004, 10).

[11] Oberstufenlehrwerke werden in der Regel ab Klasse 11 eingesetzt. Bei einem Lehrgang „Französisch als 2. Fremdsprache" (ab 6. Klasse) bedeutet das fünf Jahre vorausgehender

al. 1998) und *Parcours plus* (Jorißen et al. 2009a) abgedruckten Bilder gestellt werden, gehen ansatzweise über den Fokus des Nutzens von Fotografien für Sprachübungs- und Semantisierungszwecke bzw. den landeskundlichen Wissensaufbau hinaus. Es gibt Aufforderungen, die Bilder zu beschreiben, Hypothesen über die Aussagen zu entwickeln und sich so mit den Bildinhalten auseinanderzusetzen (*Quelles idées vous inspire cette photo?*, *Parcours*, S. 16; *Décrivez les photos et dites quels aspects de la vie des jeunes elles évoquent*, *Parcours plus*, S. 11 u.ö.).

Solche Aufgaben können den Grundstock für eine Hinführung zu Sehkompetenz bilden. Angepasst an den Stand der Lernersprache sollten sie auch in Lehrwerken für Anfänger vorhanden sein. Ausreichend sind die gegebenen Anleitungen aber nicht, zumal das für eine Bildanalyse benötigte Vokabular nicht systematisch (z.B. in Mind Maps oder Sachfeldern; vgl. Anregungen in Abb. 5, Anhang des vorliegenden Aufsatzes) präsentiert wird.

Die Lehrwerke geben also weder den Lernenden „Dekodierungs- und Verstehensstrategien an die Hand" (Hallet 2008a, 218), noch erhält der Lehrer einschlägige Hilfestellung.[12] Will er auf der Basis der Bilder, mit denen er im Französischunterricht ohnehin arbeitet, zu visueller Kompetenz führen und damit auch „eine verbesserte lebensweltliche Orientierung" (Seidl 2007c, 5) der Schüler in der allgegenwärtigen medialen Bildlichkeit initiieren, ist er im Wesentlichen auf sich allein gestellt.

4. Arbeit mit Bildern

Für die Förderung von Sehkompetenz im Fremdsprachenunterricht eignen sich besonders Zeichnungen und Fotografien. Letztere haben in der Regel eine hohe Glaubwürdigkeit, da die Wirklichkeit realistisch abgebildet scheint. Dass Manipulationen vorgenommen werden können, ist Jugendlichen, die mit Digitalkameras und Bildbearbeitungsprogrammen vertraut sind, bewusst. Dennoch „durchschauen" sie, wie eingangs schon erwähnt wurde, nicht immer sofort die Bearbeitung und Manipulationskraft der Bilder. Um die gezeigten Inhalte hinterfragen zu können, müssen sie angeleitet werden,

---

Französischunterricht, beim Lehrgang „Französisch als 3. Fremdsprache" (ab 8. Klasse) drei Jahre.

[12] Das Lehrerhandbuch zu *Parcours plus* (Jorißen et al. 2009b) lag bei Abfassung des Beitrags noch nicht vor.

ihre Aufmerksamkeit nach und nach auf verschiedene Aspekte eines Bildes zu lenken.

Für eine schrittweise Annäherung an ein Bild sind Beobachtungsaufträge geeignet, die emotionale und kognitive Faktoren einschließen und entweder von einem Bildausschnitt oder dem vollständigen Bild ausgehen. Die Formulierung von ersten Eindrücken sollte zur bewussten Wahrnehmung von Farbe führen, zur Beschreibung hervorstechender Merkmale des Bildes, von Bildkomposition, Stimmungsauslösern, Parteilichkeit, Perspektive, evozierten Assoziationen bis zur Erläuterung der situativen Offenheit, der kulturellen Bedeutung der dargestellten Inhalte und der kritischen Einschätzung von Aussage und vermuteter Absicht. Werden die vorhandenen ikonischen Elemente mit dem Weltwissen und den Erwartungen des Betrachters verbunden, haben die Jugendlichen durch den Vergleich ihrer Sehweisen die Möglichkeit, Sprache vor allem dann inhaltsbezogen anzuwenden, wenn eine auf den Stand der Lernersprache abgestimmte lexikalische Vorarbeit, z.B. durch Wörternetze bzw. ein *centre d'intérêt*, die Fähigkeit unterstützt, die Ergebnisse der Betrachtung angemessen zu versprachlichen.

4.1 *La montagne*

Drei Fotografien aus den Lehrwerken *Découvertes 1*, *A plus! 1* und *Parcours plus* werden im Folgenden zum Ausgangspunkt für Arbeitsaufträge genommen, die die Schüler auffordern, sich genau mit Bildern auseinander zu setzen und so visuelle Kompetenz zu entwickeln. Ausgewählt wurden offene Bilder[13] und Abbildungen, die der landeskundlich-interkulturellen Funktion verpflichtet sind.

---

[13] Unter die Kategorie „offene" Abbildungen fallen Illustrationen, die einen begrenzten Ausschnitt der Realität zeigen, bei denen das Dargestellte in keinen bzw. nur vagen Bezug zur Vergangenheit und Zukunft gestellt werden kann, in denen die Beziehung von dargestellten Personen untereinander oder zur Gesellschaft nicht klar definiert ist oder auf deren Grundlage die Interaktionen von Menschen (fast beliebig) interpretiert und entwickelt werden können (vgl. Mertens 2006, 141f.).

Abb. 1: Bruckmayer, Birgit et al. edd. 2004. *Découvertes 1 für den schulischen Französischunterricht*. Stuttgart: Klett, S. 106.

4.1.1 Bildbeschreibung

Die Fotografie vermittelt durch den Landschaftsausschnitt mit einem sich im Hintergrund verjüngenden Tal den Eindruck einer Ansichtskarte von einem kleinen Ort in den Alpen. Blickfang ist wegen seiner Größe das Chalet im alpenländischen Stil im Vordergrund. Die links dahinter stehenden Häuser sind dem Chalet zwar ähnlich, aufgrund der Perspektive aber deutlich kleiner. Die Bebauung zieht den Blick in diese Richtung und erst dann auf die bläulichen Berge im Hintergrund, die sich in Unschärfe verlieren. Am Himmel über den Bergen stehen leichte Wolken, die jedoch das schöne Urlaubswetter nicht beeinträchtigen. Fluchtpunkt des Fotos ist ein Baum, der den Landschaftsausschnitt links begrenzt. In der rechten Bildhälfte, in der bewaldete Berghänge zu sehen sind, ist das Bild ruhiger.

Der fotografische Charakter des Postkartenidylls wird durchbrochen: Zwei gezeichnete Kleinflugzeuge überfliegen das Tal; Spruchbänder und Pfeile ordnen dem Haus im Vordergrund und einem der Berge im Hintergrund die Bezeichnung *le chalet, la montagne* zu. Dies erinnert an Postkartenvermerke wie „Hier wohnen wir", „Diesen Berg haben wir bestiegen". Die

Plastikstühle vor dem Chalet im Vordergrund zeigen, ebenso wie die Flugzeuge, dass die Moderne die Idylle erreicht hat.

4.1.2 Aufgaben

Um Anfänger sprachlich nicht zu überfordern, sind beispielsweise *vrai/faux*-Aufgaben oder Einsetzübungen mit vorgegebenen Vokabeln zweckmäßig, deren Lösung das gründliche Betrachten des Bildes verlangt. Ein Modell für Letztere wird hier vorgestellt. Daran anschließend kann analog zu den vom Lehrwerk vorgegebenen Fragen eine persönliche Stellungnahme eingefordert werden.

Devoir 1: Regardez attentivement la photo et insérez les mots suivants selon le résultat de votre étude. Travaillez à deux.
avions dessinés − chalet (2x) *− montagnes — chaises en plastique − nuages — banderoles − arbre − idyllique − carte postale − arbres − intéressante − gauche − maisons − la plus grande − la partie droite*

Texte:[14]
La photo a l'air d'être une **carte postale** qui montre un village **idyllique** dans les Alpes. Au premier plan (Vordergrund), on voit un **chalet**. Sur la terrasse, il y a des **chaises en plastique**. Cette maison est l'accroche de la photo (Blickfang) parce qu'elle est **la plus grande**. Au fond (Hintergrund), il y a des **montagnes** et des **nuages** bleus. Les deux **avions dessinés** et les **banderoles** avec les mots « **chalet** » et « montagne » semblent quasi déplacés sur une photographie.

A la partie gauche de la photo, on voit plusieurs **maisons**, à la partie droite, il y a avant tout des **arbres**. A cause des maisons, la partie **gauche** de la photo semble être plus **intéressante** que **la partie droite**.

Devoirs 2: Répondez aux questions. Discutez avec votre voisin(e).
1. Est-ce que la photo vous stimule à passer les vacances dans ce village? Pourquoi oui ou non?
2. Quelle est, selon vous, l'intention d'une telle photographie?

---

[14] Die einzusetzenden Wörter sind fett gedruckt.

4.2. Les murs peints

Zur Schulung von visual literacy eignet sich auch die Abb. 2, *Les murs peints*, die auf einem Effekt des *Trompe-l'œil* basiert.

Abb. 2 : Bächle, Hans et al. edd. 2007. *A plus ! 1 Französisch für Gymnasien.* Berlin: Cornelsen, S. 108.

4.2.1 Bildbeschreibung

Das Bild zeigt einen Ausschnitt einer leicht gebogenen Straße vor einem mehrstöckigen Eckhaus,[15] von dem nur das Erdgeschoß, der erste Stock und ein kleiner Teil des zweiten Stocks zu sehen ist. Blickfang ist zunächst das Erdgeschoß des Gebäudes, in dem Läden untergebracht sind. Am linken Bildrand weist das Schild über der Tür an der Hausecke auf die Buchhandlung *fnac* hin, dann folgt *La Fresque des Lyonnais*.

---

[15] Erst durch die Gesamtansicht (Abb. 3) wird erkenntlich, dass sich der Bürgersteig vor dem Gebäude zu einem kleinen Platz verbreitert.

Die Inschrift über dem nächsten Geschäft ist nur ansatzweise lesbar (*Le pot* ...), da die Fotografie unscharf wird.

Abb. 3: Gesamtansicht des Gebäudes, in dem sich *La Fresque des Lyonnais* befindet.[16]

Auf der Aufnahme sind viele Menschen zu sehen. Ein junger Mann mit Rucksack geht mit dem Rücken zum Betrachter die Straße entlang. Aus der Tür, über der *fnac* steht, tritt ein gut gekleideter Mann mittleren Alters, neben *La Fresque* ... steht ein junges Mädchen mit einem Geigenkasten. Vor der folgenden portalartigen Tür befinden sich mehrere Personen, und auch auf den Balkonen im ersten Stock stehen Menschen. Dass diese teilweise kostümiert sind, fällt erst auf den zweiten Blick auf. Dadurch wird dem Betrachter bewusst, dass es sich bei den Fassaden um Dekorationsmalerei handelt und der

---

[16] *La fresque des Lyonnais* befindet sich am *angle quai St-Antoine / rue de la Martinière – Lyon 1er* (vgl. http://www.lyon.fr/vdl/sections/fr/tourisme/patrimoine/itineraire_mur_peints; Zugriffsdatum: 25.6.2009).

junge Mann mit dem Rucksack der einzig reale Mensch ist. Weder das Schülerbuch noch das Lehrerbuch geben Informationen zu der Besonderheit der Lyoner *murs peints*, auf die die Schrift rechts unten auf dem Foto verweist.[17]

4.2.2 Aufgaben

Für die Lerner im Anfangsstadium wurde zu diesem Bild kein Lückentext wie zu Abb. 1 konzipiert, sondern eine Multiple-Choice-Übung, die wieder eine genaue Bildbetrachtung erfordert.

Devoir 1: Questionnaire à choix multiples. Cochez la bonne solution.
a, La photo montre une maison
- ☐ à plusieurs étages
- ☐ individuelle
- ☐ avec terrasses

b, Dans la rue, il y a
- ☐ beaucoup de touristes
- ☐ des enfants
- ☐ un jeune homme

c, Les fenêtres de l'immeuble sont
- ☐ toutes fermées
- ☐ en partie ouvertes, en partie fermées
- ☐ toutes ouvertes

d, Le magasin au coin est
- ☐ une librairie
- ☐ un salon de thé
- ☐ une épicerie

---

[17] Auf der Homepage des Cornelsen-Verlags findet sich Folgendes: „Des dizaines de photos des murs peints en vrac, non légendées, non commentées mais qui livrent quand même leurs secrets sur l'imaginaire lyonnais. On finit par rencontrer des thèmes connus (Guignol, le cinéma.) À toi d'en découvrir d'autres.
On regrette que les photos ne soient pas légendées (parfois le nom du document JPEG téléchargé nous éclaire). Les photos qu'on peut agrandir sont remarquables." (http://www.cornelsen.de/teachweb/1.c.1114767.de?pagesize=200#1.c.1111867.de; Zugriffsdatum: 25.6.2009).

e, Les hommes au premier étage portent
- ☐ des vêtements de sport
- ☐ des tuniques
- ☐ des costumes de différentes époques

Devoir 2: Répondez aux questions. Travaillez à deux.
1. Comment est-ce que vous avez réalisé que la maison est une maison décorée?
2. Décrivez la composition de la photo. Employez les expressions *à droite, à gauche, l'arrière-plan, le premier plan.*
3. Quelle est l'accroche de la photo?
4. Faites des hypothèses: Que fait le jeune homme? Pourquoi est-ce qu'il se promène dans cette rue?
5. Comparez le détail de la maison donné par le manuel avec la vue totale de l'immeuble (Abb. 3).
6. Imaginez une décoration pour votre maison ou pour votre école.

4.3 Männer bei der Essensausgabe

Die ausgeprägte Polysemie vieler Bilder kann zu unterschiedlichen Hypothesenbildungen Anlass geben. Die Besprechung dieser Hypothesen fördert nicht nur die Kommunikation in der Fremdsprache, sondern trägt auch zur kritischen Betrachtung von Bilddetails bei.

Abb. 4: Jorißen, Catharine et al. 2009a. *Parcours plus. Französisch für die Oberstufe*. Berlin: Cornelsen, S. 158.

4.3.1 Bildbeschreibung

Das Foto zeigt mehrere Männer, die bei einer Essensausgabe anstehen. Auf der rechten Bildhälfte sieht man, wie eine Hand eine breiartige, klebrige Masse (Reis) mit einem Schöpflöffel auf einen Teller gibt. Im Hintergrund ist undeutlich *igno* zu lesen. Die Männer, die auf der linken Bildhälfte bis über die Bildmitte hinaus in einer Reihe stehen, haben dunkle, kurz geschnittene Haare und sind vom Aussehen her Ausländer aus Osteuropa oder dem Nahen Osten. Ihre Kleidung ist jedoch westlich. Der junge Mann am linken äußeren Bildrand trägt eine Mütze, die anderen sind barhäuptig. Der letzte Mann in der Reihe ist nur unscharf wahrnehmbar. Gesichtsfarbe und Haarschnitt weisen ihn aber als Westeuropäer aus. Die Ausländer blicken ernst auf die Nahrung, die ihnen von zwei Personen, von denen eine aufgrund ihrer Frisur als Frau erkennbar ist, gereicht wird. Sie steht im rechten Bildvordergrund und hat soeben jemandem einen Joghurtbecher übergeben bzw. greift nach ihm. Hinter ihr steht verdeckt eine weitere Person, die den Reis austeilt.

Das Auge des Betrachters wird zunächst von dem Mann eingefangen, der in der Mitte platziert ist. Erst dann streift der Blick die anderen Personen. Die Komposition des Bildes ist bogenförmig, fast sogar pyramidisch angelegt. Eine ansteigende Linie von klar sichtbaren Männerköpfen in der linken Bildhälfte korrespondiert mit einer absteigenden, sehr viel unschärfer ins Bild gesetzten Reihe von nicht eindeutig identifizierbaren Personen. Der Bogen wiederholt sich im Kleinen im unteren Drittel des Bildes durch die Hand mit der entgegengestreckten Reisschüssel und die Schöpfkelle. Die Waagerechte am unteren (Hand der Frau) und oberen Bildrand (Schrift) stabilisiert den bogenartigen Aufbau. Joghurtbecher, Halstuch der Frau am rechten Bildrand und die Applikation auf der Jacke des vierten, halbverdeckten Mannes setzen in dem dominierenden Braun-Grün blaue Farbakzente.

Auf der symbolischen Ebene gibt das Bild, das eindeutig an unser Mitleid appelliert, Anlass zu Hypothesen, z.B. über die Gründe, weshalb keine Frauen bei der Essensverteilung anstehen. Die mit hoher Wahrscheinlichkeit mittellosen Männer könnten Arbeitslose, Obdachlose, Kriegsopfer oder Flüchtlinge sein. Allerdings wird der Betrachter in seiner Einschätzung durch den Textauszug aus *À l'abri de rien* von Olivier Adam (Editions de l'Olivier 2007), dem das Foto im Lehrwerk zugeordnet ist, gelenkt. Dort geht es um eine Frau, die für eine humanitäre Hilfsorganisation arbeitet, die sich um illegale Ausländer kümmert.

4.3.2 Aufgaben

In der Oberstufe sind Aufgabenformen, die individuelle Formulierungen verlangen, Lückentexten oder Multiple-Choice-Aufgaben vorzuziehen. Die im Lehrwerk zu dieser Fotografie gestellten Arbeitsaufträge *Décrivez la scène représentée sur la photo. Émettez des hypothèses sur les personnages et l'action* können mühelos erweitert werden.

Devoirs: Autour de la photo :
Regardez attentivement la photo.
1. Indiquez l'accroche de la photographie.
2. Décrivez ce que vous voyez à la partie gauche et à la partie droite de la photo, au premier plan et à l'arrière-plan en vous servant p.ex. des mots *visible, identifier*.
3. Analysez la composition de la photo. Employez entre autres les mots *la partie gauche, la partie droite, la ligne montante, la courbe, la pyramide, horizontal*.

4. Analysez les couleurs de la photo et dites à quel point elles soulignent l'ambiance exprimée par la photo.
5. Interprétez les relations entre les hommes à gauche et les personnes à droite. Considérez aussi les expressions de visage.
6. Expliquez l'intention de la photo.
7. Discutez le sens de l'inscription « igno » qu'on peut identifier à l'arrière-plan.
8. Discutez la motivation des hommes de quitter leur patrie. Quelles seront leurs possibilités / difficultés dans l'avenir?

Au-delà de la photo :
9. Informez-vous de l'attitude de la France et de l'Allemagne vis-à-vis les étrangers qui demandent l'asile.

5. Fazit

Lehrwerke, die den Unterricht oft über mehrere Jahre prägen, sollten sich der Aufgabe, Sehkompetenz zu vermitteln, öffnen und sie entgegen den bisherigen Gepflogenheiten (vgl. Schwerdtfeger 2003, 299) in ihr Programm aufnehmen, so dass sich im Fragen- und Aufgabenteil neben dem fremdsprachendidaktischen auch das medienästhetische Potential von Bildern spiegelt. Dies geschieht in den durchgesehenen Lehrwerkbänden noch nicht. Die beiden Bände für den Anfangsunterricht lassen nicht erkennen, dass sie in der didaktischen Reflexion den Illustrationen die Bedeutung zumessen, die sie in unserer medial geprägten Welt haben. Weder in Schülerbüchern noch Lehrerbüchern werden altersangemessene Maßnahmen zur Bildwahrnehmung und zum Bildverstehen angeboten.

Doch auch das durchgesehene Lehrwerk für die Oberstufe behandelt die Sehkompetenz letztendlich oberflächlich. So ist die Intention, Bilder zum Gegenstand visuellen Verstehens im Fremdsprachenunterricht zu machen (vgl. Hallet 2008a, 217), in den Aufgaben zu den Bildern nicht wirklich erkennbar, denn es gibt keine detaillierten Anweisungen, die den Übergang vom einfachen Wahrnehmen zur bewussten Analyse und somit zur sorgfältigen Verarbeitung und dem Verstehen der Bilder sichern. Anregungen zum Vergleich von Bildelementen oder zur Ermittlung der Struktur eines Bildes sind ebenso wenig vorhanden wie zu einer Auswertung unter dem Gesichtspunkt, welche Mitteilungsabsicht bzw. kulturellen Implikationen im Bild zum Ausdruck kommen. Derartige Aufgaben würden indes Rede- und Diskussionsanlässe schaffen, bei denen die Sprache zur Verständigung über einen bestimmten Inhalt gebraucht wird, und nicht, wie so häufig im Fremdsprachenunterricht, Gegenstand der Betrachtung selbst ist.

Der untergeordnete Status, den Lehrwerke der Anbahnung von Sehkompetenz zugestehen, korrespondiert mit ihrem Stellenwert in der Ausbildung zukünftiger Französischlehrer. Auch dort werden die möglichen didaktischen Implikationen der visuellen Kompetenz noch zu wenig berücksichtigt. Selbst wenn die Aufgabe, Sehkompetenz zu vermitteln, nicht zu den Kernbereichen des Fremdsprachenunterrichts zählt, ist die fach- und stufenbezogene Formulierung von zu entwickelnden medienpädagogischen Kompetenzen eine dringliche Zukunftsaufgabe für die Lehrerbildung (vgl. Hallet 2008a, 221), zumal sich die Einbettung von Sehkompetenz in den Französischunterricht, wie anfangs gezeigt, unter fremdsprachendidaktischen Gesichtspunkten und in Bezug auf ihre Dimension in der Lebenswelt von Jugendlichen legitimiert. Wie jedes Schulfach sollte auch der Französischunterricht dazu beitragen, die mediale und ästhetische Erziehung der Schüler voranzutreiben, um den Jugendlichen, die oft hauptsächlich „Augenmenschen" sind, d.h. Außenreize wesentlich über den visuellen Kanal aufnehmen und sich Inhalte von Bildern besonders gut einprägen, eine Orientierung „im Dschungel immer zahlreicherer Stimuli" (Reimann 2009, 209) zu ermöglichen.

Literatur

Lehrwerke

BÄCHLE, Hans et al. edd. 2004. *À plus ! 1. Französisch für Gymnasien*. Berlin: Cornelsen.
BRUCKMAYER, Birgit et al. edd. 2004. *Découvertes 1 für den schulischen Französischunterricht*. Stuttgart: Klett.
FEZER, Ulrike et al. 2004. *Découvertes 1. Lehrerbuch*. Stuttgart: Klett.
GREGOR, Gertraud. 2004. *À plus 1. Handreichungen für den Unterricht*. Berlin: Cornelsen.
JORIßEN, Catherine et al. 2009a. *Parcours plus. Französisch für die Oberstufe*. Berlin: Cornelsen.
JORIßEN, Catherine et al. 2009b. *Parcours plus. Handreichungen für den Unterricht*. Berlin: Cornelsen.
MÖßER, Thomas et al. 1998. *Parcours. Französisch für die Oberstufe*. Berlin: Cornelsen.

Sekundärliteratur

ABEL, Fritz. 2007. "Geschichte im Französischunterricht", in: Hasberg, Wolfgang & Weber, Wolfgang E.J. edd. *Geschichte entdecken. Karl Filser zum 70. Geburtstag*. Berlin, Münster: LIT, 19–47.

BARTELS, Hildegard. 1997. "Bilder im Fremdsprachenunterricht", in: *Der fremdsprachliche Unterricht Französisch* 31/25, 4–9.

BAYERISCHES STAATSMINISTERIUM FÜR UNTERRICHT UND KULTUS ed. o.J. *Fachprofil Moderne Fremdsprachen* (http://www.isb-gym8-lehrplan.de/contentserv/3.1/g8.de/index.php?StoryID=26366; Zugriffsdatum: 3.12.2008).

CHRIST, Ingeborg. 2006. "Lassen Bildungsstandards Raum für Mehrsprachigkeit?", in: Martinez, Hélène & Reinfried, Marcus. edd. *Mehrsprachigkeitsdidaktik gestern, heute und morgen. Festschrift für Franz-Joseph Meißner zum 60. Geburtstag*. Tübingen: Narr, 255–268.

FRANSECKY, Roger B. & DEBES, John L. 1972. *Visual Literacy. A way to learn – a way to teach*. Washington: Association for educational communications and technology.

HALLET, Wolfgang. 2008a. "Die Visualisierung des Fremdsprachenlernens. Funktionen von Bildern und visual literacy im Fremdsprachenunterricht", in: Lieber, Gabriele. ed. *Lehren und Lernen mit Bildern. Ein Handbuch zur Bilddidaktik*. Baltmannsweiler: Schneider Verlag Hohengehren, 212–222.

HALLET, Wolfgang. 2008b. "Visual Culture, Multimodal Discourse und Tasks. Die bildkulturelle Dimension des Fremdsprachenlernens", in: Müller-Hartmann, Andreas & Schocker-von Ditfurth, Marita. edd. *Aufgabenorientiertes Lernen und Lehren mit Medien. Ansätze, Erfahrungen, Perspektiven in der Fremdsprachendidaktik*. Frankfurt a.M.: Peter Lang, 167–183.

KÜSTER, Lutz. 2005. "Medienkompetenz und Ästhetische Bildung im Fremdsprachenunterricht", in: Blell, Gabriele & Kupetz, Rita. edd. *Fremdsprachenlernen zwischen Medienverwahrlosung und Medienkompetenz. Beiträge zu einer kritisch-reflektierenden Mediendidaktik*. Frankfurt a.M.: Peter Lang, 67–86.

MERTENS, Jürgen. 2006. "Tafel, Overheadprojektor, statische Bilder, Tonträger, bewegte Bilder", in: Nieweler, Andreas. ed. *Fachdidaktik Französisch*. Stuttgart: Klett, 136–144.

MICHLER, Christine. 2005. *Vier neuere Lehrwerke für den Französischunterricht auf dem Gymnasium. Eine kritische Fallstudie mit Empfehlungen für zukünftige Lehrwerke*. Augsburg: Wißner.

MICHLER, Christine. 2010. "Illustrationen in Lehrwerken für den Französischunterricht in Deutschland", in: Matthes, Eva & Heinze, Carsten. edd. *Das Bild im Schulbuch*. Bad Heilbrunn: Klinkhardt, 249–260.

REIMANN, Daniel. 2006. "'Reduzierte Rhetorik'. Zeitgenössische italienische Literatur und Photographie im Unterricht: Perspektiven sprachlicher Wertevermittlung", in: Franceschini, Rita et al. edd. *Retorica: Ordnungen und Brüche. Beiträge des Tübinger Italianistentags*. Tübingen: Narr, 439–456.

REIMANN, Daniel. 2009. "Eine Schule des Sehens: Zeitgenössische Literatur und Photographie im Unterricht", in Reimann, Daniel. ed. *Italienischunterricht im 21. Jahrhundert. Aspekte der Fachdidaktik Italienisch.* Stuttgart: Ibidem, 209–240.

REINFRIED, Marcus. 1992. *Das Bild im Fremdsprachenunterricht: Eine Geschichte der visuellen Medien am Beispiel des Französischunterrichts.* Tübingen: Narr.

REINFRIED, Marcus. 2008. "Bilder in Fremdsprachen-Lehrwerken", in: Lieber, Gabriele. ed. *Lehren und Lernen mit Bildern. Ein Handbuch zur Bilddidaktik.* Baltmannsweiler: Schneider Verlag Hohengehren, 198–211.

RÖSSLER, Andrea. 2008. "Im Bilde sein", in: *Der fremdsprachliche Unterricht Spanisch.* Sonderheft. *Prinzipien und Methoden des Spanischunterrichts*, 82–87. Auch abgedruckt in: *Der fremdsprachliche Unterricht Spanisch* 3 (9) 2005, 4–9.

SCHÖNFELDT, Claudia. 2005. *Die Rolle der Visualisierung im bilingualen deutsch-englischen Erdkundeunterricht (Dissertation).* Braunschweig: Fachbereich für Geistes- und Erziehungswissenschaften der Technischen Universität Carolo-Wilhelmina (http://deposit.ddb.de/cgi-bin/dokserv?idn=977164594; Zugriffsdatum: 25. 11. 2007).

SCHRADER, Heide. 1998. "Der Reiz des Visuellen. Offene Bilder im Fremdsprachenunterricht", in: *Fremdsprachenunterricht* 42/51, 186–192.

SCHWERDTFEGER, Inge C. 1989. *Sehen und Verstehen – Arbeit mit Filmen im Unterricht Deutsch als Fremdsprache.* Berlin: Langenscheidt.

SCHWERDTFEGER, Inge C. 2007. "Übungen zum Hör-Sehverstehen", in: Bausch, Karl-Richard & Christ, Herbert & Krumm, Hans-Jürgen. edd. *Handbuch Fremdsprachenunterricht.* 5. Auflage. Tübingen: A. Francke Verlag, 299–302.

SEIDL, Monika. 2007a. "Bilder lesen", in: *Der fremdsprachliche Unterricht Englisch* 41 (87), 8–9.

SEIDL, Monika. 2007b. "Ein Traum von Freiheit und Nützlichkeit. Bildbedeutungen rekonstruieren und als konstruiert erkennen", in: *Der fremdsprachliche Unterricht Englisch* 41 (87), 10–15.

SEIDL, Monika. 2007c. "Visual Culture. Bilder lesen lernen, Medienkompetenz erwerben", in: *Der fremdsprachliche Unterricht Englisch* 41 (87), 2–7.

WILTS, Johannes. 2001. "Grundzüge einer Spielfilmdidaktik für den Französischunterricht", in: *Neusprachliche Mitteilungen aus Wissenschaft und Praxis* 54, 210–221.

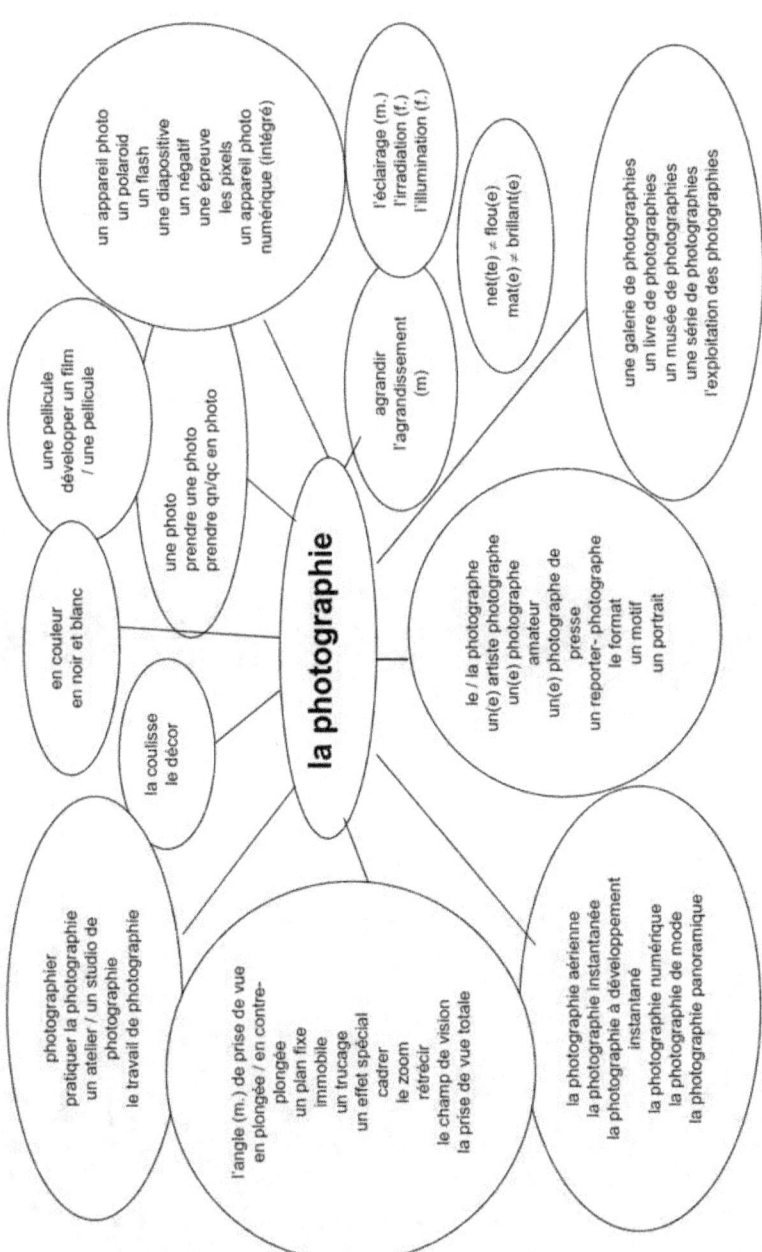

Abb.5: Vorschlag zu einem *centre d'intérêt* „la photographie"

III. Untersuchungsfelder autonomes Lernen und Sprachunterricht

Methodische Kompetenzen im Französischunterricht – Lernstrategien als Grundlage des lebenslangen Lernens

1. Lernerautonomie und Lernstrategien als Bestandteil des kompetenzorientierten Fremdsprachenunterrichts

Einen beträchtlichen Anteil unseres Wissens eignen wir uns während der Schulzeit an. Um den Anforderungen der gegenwärtigen Gesellschaft zu genügen, müssen wir es jedoch immer wieder aktualisieren bzw. neue Kenntnisse erwerben.

Der Zugang zu Wissen erfolgt primär über die Muttersprache, doch ist der Begriff ‚Weiterbildung' häufig eng mit Fremdsprachenkenntnissen, in der Regel also mit Unterricht verbunden. Konsequent sieht der ‚Gemeinsame europäische Referenzrahmen für Sprachen' (Conseil de l'Europe 2000, im Folgenden als GeR abgekürzt) in der Befähigung zum lebenslangen Lernen einen zentralen Aufgabenbereich des Lehrens und Lernens fremder Sprachen. Auch die nationalen Bildungsstandards für den Mittleren Schulabschluss in der ersten Fremdsprache (Englisch, Französisch) und die curricularen Richtlinien der Länder[1] fordern zusätzlich zu den fremdsprachenspezifischen funktionalen kommunikativen und interkulturellen Bereichen die Berücksichtigung methodischer, das lebenslange Lernen unterstützender Kompetenzen (vgl. Conseil de l'Europe 2000, v.a. Kap. 2, 4, KMK 2004; Kap. 1; Bun-

---

[1] Das „Fachprofil Moderne Fremdsprachen des Bayrischen Staatsministeriums für Unterricht und Kultus" enthält beispielsweise neben den Lernbereichen „Sprache, Umgang mit Texten und Medien, Interkulturelles Lernen und Landeskunde" den Komplex „Lernstrategien und Methoden selbständigen Arbeitens". Die bayerischen Jahrgangsstufenpläne für Französisch als 2. Fremdsprache fordern u.a. Mittel der sprachenspezifischen Fehlerkorrektur und Kenntnis des Aufbaus des Lehrwerks, um es für das eigene Üben nutzen zu können (6. Jahrgangsstufe), Techniken des Lernens, Memorierens und Wiederholens von Wortschatz und Grammatik sowie des selbständigen Übens, die überlegte Verwendung eines zweisprachigen Wörterbuchs, das Sammeln, Auswerten und die Präsentation von Material zu den im Unterricht behandelten Themenbereichen (7. Klasse); der Einsatz von Nachschlagewerken zur Informationsbeschaffung (8. Klasse); in der 9. Jahrgangsstufe sollen die Schüler Einblicke in den Umgang mit dem einsprachigen Wörterbuch erhalten, die erworbenen Verfahren vertiefen und Arbeitsergebnisse adressatengerecht präsentieren können (http://www.isb-gym8-lehrplan.de/contentserv/3.1.neu/g8.de/index.php?StoryID=26249, Zugriffsdatum: 20.06.2013).

desministerium für Bildung und Forschung 2003). Darunter werden Textrezeption, Interaktion, Textproduktion, Präsentation und Mediennutzung, Lernstrategien, Lernbewusstheit und Lernorganisation gefasst (KMK 2004, 8). Speziell die Faktoren ‚Organisation, Bewusstheit und Strategien' leisten einen bedeutenden Beitrag zur Lernerautonomie, die als maßgeblicher Baustein des lebenslangen Lernens und im Zuge der Lernerorientierung als zentrales didaktisch-methodisches Prinzip des modernen Fremdsprachenunterrichts gilt (vgl. Reinfried 2001).[2] Spätestens seit Lehrwerke explizit Lernstrategien bzw. Lerntechniken vorstellen und einüben lassen, sind sie auch im Französischunterricht fest verankert.

Der folgende Beitrag benennt vor diesem Hintergrund zunächst Fixpunkte des fachdidaktischen Diskurses zu Lernerautonomie und Lernstrategien, um dann das inhaltliche Spektrum und die Präsentation von Lernstrategien in verbreiteten Lehrwerken für den Französischunterricht darzustellen (vgl. auch Michler 2012). Der Schwerpunkt liegt auf der Integration der Strategien in den Lehrgang und ihrer Leistung für das lebenslange (Sprachen-)Lernen.

2. Lernerautonomie und Lernstrategien in der fachdidaktischen Diskussion

Die Wahrnehmung von und die Beschäftigung mit Lernstrategien wurden durch die Publikationen von Rampillon (z.B. 1996) entscheidend vorangetrieben.[3] Das fachdidaktische Interesse an Lernstrategien manifestiert sich seitdem in einer Vielzahl von Veröffentlichungen (Hinweise z.B. in De Florio-Hansen 2008, 230).

Diskutiert wird die Abgrenzung von ‚Lernstrategien' und ‚Arbeits'- bzw. ‚Lerntechniken' (Rampillon 1996; Raabe 1998) bzw. „Lernerstrategien" (Wolff 1997),[4] wobei Lerntechniken oft den Strategien untergeordnet werden (Rampillon 1996, 20; Raabe 1998, 6).

---

[2] Das Paradigma des neokommunikativen Unterrichts umfasst Handlungsorientierung, Lernerorientierung, fächerübergreifendes Lernen und ganzheitliches Lernen (vgl. Reinfried 2001).

[3] Weitere maßgebliche Publikationen sind beispielsweise Selinker (1972), Naiman et al. (1978), Ellis (1994), Nodari (1995), Terhart (1997).

[4] Die Unterscheidung zwischen Lerntechniken (z.B. der Vergleich von Neuem und Bekanntem) und Arbeitstechniken (z.B. das Anlegen von Karteikarten) scheint grundsätzlich sinnvoll, obwohl Lerntechniken von bestimmten Arbeitstechniken untrennbar sind (vgl. Michler 2005, 376). Beide Begriffe werden im Folgenden parallel verwendet, denn eine allgemein

Vielfältig sind die Klassifikationsversuche von Lernstrategien. Es gibt Gruppierungen nach sprachlichen Teilkompetenzen, nach Funktionen bei der Informationsverarbeitung, nach der Ausrichtung auf bestimmte Ziele und nach kognitiven bzw. metakognitiven Strategien (vgl. u.a. Mayer & Weinstein 1986; Oxford 1990; Friedrich & Mandl 1992; Wißner-Kurzawa 1995; Raabe 1998; Wolff 1997).[5]

Neben der prinzipiellen Frage, ob und wie Lernerautonomie in den Unterricht zu integrieren sei, wird weiter intensiv deren Unterstützung durch Lernstrategien erörtert.[6] Die Unsicherheit über die Notwendigkeit des Einsatzes von Strategien zum erfolgreichen Lernen (vgl. De Florio-Hansen 2008) ändert nichts am weitgehenden Konsens darüber, dass Lernstrategien bei der Bewusstmachung von Lernprozessen und Lernmethoden hilfreich sind, und dies in Bezug auf das selbständige Aufarbeiten des im Unterricht dargebotenen Lernstoffs, das vom Lehrer unabhängige Wiederholen und Nachschlagen, die Auswahl des eigenen Lernwegs, die Bewertung des Lernerfolgs, die Hilfestellung beim schnelleren Lernen, die Förderung der Individualisierung des Lernprozesses, den Abbau von Leistungsschwächen und Leistungsstress u.v.a.m. (vgl. Rampillon 1996, 23ff.), kurz Verfahren, die maßgeblich zum *„prendre en charge son propre apprentissage"* (Holec 1979, 3) beitragen. Davon ausgehend können beispielsweise Raabe (1998), Ellis (1994) oder Mißler (1999) das anspruchsvolle Bild eines guten Französischlerners zeichnen, der autonom handelt, auf die sprachliche Form des Französischen achtet, sich und andere beim Sprechen kontrolliert, verschiedene Sprachen vergleicht, Versprachlichungsmittel in der Kommunikation analysiert und testet, seine Lern- und Kontrollaufgaben bewusst organisiert, verschiedenartige Strategien einsetzt und aktiv am Übungsgeschehen teilnimmt (vgl. Raabe 1998, 4).

---

gültige Abgrenzung bleibt weiterhin ein Desiderat (vgl. Tönshoff 1992, 241f.; Wißner-Kurzawa 1995, 308ff.; Zimmermann 1997, 95; Bausch et al. 2003, Kap. 69 und Kap. 71).

[5] Dazu gehören: wiederholtes Aufzählen, Unterstreichen von Textpassagen, Erstellen mentaler Bilder, Eselsbrücken, Analogiebildungen Mindmaps u.v.a.m.

[6] Gelegentlich wird eine „weise Zurückhaltung" in Bezug auf völlige Lernerautonomie empfohlen (Zimmermann 1997, 109; Timm 1996, 282). Wolff betrachtet die Vermittlung von Lernerautonomie als wichtige Aufgabe der Schule, da der Lernende allein nicht in der Lage sei, eine solche aufzubauen (vgl. Wolff 1992, 104).

3. Lernstrategien in verbreiteten Lehrwerken für den Französischunterricht

Art und Intensität des Einbeziehens von Lernstrategien in den Französischunterricht werden anhand der Entwicklung von Lehrwerken deutlich. Während Erzeugnisse aus den 60er und 70er Jahren des 20. Jahrhunderts (wie z.b. *Etudes Françaises Cours de base*) noch keine Strategien enthielten,[7] thematisieren und operationalisieren aktuelle Produkte in der Regel ausdrücklich Lernstrategien und Arbeitstechniken.

Ihr Vorgehen wird im Folgenden anhand des Vergleichs von im Französischunterricht an Gymnasien häufig verwendeten Lehrwerken erläutert. Untersucht werden für Französisch als zweite Fremdsprache (F2) *À plus! Französisch für Gymnasien* (Berlin: Cornelsen ab 2004) und *Découvertes für den schulischen Französischunterricht* (Stuttgart [u.a.]: Klett ab 2004), für Französisch als dritte Fremdsprache (F3) *À plus! Méthode Intensive* (Berlin: Cornelsen ab 2007) und *Cours Intensif* (Stuttgart, Leipzig: Klett ab 2006).[8] Da beide Verlagshäuser momentan neue Lehrwerke auf den Markt bringen, werden deren bereits greifbare Bände zusätzlich herangezogen. Berücksichtigt werden jeweils die explizit dargebotenen Lernstrategien in den Schülerbüchern, da die Schüler mit diesen Komponenten am intensivsten arbeiten.[9]

3.1 Die Cornelsen-Lehrwerke

Präsentation der Strategien

Zum Programm des Lehrwerks *À plus !* gehört als gezielte Förderung der Lernerautonomie das Methodenlernen (vgl. 10 Pluspunkte für Ihren Unterricht; *À plus! 1*, vorderer Inneneinband). Im Inhaltsverzeichnis unter „Lernziele" fassbar,[10] werden die Strategien im Übungsteil, an den sie hinsichtlich

---

[7] Lehrwerke ohne Strategien wurden sogar noch in den 1980er Jahren publiziert (z.B. *Etudes Françaises Echanges Cours Intensif*; vgl. Michler 2005, 376ff.).
[8] Da die Inhalte der Lehrwerksreihen aus einem Verlagshaus große Ähnlichkeit haben, ist die Besprechung nach Verlagszugehörigkeit und nicht nach Lehrgang F2 bzw. F3 zweckmäßig.
[9] Strategien und Techniken, die nicht ausdrücklich als solche ausgewiesen, sondern nur durch die Aufgabenstellung erkennbar sind, werden außer Acht gelassen. Die Konzentration auf die Schülerbücher ist berechtigt, da in den Übungsheften und Grammatischen Beiheften in der Regel keine neuen Strategien vorgestellt werden.
[10] In dieser Rubrik werden auch die kommunikativen Situationen wie z.B. „sich begrüßen" aufgelistet, während für „grammatische Inhalte" eine gesonderte Spalte besteht.

des Layouts völlig angeglichen sind, in einer fakultativen, jeder Lektion zugeordneten Rubrik vorgestellt. Diese heißt in den Bänden 1 und 2 *Apprendre à apprendre*, in den folgenden *Méthodes et stratégies*. Während in *À plus! 1* und *2* alles auf Deutsch formuliert ist, gibt es in den anderen Bänden französische Überschriften. Die Tipps, deren Umfang meist weniger als eine halbe, höchstens eine Seite beträgt, sind jedoch auch hier mehrheitlich auf Deutsch.[11] Die Anzahl der Strategien bleibt in allen vier Bänden praktisch gleich (vgl. Anhang, Tab.1).

Für *À plus! Méthode Intensive* wählt der Verlag eine andere Präsentationsform. Im Inhaltsverzeichnis sind zu jeder Lektion die Strategien in der Abteilung „Methoden/DELF" aufgeführt. Im Übungsteil der Lektionen wird, grün unterlegt, knapp auf die Seite im Methodenteil, der den Lektionen nachgeordnet ist, verwiesen.[12] Dort befinden sich dann ausführliche, in deutscher Sprache verfasste Erklärungen der jeweiligen Strategie (z.B. „Textinhalte selbst erarbeiten → Méthodes, p.134/9"; *À plus! Méthode Intensive Charnières*, S. 38). Im F3-Lehrwerk verringert sich die Anzahl an dargebotenen Strategien im Laufe des Lehrgangs deutlicher als im F2-Lehrwerk (vgl. Anhang, Tab. 2).

Der erste Band des neuen Cornelsen-Lehrwerk *À toi* (Gregor 2012) mischt beide Präsentationsformen. Auch hier erfährt das Methodenlernen besondere Beachtung, erkennbar an der Gestaltung des Inhaltsverzeichnisses: Bei jeder Lektion finden sich unter der Überschrift die in der *Unité* behandelten Aspekte des interkulturellen Lernens, die Kompetenz- und methodischen Schwerpunkte. Im Übungsteil werden die Strategien und Techniken durch rote Überschriften hervorgehoben (dunkelrot für die französische Bezeichnung, hellrot für die danebenstehende deutsche, z.B. *Apprendre à apprendre: le vocabulaire* – Vokabeln lernen, S. 32). Der Umfang übersteigt fast nie eine halbe Seite. Den in deutscher Sprache formulierten Tipps sind unter „Probiere es gleich aus" unmittelbar Übungen zugeordnet, die den Schülern den Einsatz erleichtern und sie vom Nutzen der Strategie überzeugen. Neben der Aufgabenüberschrift wird auf die Seite verwiesen, auf der die Methode ausführlicher behandelt wird. Zusätzlich findet sich im *Annexe*-Teil eine systematisierende Zusammenstellung, die durch einen auffallenden dunkelblauen oberen

---

[11] Teils in französischer, teils in deutscher Sprache werden die Schüler zu *Comment faire un résumé* angeleitet (*À plus!* 3, S. 42). Auch Band 4 enthält einige deutsch-französische Tipps.

[12] Teilweise gibt es Diskrepanzen zwischen den Seitenangaben und der tatsächlichen Fundstelle (z.B. beim Verweis auf „Das zweisprachige Wörterbuch benutzen, → S. 157" (*À plus! Méthode Intensive 1*, S. 39), die Erklärung befindet sich jedoch auf S. 158).

Seitenrand gekennzeichnet ist.[13] Dort werden die Strategien nach Bereichen gegliedert erläutert: *vocabulaire, écouter, parler, lire, écrire, apprentissage coopératif* (vgl. Tab. 3). Die *Unité*, in der die Strategie erstmalig besprochen wird, ist jeweils benannt.

Bestand an Lernstrategien

Der Bestand der Tipps zu den sprachlichen Mitteln ist in beiden älteren Cornelsen-Lehrwerken relativ ähnlich. In jedem Band von *À plus!* gibt es Anweisungen zur Wortschatzarbeit, die sich auf Umschreibungsmöglichkeiten, Wiederholungstechniken, Tipps zum effektiven Lernen und auf die Arbeit mit dem Wörterbuch beziehen. Ratschläge zur Grammatikarbeit betreffen die Wiederholung, das Erkennen des Genus, das Einprägen von Verbformen und Hinweise zur selbständigen Fehlerkorrektur. *À plus! Méthode intensive* gibt Anregungen zum Ordnen, Umschreiben und Erschließen von Wortschatz, zu seiner individuellen Erweiterung, zur Nutzung des Wörterbuchs und des Französischen als Brückensprache. Für den Bereich 'Grammatik' enthält das Lehrwerk für F3, wie schon das für F2, Tipps zur Fehlerkorrektur, zum Erkennen des Genus, zur Wiederholung und zur Bildung von reflexiven Verben. Strategien zur Aussprache/Intonation und Orthographie sind weder in die Komponenten von *À plus!* noch in die von *À plus! Méthode Intensive* eingearbeitet.

Hinsichtlich der kommunikativen Grundfertigkeiten behandelt *À plus!* das Hör-(Seh-)Verstehen mit Vorschlägen, die das Verständnis von Gesprächen erleichtern sollen. Der Verbesserung des Leseverstehens dienen Textentschlüsselungshinweise, die auch für den Bereich 'Textarbeit' Gültigkeit haben. Auf das Sprechen beziehen sich Anregungen für eine Buchpräsentation und für Diskussionen. Deren schriftliche Vorbereitung wird durch Anleitungen zum Anfertigen von Notizen unterstützt, so dass eine Verbindung mit der Fertigkeit 'Schreiben' hergestellt wird, der außerdem die Tipps für das Erstellen eines Résumées zuzuordnen sind. Ratschläge zum Nachschlagen, zum Recherchieren, zur Vorbereitung eines Referats und zum Benutzen eines Wörterbuchs decken die (Lern-)Methodenkompetenz ab. Weder zur Sprachmittlung noch zum interkulturellen Lernen trägt *À plus!* durch Erläuterungen bei.

---

[13] Diese farbliche Markierung wird auch für andere Zusatzinformationen wie *Petit Dictionnaire de Civilisation* verwendet.

À plus! Méthode intensive gibt Tipps für das selektive und globale Hör-(Seh-) Verstehen und das selektive Leseverstehen. Für den Bereich ‚Sprechen' enthält das Lehrwerk – wie *À plus!* – Anregungen für Buchpräsentationen und Diskussionen, aber auch für Rollenspiele und das Sprechen über einen Film. Auf die Fertigkeit ‚Schreiben' beziehen sich Vorschläge zum Anfertigen von Notizen, zum Schreiben eines Briefes bzw. einer Postkarte, eines Resümees und einer Bewerbung. Texterschließungs- und -visualisierungsstrategien sind hauptsächlich für die Textrezeption verwertbar. Die Sprachmittlung wird mit Ratschlägen zur sinngemäßen Wiedergabe von Inhalten thematisiert. Für ‚Methodenkompetenz' können Hinweise zur selbständigen Fehlerkorrektur, zur Arbeit mit dem Wörterbuch, zum Recherchieren und Präsentieren in Anspruch genommen werden. Zusätzlich zum Bestand von *À plus!* geht das F3-Lehrwerk auf das Erstellen eines Lernplakats, das Vorgehen nach der Methode ‚Lernen durch Lehren' und den Nutzen des Französischen als Brückensprache ein. Auch in *À plus! Méthode Intensive* gibt es keine Tipps zum interkulturellen Lernen.

Das thematische Angebot im ersten Band des neuesten Cornelsen-Lehrwerks *À toi!* geht über die Inhalte von *À plus! 1* hinaus. Behandelt werden in Bezug auf die sprachlichen Mittel ausführlich *Vocabulaire* und elementare, für das erste Lernjahr wesentliche Aspekte der Grundfertigkeiten Hören, Sprechen, Lesen, Schreiben. Neu sind methodische Tipps zum Erfinden von Übungen und zur *Apprentissage coopératif: Think – pair – share (le R-E-P)*. Darunter ordnen die Autoren drei Arbeitsformen. Beim R-E-P-Modell sollen zunächst Aufgaben allein gelöst, dann mit dem Partner besprochen und schließlich in der Gruppe bzw. in der Klasse zusammengetragen werden. Beim *Placemat* diskutieren die Lernenden in der Gruppe über ein Thema und halten die Ergebnisse in der Mitte eines Blattes fest. Die Gruppenmitglieder, über deren gleichmäßige Beteiligung ein Gesprächsführer wacht, sammeln französische Wörter zum Thema (z.B. *le quartier*) und entscheiden, welche Wörter passend sind. Gemeinsam wählt die Gruppe fünf Wörter, die in die Mitte des *Placemats* eingetragen werden. Das Ergebnis wird der Klasse vorgestellt. Auch *Rendez-vous* ist eine Gruppenarbeit, bei der sich Lernende verabreden, um gemeinsam eine Übung zu lösen, und die Resultate der Klasse zu präsentieren.

3.2 Die Klett-Lehrwerke

Präsentation der Strategien

Der Name der Lehrwerkreihe *Découvertes* verdeutlicht den Anspruch, die Schüler zu einem entdeckenden und damit weitgehend selbständigen Lernen zu führen (vgl. Michler 2005, 379). Die Spalte ‚Methoden' im Inhaltsverzeichnis vereinfacht das Auffinden der Strategien, die meist auf einer Viertel- oder Drittel-Seite, kaum jemals auf einer ganzen Seite in die Übungsteile jeder Lektion eingegliedert sind und immer Erläuterungen und Übungen zur Anwendung der Lerntipps umfassen. Das Wort *Stratégie* ist gelb, die Erklärung grün unterlegt. Die Sprache der Tipps ist, abgesehen von seltenen französischen Zusatzüberschriften, Deutsch. Eine in den Bänden für fortgeschrittene Lerner abnehmende Anzahl von Strategien ist nur minimal erkennbar (vgl. Tab. 4).

Cours intensif weist im Inhaltsverzeichnis ebenfalls bei jeder Lektion die Rubrik ‚Methoden' aus. Im Textteil ist die Überschrift *Stratégie* in Bezug auf die Farbe (orange) und die Schriftart an die der Übungen angeglichen. Die auf Deutsch formulierte Erklärung der Strategie ist farblich hervorgehoben: grün für die Einführung, hellgrün für die Vorgehensweise. Die Anzahl der Tipps reduziert sich in den drei Bänden (vgl. Tab. 5).

Im ersten Band der neuen *Découvertes*-Reihe (*Découvertes série jaune*) werden die Strategien im Inhaltsverzeichnis in einer Spalte mit „Interkulturell" aufgeführt. Im Lehrwerk werden sie zweimal besprochen. Unter *Pratique: tâches* nach dem Übungsblock *Atelier* gibt es neben einem Übungsbeispiel in einem (hell-)blau unterlegten Kästchen die Erläuterung der Strategie. In systematisierter Form sind die Strategien auf fünf Seiten nach dem Lektionsblock noch einmal gesammelt (vgl. Tab. 6). Dort werden sie mit einem auffälligen grünen Rand und roten Zwischenüberschriften präsentiert. In beiden Teilen sind sie durch unterhaltsame Zeichnungen eines kleinen Hundes illustriert, die teilweise nur optische Ergänzung, teilweise aber auch mit erläuternden Merksätzen versehen sind.

Bestand an Lernstrategien

Bei den sprachlichen Mitteln thematisiert *Découvertes* für den Bereich ‚Grammatik' die selbständige Fehlervermeidung, die korrekte Bildung von Fragen, die Anwendung von Gesetzmäßigkeiten und Wortbildungsregeln. Letztere betreffen auch den Komplex ‚Wortschatz', der durch Tipps zum

Vorgehen beim Lernen, zum Erarbeiten und Erschließen von Wortschatz und zur Wörterbucharbeit abgedeckt wird. Auf die Orthographie bezieht sich das Lehrwerk bei „Gesetzmäßigkeiten anwenden" (*Découvertes 2*, S. 31) und „Fehlervermeidung in eigenen Texten" (*Découvertes 3*, S. 52). Zur Aussprache gibt es keinen Hinweis, der durch die Überschrift *Stratégie* ausgewiesen ist.[14]

In *Cours intensif* umfassen die Tipps zur Grammatikarbeit – ähnlich wie in *Découvertes* – das Vermeiden von Fehlern und Wortbildungsregeln, zur Wortschatzarbeit das Umschreiben, das Erschließen von Wortschatz und die Wörterbucharbeit. Die Bereiche „Aussprache/Intonation" oder „Orthographie" werden nicht besprochen.

In Bezug auf die kommunikativen Grundfertigkeiten dominieren in *Découvertes* Strategien zum Hör-(Seh-)Verstehen, zu dem es in jedem Band eine Anleitung gibt. Themen sind Etappen des Hörverstehens, nützliche Verfahren für das Verstehen von Gesprächen oder Filmen und der unterstützende Beitrag von Gestik und Mimik (*communiquer « en silence »*, *Découvertes 4*, S. 73). Das Leseverstehen wird mit Regeln zum überfliegenden und strukturierenden Vorgehen berücksichtigt. Für den Bereich ‚Sprechen' gibt es Hinweise zum mündlichen Vortrag, zum Diskutieren, zum Aufrechterhalten der Kommunikation und zur Verständigung durch Umschreibungen. Auf die Fertigkeit ‚Schreiben' beziehen sich Ratschläge zum kreativen Schreiben, zum Verfassen eines Reiseberichts, eines Resümees, eines offiziellen Briefes und einer Bewerbung. Die Anweisungen zum Lesen und Schreiben sind auch für die zur Methodenkompetenz zählenden Textarbeit gültig. Diese spricht *Découvertes* mehrfach in allen Bänden an und gibt Tipps zum Recherchieren und Nachschlagen, zum Aufbereiten von Informationen, für ein Referat, zum Auswendiglernen von längeren Texten und zur Wörterbucharbeit. Zusätzlich erhalten die Schüler Erläuterungen zum Stationenlernen[15] und zur Vorbereitung der DELF-Prüfung. Während die Sprachmittlung unter *Stratégies* nicht angesprochen wird, thematisiert das Lehrwerk ausdrücklich das interkulturelle Lernen mit der Verdeutlichung von Unterschieden bei der Begrüßung, beim Essen und Autoverkehr. Außerdem warnt es vor sogenannten ‚falschen Freunden'.

---

[14] Im Übungsteil des ersten Bandes von *Découvertes* gibt es allerdings die Rubrik *Jeu de sons*, in der Hinweise zur Produktion und deren Kontrolle aber nur selten eine Rolle spielen (z.B. *Découvertes 1*, S. 25: Überprüfung der Aspirierung von p, t, k; Mundstellung bei der Produktion der Nasale).

[15] Das Stationenlernen ist nur im Inhaltsverzeichnis als Strategie ausgewiesen.

Cours intensif greift in Bezug auf das Hör-(Seh-)Verstehen neben allgemeinen Ratschlägen für das globale und selektive Hören explizit das Verstehen eines Chansons auf. Das Leseverstehen wird durch die Erläuterung von Lesetechniken geschult. Für den Bereich ‚Schreiben' gibt es Ausführungen zum kreativen Schreiben, zum Beschreiben von Bildern, Fotos und Filmen, zur Zusammenfassung von Texten, zum Schreiben einer Postkarte und einer Bewerbung. Diese Tipps sind auch für die Textarbeit verwertbar. Strategiehinweise zum Sprechen beziehen sich auf Dialoge, auf Diskussionen und Gespräche über Filme oder Bücher und auf die mündliche Zusammenfassung von Textinhalten. Letztere sind genauso wie die Anhaltspunkte für das Resümieren eines deutschsprachigen Textes auf Französisch für die Sprachmittlung nützlich. Die Methodenkompetenz betreffen v.a. Strategien zur Wörterbucharbeit. Das interkulturelle Lernen bleibt unberücksichtigt.

Der neue *Découvertes*-Band konzentriert sich hinsichtlich der sprachlichen Mittel auf *vocabulaire*, vermittelt aber Tipps zu allen Grundfertigkeiten, auch zur Sprachmittlung. Die Methodenkompetenz wird durch Vorschläge für das erfolgreiche Lernen, die Arbeit mit dem Französischbuch und dem Portfolio begünstigt.

4. Vergleich und Bewertung

Die meisten in den eingesehenen Lehrwerken vorhandenen Strategien sind polyvalent, also beispielsweise für Textarbeit und Leseverstehen (z.B. ‚einen Text entschlüsseln', *À plus! 2*, S. 78) oder Wortschatz und Methodenkompetenz (z.B. ‚Arbeit mit dem Wörterbuch, *À plus! 3*, S. 104) einsetzbar. Strategien zu den funktionalen kommunikativen Kompetenzen stehen in allen durchgesehenen Lehrwerkreihen im Vordergrund. Wortschatz wird am intensivsten berücksichtigt, Grammatik deutlich seltener, und Aussprache und Orthographie spielen nicht einmal in den Bänden für den Lehrgangsanfang eine bedeutende Rolle. Dem Leseverstehen widmen die Lehrwerke wenig, dem Hör-(Seh-)Verstehen und dem Sprechen dagegen viel Aufmerksamkeit. Auf die Sprachmittlung gehen nur *À plus! Méthode Intensive*, *Cours Intensif* und erfreulicherweise der neueste Klett-Band ausdrücklich ein. Hinsichtlich der Methodenkompetenz gibt es zahlreiche zweckmäßige Ratschläge, z.B. die Erstellung einer Checkliste zur Verbesserung eigener Texte. Sie bezieht sich sinnvollerweise auf Besonderheiten des Französischen wie Akzente, *accord*, Wortstellung, Präpositionen, Tempus und Modus. Das interkulturelle Lernen fehlt fast völlig. Gerade am Lehrgangsanfang wären jedoch Lerntipps und Strategien zu kulturtypischen Gepflogenheiten (z.B. bei der Kommunikation) unerlässlich.

In den Lehrwerken aus beiden Verlagshäusern entsprechen sich die Tipps zu den sprachlichen Mitteln und Grundfertigkeiten thematisch und in der Gewichtung weitgehend. Selten beinhalten die überprüften Komponenten Lernstrategien, die kein Pendant in anderen Komponenten haben. Solche Strategien sind ‚Lernen durch Lehren' und ‚Französisch als Brückensprache' (vorhanden in *À plus! 3 Méthode Intensive Charnières*), ‚Textinhalte visuell darstellen' und ‚Lernplakat' (vorhanden in *À plus! 2 Méthode Intensive*), ‚die DELF-Prüfung vorbereiten', ‚zwischen *code oral* und *code parlé* unterscheiden', ‚die Kommunikation aufrecht erhalten' (vorhanden in *Découvertes 5*), das ‚Erfinden von Übungen' und *apprentissage coopératif* (vorhanden in *À toi! 1*).

Die neue Lehrwerkgeneration aus beiden Verlagshäusern kann noch nicht endgültig beurteilt werden, da jeweils nur der erste Band zugänglich war. Diese Bände für den Lehrgangsanfang konzentrieren sich berechtigterweise auf Vokabelarbeit, Hörverstehen, Sprechen und elementare methodische Voraussetzungen für das erfolgreiche Lernen.

Resümierend kann gesagt werden, dass die Lehrwerke mit ihrem Angebot an Strategien und Übungen, bei denen die Schüler auf die vorgestellten Verfahren zurückgreifen sollen, zur Autonomie eines Fremdsprachenlerners beitragen. Die in den Französischlehrwerken angeführten Strategien zum Verstehen von Gesprächen, Hör- und anderen Texten, zum Schreiben von Resümees oder Berichten, zur Recherche und Präsentation können auf die Aneignung anderer Fremdsprachen übertragen werden und unterstützen so das lebenslange Lernen.

Grundsätzlich positiv ist auch die systematische Darstellung der im Schülerbuch angesprochenen Strategien unter thematischen Schwerpunkten in den neueren Lehrwerkbänden zu bewerten.[16]

Dennoch bleiben Desiderata. Da die durchgesehenen Lehrwerke für F2 und F3 konzipiert sind, kann man mit hoher Wahrscheinlichkeit davon aus-

---

[16] Zu erwägen wäre eine zusätzliche Einteilung in Techniken, die sich auf mechanische Tätigkeiten beziehen (z.B. Abschreiben, Karteikarten erstellen), und solche, die sich auf die grundsätzliche Organisation des Lernverhaltens beziehen (z.B. bildliche Assoziationen erstellen; Vergleich von Bekanntem mit Neuem; selbständige Entwicklung von Handlungsketten, um Wortschatz zu Sachgebieten zu festigen).

gehen, dass die Schüler über Strategiegrundlagen aus dem Unterricht der ersten Fremdsprache (Englisch) verfügen. Die Frage darf also erlaubt sein, ob sprachübergreifend relevante Hinweise (z.B. ‚Gespräche verstehen') in der vorhandenen Breite notwendig sind und ob nicht konkret auf das Französische bezogene Strategien (z.B. Eselsbrücken, Merksätze, Fehlerchecklisten etc.) und Frankreich-spezifische Tipps für die Bewältigung interkultureller Begegnungssituationen in den Vordergrund treten sollten. Außerdem wäre eine klar erkennbare inhaltliche Progression der Strategien nützlich, v.a. wenn Themenbereiche, wie z.B. in *À plus! 3* die Wörterbucharbeit, wiederholt aufgegriffen werden.[17]

5. Fazit

Sprachliche, kulturelle und methodische Tipps für das Lernen und Anwenden des Französischen fachspezifisch und altersangemessen zu operationalisieren, ist eine wichtige Aufgabe der Lehrwerke. Ihr Auftrag ist es, die Schüler für Lernstrategien zu sensibilisieren und Verfahren für unterschiedliche Lerntypen anzubieten.

Allerdings wird der autonom handelnde „gute Französischlernende" (vgl. Raabe 1998, 4) auch durch ein differenziertes Angebot der Lehrwerke allein wohl nicht ausgebildet, sondern die Lehrkräfte müssen ihn dabei unterstützen. Die Lehrerrolle erfährt so eine Modifikation zum Lernberater, der Hilfestellungen gibt und Strategien aktiv in den Unterricht einbindet. Dazu muss er bei Bedarf – etwa bei Aussprache/Intonation – über das Lehrwerk hinausgehen. Zukünftige Lehrkräfte darauf vorzubereiten und ihnen ein breiteres Spektrum an Strategien und Techniken als im Lehrwerk vorgeschlagen zu präsentieren, ist eine Aufgabe der Lehrerbildung, d.h. auch der universitären Fachdidaktik.

---

[17] In den Kompaktfassungen liegt – sicherlich durch den konzentrierten Lehrgang begründet – der Schwerpunkt auf einer einmaligen Präsentation. Auch die Langfassung von *Découvertes* tendiert dazu.

Literatur

Lehrwerke

À PLUS!
BÄCHLE, Hans et al. edd. 2004. *À plus! 1: Französisch für Gymnasien.* Berlin: Cornelsen.
BÄCHLE, Hans et al. edd. 2005. *À plus! 2: Französisch für Gymnasien.* Berlin: Cornelsen.
GREGOR, Gertraud et al. edd. 2006. *À plus! 3: Französisch für Gymnasien.* Berlin: Cornelsen.
GREGOR, Gertraud et al. edd. 2007. *À plus! 4. Cycle long: Französisch für Gymnasien.* Berlin: Cornelsen.

À PLUS! METHODE INTENSIVE
BÄCHLE, Hans et al. edd. 2007. *À plus! 1. Méthode intensive.* Berlin: Cornelsen.
BÄCHLE, Hans et al. edd. 2008. *À plus! 2. Méthode intensive.* Berlin: Cornelsen.
BLUME, Otto-Michael et al. edd. 2009. *À plus! 3. Méthode intensive. Charnières.* Berlin: Cornelsen.

À TOI!
GREGOR, Gertraud et al. edd. 2012. *À toi 1. Lehrwerk für den Französischunterricht.* Berlin: Cornelsen.

DÉCOUVERTES
BRUCKMAYER, Birgit et al. edd. 2004. *Découvertes 1 für den schulischen Französischunterricht.* Stuttgart et al.: Klett.
ALARMAGOT, Gérard et al. 2005. *Découvertes 2 für den schulischen Französischunterricht.* Stuttgart, Düsseldorf, Leipzig: Klett.
ALARMAGOT, Gérard et al. 2006. *Découvertes 3 für den schulischen Französischunterricht.* Stuttgart, Leipzig: Klett.
ALARMAGOT, Gérard et al. 2007. *Découvertes 4 für den schulischen Französischunterricht.* Stuttgart, Leipzig: Klett.
ALARMAGOT, Gérard et al. 2008. *Découvertes 5 für den schulischen Französischunterricht.* Stuttgart, Leipzig: Klett.

COURS INTENSIF
GAUVILLÉ, Marie et al. 2006. *Cours intensif 1: Französisch für den schulischen Unterricht.* Stuttgart, Leipzig: Klett.
GAUVILLÉ, Marie et al. 2007. *Cours intensif 2: Französisch für den schulischen Unterricht.* Stuttgart, Leipzig: Klett.
BALLIN, Susanne et al. 2008. *Cours intensif 3 – Passerelle: Französisch für den schulischen Unterricht.* Stuttgart, Leipzig: Klett.

DÉCOUVERTES (neu)
BRUCKMAYER, Birgit et al. edd. 2012. *Découvertes 1 für den schulischen Französischunterricht*. Série jaune. Leipzig, Stuttgart: Klett.

ANDERE
BEUTTER, Monika et al. 1994–1997. *Etudes Françaises. Découvertes, Série bleue, für den schulischen Französischunterricht*. Stuttgart [u.a.]: Klett.
DE FLORIO-HANSEN, Inez. 1998. *Etapes 1/2. Apprendre à Apprendre*. Berlin: Cornelsen.
ERDLE-HÄHNER, Rita et al. edd. 1977. *Etudes Françaises. Cours de base. Premier degré. Deuxième degré. Troisième degré*. Stuttgart: Klett.
HELOURY, Michèle et al. 1989–1992. *Etapes. Lehrwerk für den Französischunterricht (2. Fremdsprache) an Gymnasien*. Berlin: Cornelsen.
HORNUNG, Walter et al. 1989–1990. *Etudes Françaises Echanges Cours Intensif*. Stuttgart: Klett.

Sekundärliteratur

BAUSCH, Karl-Richard & CHRIST, Herbert & KRUMM, Hans-Jürgen. edd. [4]2003. *Handbuch Fremdsprachenunterricht*. Tübingen [u.a.]: Francke.
BAYERISCHES STAATSMINISTERIUMS FÜR UNTERRICHT UND KULTUS. ed. *Fachprofil Moderne Fremdsprachen.* (http://www.isb-gym8-lehrplan.de/contentserv/3.1/g8.de/index.php?StoryID=26366; Zugriffsdatum: 20.06.2013).
BAYERISCHES STAATSMINISTERIUMS FÜR UNTERRICHT UND KULTUS. ed. *Fachlehrplan Französisch*, Jahrgangstufen 6–9 (http://www.isb-gym8-lehrplan.de; Zugriffsdatum: 20.06.2013).
BUNDESMINISTERIUM FÜR BILDUNG UND FORSCHUNG. ed. 2003. *Zur Entwicklung nationaler Bildungsstandards*. Eine Expertise. Bonn.
CONSEIL DE L'EUROPE. ed. 2000. *Cadre commun de référence pour les langues* : *Apprendre, enseigner, évaluer*. Paris: Didier ; bzw. EUROPARAT. ed. 2001. *Gemeinsamer europäischer Referenzrahmen für Sprachen: lernen, lehren, beurteilen*. Berlin, München: Langenscheidt (siehe auch http://www.goethe.de/z/50/commeureo/deindex.htm; Zugriffsdatum: 20.06.2013).
DE FLORIO-HANSEN, Inez. 2008. „Selbstbestimmtes Lernen: Essentials für die Konstruktion kompetenzorientierter Lernaufgaben", in: *Französisch heute* 39/3, 230–248.
ELLIS, Rod. 1994. *The Study of Second Language Acquisition*. Oxford: Oxford University Press.
FRIEDRICH, Helmut & MANDL, Heinz. 1992. „Lern- und Denkstrategien – ein Problemaufriss", in: Mandl, Heinz & Friedrich, Helmut. edd. *Lern- und Denkstrategien. Analyse und Intervention*. Göttingen: Verlag für Psychologie, 3–54.
HOLEC, Henri. 1979. *Autonomie et apprentissage des langues étrangères*. Paris: Hatier.

KMK 2004: Sekretariat der Ständigen Konferenz der Kultusminister der Länder in der Bundesrepublik Deutschland ed. 2004. *Bildungsstandards für die erste Fremdsprache (Englisch/Französisch) für den Mittleren Schulabschluss: Beschluss vom 4.12.2003.* München: Luchterhand (siehe auch: http://www.kmk.org/fileadmin/veroeffentlichungen_beschluesse/2003/2003_12_04-BS-erste-Fremdsprache.pdf; Zugriffsdatum: 20.06.2013).

MAYER, Richard E. & WEINSTEIN, Claire F. 1986. *The teaching of learning strategies.* New York: Macmillan.

MICHLER, Christine. 2005. *Vier neuere Lehrwerke für den Französischunterricht auf dem Gymnasium: eine kritische Fallstudie mit Empfehlungen für zukünftige Lehrwerke.* Augsburg: Wißner.

MICHLER, Christine. 2012. „Lernstrategien in Lehrwerken für den Französischunterricht an Gymnasien", in: *Französisch heute* 43, 31–39.

MIßLER, Bettina. 1999. *Fremdsprachenlernerfahrungen und Lernstrategien. Eine empirische Untersuchung.* Tübingen: Stauffenburg-Verlag.

NAIMAN, Neil et al. 1978. *The good language learner.* Toronto: Ontario Institute for Studies in Education.

NODARI, Claudio. 1995. *Perspektiven einer neuen Lehrwerkkultur. Pädagogische Lehrziele im Fremdsprachenunterricht als Problem der Lehrwerkgestaltung.* Aarau et al.: Sauerländer.

OXFORD, Rebecca L. 1990. *Language learning strategies: what every teacher should know.* New York [u.a.]: Newbury House.

RAABE, Horst. 1998. „Lernstrategien (nicht nur) im Französischunterricht", in: *Der fremdsprachliche Unterricht Französisch* 32/34, 4–10.

RAMPILLON, Ute. 1996. *Lerntechniken im Fremdsprachenunterricht. Handbuch.* 3. überarbeitete und erweiterte Auflage. Ismaning: Hueber.

REINFRIED, Marcus. 2001. „Neokommunikativer Fremdsprachenunterricht – ein neues methodisches Paradigma", in: Meißner, Franz-Joseph & Reinfried, Marcus. edd. *Bausteine für einen neokommunikativen Französischunterricht.* Tübingen: Narr, 1–20.

SELINKER, Larry. 1972. „Interlanguage", in: *IRAL* 10, 209–231 (wiederabgedruckt in: Richards, J. C. ed. *Error Analysis. Perspectives on Second Language Acquisition.* London: Longman ³1994, 31–54).

TERHART, Ewald. 1997. *Lehr-Lern-Methoden. Eine Einführung in die Probleme der methodischen Organisation von Lehren und Lernen.* Weinheim, München: Juventa.

TIMM, Johannes-Peter. 1996. „Neue Perspektiven: Konsequente Schülerorientierung", in: Bach, Gerhard & Timm, Johannes-Peter. edd. *Englischunterricht.* Tübingen, Basel: Francke, 268–284.

TÖNSHOFF, Wolfgang. 1992. *Kognitivierende Verfahren im Fremdsprachenunterricht. Formen und Funktion.* Hamburg: Kovač.

TÖNSHOFF, Wolfgang. 1995. „Lernerstrategien", in: Bausch, Karl-Richard & Christ, Herbert & Krumm, Hans-Jürgen. edd. *Handbuch Fremdsprachenunterricht.* Dritte Auflage. Tübingen, Basel: Francke, 240–243.

WIßNER-KURZAWA, Elke. 1995. „Materialien zum Selbstlernen", in: Bausch, Karl-Richard & Christ, Herbert & Krumm, Hans-Jürgen. edd. *Handbuch Fremdsprachenunterricht*. Dritte Auflage. Tübingen, Basel: Francke, 308–311.

WOLFF, Dieter. 1992. „Lern- und Arbeitstechniken für den Fremdsprachenunterricht; Versuch einer theoretischen Fundierung", in: Multhaup, Uwe & Wolff, Dieter. edd. *Prozeßorientierung in der Fremdsprachendidaktik*. Frankfurt a.M.: Diesterweg, 101–120.

WOLFF, Dieter. 1997. *Lernstrategien: Ein Weg zu mehr Lernerautonomie*. Vortrag gehalten auf der Internationalen Deutschlehrertagung "Lernerautonomie und Lernstrategien" 4. bis 9. August 1997, Alberta, Kalifornien (http://www.ualberta.ca/~german/idv/wolff1.htm; http://paedpsych.jk.uni-linz.ac.at:4711/LEHRTEXTE/Wolff98.html; Zugriffsdatum: 20.06.2013).

WOLFF, Dieter. 1998. „Lernerstrategien beim Fremdsprachenlernen", in: Timm, Johannes-Peter. ed. *Englisch lernen und lehren*. Berlin: Cornelsen, 70–77.

WOLFF, Dieter. 2002. „Fremdsprachenlernen als Konstruktion", in: *Babylonia* 4, 7–14 (www.babylonia-ti.ch; Zugriffsdatum: 20.06.2013).

ZIMMERMANN, Günther. 1997. „Anmerkungen zum Strategiekonzept", in: Rampillon, Ute & Zimmermann, Günther. edd. *Strategien und Techniken beim Erwerb fremder Sprachen*. Ismaning: Hueber, 95–113.

Anhang

Tabelle 1: Strategien in *À plus!* (in chronologischer Reihenfolge mit Quantitätsangabe)[18]

À plus! 1	À plus! 2	À plus! 3	À plus! 4 cycle long
Wie du etwas im Buch nachschlagen kannst (S. 20), ½ S.	Wie du Hörtexte verstehen kannst (S. 25), ¼ S.	Comment prendre des notes (S. 27), ½ S.	Comment se préparer à une discussion (S. 14), ¾ S.
Wie du einen französischen Text verstehen kannst (1) (S. 35), 1/3 S.; (2) (S. 97), ¼ S.	Wie du Fehler selbst korrigieren kannst (S. 42), ½ S.	Comment faire un résumé (S. 42), ½ S.	Comment lire et comprendre un texte (S. 23), ¾ S.
Wie du Verbformen lernen kannst (S. 50), 1/3 S.	Wie du Vokabeln umschreiben kannst (S. 59), ½ S.	Comment utiliser un dictionnaire (1) (S. 59), ¾ S.	Comment préparer un exposé (S. 48), ¾. S.
Wie du Vokabeln effektiver lernen kannst (1) (S. 66), 1/3 S.; (2) (S. 113), ¼ S.	Wie du Texte leichter entschlüsseln kannst (S. 78), ¼ S.	Présenter son livre préféré (S. 76), 1 S.	Faire des recherches (S. 73), 1 S.
Wie du Hörtexte leichter verstehen kannst (S. 81), ¼ S.	Wie du Vokabeln wiederholen kannst (S. 94), ¼ S.	Comment apprendre le genre des noms (S. 90), ½ S.	Utiliser un dictionnaire bilingue (S. 91), 1 S.
	Wie du sinnvoll Grammatik wiederholen kannst (S. 109), 1/3 S.	Comment utiliser un dictionnaire (2) (S. 104), ½ S.	

---

[18] Alle Quantitätsangaben verstehen sich als Annäherungswerte.

Tabelle 2: Strategien in À plus! Méthode Intensive (in chronologischer Reihenfolge)[19]

À plus! 1 Méthode intensive (Zusammenstellung: S. 150–158)	À plus! 2 Méthode intensive (Zusammenstellung: S. 131–146)	À plus! 3 Méthode intensive Charnières (Zusammenstellung: S. 126–152)
Wörter mit Hilfe anderer Sprachen erschließen (S. 12)	Ein Resümee schreiben (S. 16)	Nachschlagen, um Grammatik zu wiederholen (S. 15)
Globales Hörverstehen (S. 20)	Das zweisprachige Wörterbuch benutzen (S. 17, 61, 100)	Eine strukturierte Diskussion durchführen (S. 20)
Wortschatz ordnen (S. 23, 34, 59, 96)	Eine Diskussion vorbereiten und führen (S. 20)	Eine Diskussion vorbereiten und führen (S. 32)
Wörter erschließen (S. 34, 61, 104, 127)	Selektives Hörverstehen (S. 26, 118)	Textinhalte selbst erarbeiten (S. 38)
Das zweisprachige Wörterbuch benutzen (S. 39)	Wörter ordnen (S. 26, 92)	Lernen durch Lehren (S. 55)
Verben bilden (S. 55, 118)	Ein Buch vorstellen (S. 37)	Wortschatz individuell erweitern (S. 59, 64, 108)
Selektives Hörverstehen (S. 60, 83)	Notizen machen (S. 40)	Französisch als Brückensprache nutzen (S. 67)
Einen Text sinngemäß wiedergeben (S. 69)	Ein Lernplakat erstellen (S. 40, 105)	Eine Bewerbung schreiben (S. 69)
Fehler selbst korrigieren (S. 70, 131)	Wörter erschließen (S. 41, 96)	Visualisierung von Textinhalten (S. 78)
Wörter umschreiben (S. 79, 107)	Über einen Film sprechen (S. 51)	Narrative Texte erschließen (S. 99)
Notizen beim Hören machen (S. 83, 122, 137)	Einen Text sinngemäß wiedergeben (S. 51)	Fehler selbst korrigieren (S. 101)
Wortpaare lernen (S. 86)	Informationen finden (S. 55)	Das einsprachige Wörterbuch benutzen (S. 112)
Texte über ihre Gestaltung erschließen (S. 101)	Fehler selbst korrigieren (S. 67, 111)	
Selektives Leseverstehen (S. 119)	Textinhalte visuell darstellen (S. 71)	
Texte über Schlüsselbegriffe erschließen (S. 121)	Präsentieren (S. 82)	
Genus über Endungen erschließen (S. 123)	Texte über ihre Gestaltung erschließen (S. 82)	
Eine Postkarte /einen Brief schreiben (S. 137)		
Ein Rollenspiel vorbereiten (S. 144)		

---

[19] In der Tabelle werden die Seiten genannt, in denen auf die Zusammenstellung im Methodenteil hingewiesen wird. Die Verweise sind bei den Übungen platziert, in denen die Strategien angewendet werden sollen.

Tabelle 3: Strategien in *À toi 1*

Vocabulaire	Mit der *Liste des mots* arbeiten
	Mit Karteikarten lernen
	Wortpaare bilden
	Wörter in einer Mindmap ordnen
	Wörter gestalten
	Wörter aussprechen
	Merkzettel anfertigen
	Übungen erfinden
Hören (unterteilt in *avant* /*pendant* /*après l'écoute*)	Aufgabenstellung lesen und verstehen
	Eine Tabelle vorbereiten
	Notizen machen
	Abkürzungen verwenden
	Notizen überprüfen und ergänzen
Sprechen	Vor der Klasse:
	Vortrag vorbereiten
	Vortrag veranschaulichen
	Vor Publikum sprechen
	Ein Rollenspiel ...
	... vorbereiten
	... Requisiten einsetzen
	... Körpersprache einsetzen
	... Freies Sprechen anhand eines Spickzettels
Lesen	Wörter über Bilder erschließen
	Kenntnisse aus anderen Sprachen nutzen
	Mit den alphabetischen Wortlisten arbeiten
Text lesen und verstehen	Auf Form und Gestalt des Textes achten
	Auf Überschriften und Schlüsselwörter achten
	Einen Text genau lesen
Schreiben (unterteilt in *avant* /*après l'écriture*)	Ideen sammeln und ordnen
	Anhand einer Fehlerliste Texte überprüfen
Kooperatives Lernen: Think – pair – share (le R–E–P)	*réfléchir échanger partager*
	Placemat
	Rendez-vous

Tabelle 4: Strategien in *Découvertes* (in chronologischer Reihenfolge mit Quantitätsangabe)

Découvertes 1	Découvertes 2	Découvertes 3	Découvertes 4	Découvertes 5
Gespräche verstehen (S. 14), ½ S.	Leseverstehen: Überfliegendes und strukturierendes Lesen, (S. 19), ¾ S.	Kreatives Schreiben: Perspektivenwechsel (S. 18), ¼ S.	Textsorten erkennen (S. 18), ½ S.	Techniken der Texterschließung (compréhension de texte) (S. 17), 1/3 S.
Mit dem Französischbuch arbeiten (S. 26), ½ S.	Gelernte Gesetzmäßigkeiten anwenden: Genus, Orthographie, Konjugation (S. 31f.), 1 S.	Schreiben eines Reiseberichts (écrire un journal de bord) (S. 28), 1/3 S.	Ecrire une lettre officielle*[20] (Einen offiziellen Brief schreiben) (S. 29), 1 S.	Continuer la communication* (S. 25), ½ S.
Anders Vokabeln lernen (S. 39), 2/3 S.	Kreatives Schreiben: Das Ende einer Geschichte schreiben (S. 47), 1 S.	Schreiben eines Resümees (faire un résumé) (S. 38), ½ S.	Umgang mit dem zweisprachigen Wörterbuch (S. 39), 1 S.	La compréhension* audiovisuelle*: Une bande-annonce (S. 34), ¼ S.
Einen Text verstehen (S. 51), 1/3 S.	Notizen zu einem Text machen und mündlich vortragen (S. 64), 1 S.	Fehlervermeidung in eigenen Texten (La chasse aux fautes) (S. 52), 1/3 S.	Fehlervermeidung in eigenen Texten (La chasse aux fautes) (S. 52), 2/3 S.	Ecrire une lettre de motivation (S. 44), ¾ S.
Fragen stellen (S. 64), ¼ S.	Wortschatz erarbeiten (S. 75), ½ S.	Regeln zur Wortbildung (S. 62), 2/3 S.	Stationenlernen (S. 54ff., = 1 ganze Lektion)[21]	Présenter un exposé) (S. 57), 1/3 S.
Auswendiglernen (apprendre par coeur*) (S. 77), ½ S.	Hörverstehen (S. 86), 1/3 S.	Hörsehverstehen – Film und Fernsehen (S. 75), ½ S.	communiquer en silence (Hörsehverstehen) (S. 73), ½ S.	Se préparer pour l'examen de DELF (S. 65), 1/3 S.
Fehler vermeiden (éviter les fautes*) (S. 93), ½ S.	chercher sur Internet (S. 103), ¾ S.	Interkulturelles Lernen (S. 83), 2/3 S.	Einen Text mündlich präsentieren (S. 80), ½ S.	Organiser un débat* (S. 69), ¼ S.
Sich leichter verständigen können (S. 104), ½ S.	Kreatives Schreiben:	Informationen in Medien recherchieren	Regeln zur Wortbildung (la formation	Langue, culture et civilisation française

---

[20] Der Asteriskus signalisiert, dass die lexikalische Einheit zum Lernwortschatz gehört.
[21] Das Stationenlernen ist nur im Inhaltsverzeichnis als Strategie ausgewiesen.

Methodische Kompetenzen im Französischunterricht 151

	Personen beschreiben (S. 117), 1 S.	und aufbereiten (S. 91), ½ S.	des mots) (S. 88), ½ S.	(Recherchetipps) (S. 78), ¼ S.
Hörverstehen (S. 113), ½ S.	Kreatives Schreiben: eine Fabel schreiben (S. 128), 1 S.			Travailler avec le dictionnaire unilingue* (S. 81), 1/3 S.
				code oral et code écrit* (S. 89), 1/3 S.

Tabelle 5: Strategien in *Cours Intensif* (in chronologischer Reihenfolge (in chronologischer Reihenfolge mit Quantitätsangabe)

Cours intensif 1	Cours intensif 2	Cours intensif 3
Wörter erschließen (S. 13), ¼ S.	Leseschulung (I) (S. 19), 1/3 S.; (II) (S. 29), ¼ S.	Zusammenfassung eines deutschen Textes auf Französisch (S. 18), 1/3 S.
Hörverstehen (S. 23), ¼ S.	Wortbildung (S. 37), ½ S.	eine Diskussion führen (S. 27), ½ S.
Sprechen (S. 34), ¼ S.	ein Bild oder ein Foto beschreiben (S. 50), 1/3 S.	eine Präsentation vorbereiten und vortragen (S. 35), ¾ S.
sich leichter verständigen können (S. 52), 1/3 S.	Kreativer Umgang mit Texten (S. 65), ¾ S.	einen Film beschreiben (S. 41), ½ S.
Fehler vermeiden (S. 62), ½ S.	Hörverstehen (S. 81), ¼ S.	ein Bewerbungsschreiben verfassen (S. 53), 1/3 S.
Kreatives Schreiben (S. 72), ¼ S.	ein Chanson verstehen (S. 91), 1/3 S.	Arbeit mit dem einsprachigen Wörterbuch (S. 61), 1 S.
einen Text zusammenfassen und erzählen (S. 89), ¼ S.	über ein Buch berichten (S. 101), ½ S.	Lesetechniken (S. 65), ¾ S.
Einführung in die Wörterbucharbeit (S. 100), 1/3 S.		
eine Postkarte schreiben (S. 108), 1/3 S.		

Tabelle 6: Strategien in *Découvertes 1* für den schulischen Französischunterricht (2012)

Methoden Gut in Fremdsprachen: So lernst du erfolgreich Mit dem Französischbuch arbeiten Mit dem Portfolio arbeiten	Regelmäßig lernen Methoden anwenden Was kann ich schon? Wie lerne ich am besten? Aus Fehlern lernen So lernt ihr mit *Découvertes*
écouter	Zusammenhang verstehen Schlüsselwörter, bestimmte Informationen heraushören
lire	Worum geht es? Text einmal ganz durchlesen Wörter aus anderen Sprachen bzw. aus dem Zusammenhang herleiten Schlüsselwörter So kannst du das flüssige Vorlesen üben Einen Text verstehen In einem Text das Wichtigste herausfinden
parler	Flüssiges Sprechen durch Vorlesen erlernen Redewendungen für den Alltag aus den *On dit* Kästen übernehmen CD zu *Découvertes* einsetzen
écrire	Abschreiben Für einen Text wichtige Punkte auf einem Stichwortzettel notieren Sätze verbinden Fehler im Text suchen, auf typische Fehlerquellen achten
médiation	Wichtige Informationen für den Adressaten herausfiltern Wörter eventuell umschreiben
vocabulaire	Aufbau des Vokabulars in *Découvertes* Vorstellung einer Auswahl verschiedener Verfahren

Normsprache, *français familier* und Jugendsprache im Französischunterricht

I. Einleitung

Die Auswahl der zu vermittelnden Inhalte ist in Bezug auf alle Gegenstandsbereiche des Fremdsprachenunterrichts eine Aufgabe von erheblichen Auswirkungen. Die sprachlichen Kompetenzen der Schüler, die Französisch lernen, werden beispielsweise wesentlich von der Antwort auf die Frage *Quel français enseigner?* bestimmt. Die Entscheidung darüber treffen weitgehend die Lehrwerke, die oft jahrelang Grundlage des Französischunterrichts sind und dadurch einen enormen Einfluss auf Umfang und Art der sprachlichen Fähigkeiten der Lernenden haben. Da moderne Lehrwerke im Einklang mit den Vorgaben von Lehrplänen die mündliche Kommunikation besonders vorantreiben wollen,[1] liegt es nahe, die in den Lehrwerken enthaltenen phonetischen und grammatischen, vor allem aber die pragmatischen und lexikalischen Inhalte daraufhin zu untersuchen, inwieweit sie die Schüler in die Lage versetzen, mündlich zu kommunizieren. Lebensweltlich interessant ist es in diesem Rahmen, ob sie die Schüler zu Kontakten mit Gleichaltrigen befähigen, die normalerweise in einem speziellen, schnellen Wandlungen unterworfenen Code ablaufen.

II. Norm, Varietäten und Register im Französischunterricht

Leitlinie der Lehrwerke und damit des im Schulunterricht gelehrten Französischen ist gemeinhin die weithin akzeptierte Norm des *français standard*.[2] Diese zunächst einleuchtende Basis der sprachlichen Unterrichtsinhalte ist

---

[1] Zur Wertigkeit der Mündlichkeit vgl. GeR 2001, 103–130; www.isb-gym8-lehrplan.de/contentserv/3.1.neu/g8.de/index.php?StoryID=26366 (Zugriffsdatum: 26.9.2010) und u.a. die Änderung in der Leistungsbewertung von mündlichen und schriftlichen Noten im bayerischen Gymnasium hin zum Verhältnis 1:1.

[2] Über dem *français standard* ist das *français cultivé* (*français soigné, français choisi, langue tenu* oder *langage soutenu*) als ‚Übernorm' angesiedelt (vgl. Müller 1975, 209). Unterhalb des *français standard* steht das *français familier* als „Register der zwanglosen Unterhaltung in Familie, Beruf, Alltag, unter Bekannten und Nahestehenden [...]" (Müller 1975, 204). Das *français populaire* genügt als „kein ‚gutes' Französisch [...] nicht den Maßstäben der präskriptiven Norm [...]" (Müller 1975, 194).

spätestens dann zu hinterfragen, wenn der Begriff ‚Norm' auf seine Konnotationen hin überprüft wird. Hebt beispielsweise Gadet für die Norm die Bedeutung der Schriftlichkeit hervor und spricht von einem „*effet de la standardisation qui incite à sacraliser la forme de langue préconisée comme la meilleure façon de parler et **surtout** d'écrire*" (Gadet 2007, 175; Herv. C.M.), erweist sich die so definierte Sprachebene als Grundlage eines Unterrichts, in dem die Mündlichkeit immer mehr Gewicht bekommt, als problematisch.

Müller hingegen versteht die Norm als ein „Subregister neben den anderen Subregistern" (Müller 1975, 220; 224) und betont die Koexistenz von individuellen, sozialen, statistischen und präskriptiven Normen (vgl. Müller 1975, 223). Wenn auch diaphasische Unterschiede im Unterricht v.a. in Bezug auf die schriftliche Kommunikation, etwa bei der Abfassung eines offiziellen oder privaten Briefes, zwar durchaus besprochen werden, kann Müllers Unterteilung nicht in vollem Umfang als Leitlinie des Französischunterrichts gelten, denn auf individuelle Varietäten und regionale Unterschiede muss wegen der begreiflicherweise meist begrenzten entsprechenden Kompetenzen der Lehrkräfte und nicht zuletzt aus Zeitgründen in der Regel verzichtet werden.

Mit dem *français standard* orientiert sich das in der Schule gelehrte Französisch an den Sprech- und Schreibgewohnheiten des überwiegenden Teils der Frankophonen und an dem stilistischen Register, das z.B. auf Reisen im Allgemeinen mit Erfolg eingesetzt werden kann, so dass das Ziel des Fremdsprachenunterrichts, die Schüler auf schriftliche und mündliche Kommunikationsmöglichkeiten mit einer breiten Schicht der frankophonen Bevölkerung vorzubereiten, grundsätzlich erreicht wird.

Die Schüler mit dem für sie attraktiven Register der französischen Jugendsprache,[3] die zahlreiche Elemente des *français familier* enthält,[4] in seiner aktuellen Form zu konfrontieren, unterlässt man im Unterricht allerdings häufig. Die Gründe decken sich mit den oben in Bezug auf individuelle und regionale Differenzierungen genannten, denn einerseits müssen wegen der knappen Unterrichtszeit Prioritäten gesetzt werden, andererseits haben viele

---

[3] Der Begriff ‚Jugendsprache' ist umstritten. Definitorische Schwierigkeiten ergeben sich u.a. bei der altersbedingten Eingrenzung. Zudem erscheint es problematisch, das Phänomen allein oder hauptsächlich an das Alter zu binden und Faktoren wie soziale Herkunft und Bildungsgrad zu vernachlässigen (vgl. Gadet 2007, 120).

[4] Im Folgenden wird aus Platzgründen keine Abgrenzung zwischen Jugendsprache und *français familier* versucht.

Unterrichtende nur geringe bzw. veraltete Kenntnisse über die oft sehr kurzlebigen und einem schnellen Wandel unterworfenen Wendungen dieser Sprachform, die nicht eindeutig einer Varietät zuzuordnen ist.

Jugendsprache, deren Sprecher sich durch ihre Ausdrucksweise von den Erwachsenen abgrenzen und ihre Gruppenzugehörigkeit akzentuieren, verfügt nämlich über ein sich ständig erneuerndes lexikalisches Potential, das verschiedenen Registern – z.B. *argot*[5] und *verlan*[6] – und anderen Sprachen entnommen wird. Die Kreativität der Sprecher (vgl. Gadet 2007, 125) zeigt sich in Neuschöpfungen aus existierenden und erfundenen, aus veralteten, teilweise auch falsch verstandenen Wörtern (vgl. Fagyal 2004, 60), in der Verwendung von Entlehnungen (z.B. *bled* aus dem Arabischen), von Verkürzungen (Apokopen wie *biz* für *business*; Aphäresen wie *blème* für *problème*), von Doppelungen von Silben (z.B. *zonzon* für *prison*), von Metonymien (z.B. *casquette* für *contrôleur*) (vgl. Nicolas 2005, 51) und einem häufigen Gebrauch von superlativischen Suffixen (*-issime*) und Präfixen (z.B. *hyper-, super-, ultra-, giga-, mega-*).

(Basis-)Kenntnisse über solche Strukturelemente erleichtern nicht nur die mündliche Kommunikation unter Gleichaltrigen. Sie sind Voraussetzung für das Verstehen von vielen modernen Songs und so mancher Filmdialoge. Elemente der Jugendsprache und des *français familier* haben aber auch Eingang in die Schriftlichkeit gefunden, denn sie tauchen in der Gegenwartsliteratur,[7] in Werbeslogans, besonders häufig aber in Emails, im Chat oder in SMS auf.

Diese starke Präsenz der Jugendsprache bzw. des *français familier* in vielen schriftlichen und mündlichen Kommunikationsbereichen französischer Muttersprachler rechtfertigt es, ihr im Fremdsprachenunterricht, und das heißt auch in den Lehrwerken, einen Platz neben dem *français standard* einzuräumen (vgl. Nicolas 2005, 52), wenigstens was rezeptive Fertigkeiten wie

---

[5] Kennzeichnend für den *Argot*, der als Geheimsprache von Gaunern entstand, ist eine Fülle an drastischen, in anderen Registern tabuisierten Ausdrücken und Schimpfwörtern (vgl. Müller 1975, 174).

[6] Das sogenannte *Verlan* unterscheidet sich vom Standardfranzösisch primär durch die Lexik. Ein Wort wird in seine einzelnen Silben zerlegt, die dann umgestellt und zu einem neuen Wort zusammengesetzt werden. Bezugspunkt ist dabei die Aussprache des Wortes und nicht seine Orthographie. Einige Begriffe (z.B. *beur* für *arabe*, *meuf* statt *femme*, *keuf* statt *flic*) haben inzwischen sogar Eingang in die Umgangssprache von gebildeten Franzosen gefunden.

[7] Beispielsweise passim in Justine Lévy: *Mauvaise fille*. Éditions Stock: Paris 2009; Delphine de Vigan: *No et moi*. Editons Jean-Claude Lattès: Paris 2007; Anna Gavalda: *Je voudrais que quelqu'un m'attende quelque part*. Le Dilettante: Paris 1999; Anna Gavalda: *Ensemble, c'est tout*. Le Dilettante: Paris 2004.

das hörende Verstehen betrifft (vgl. Meißner 1995, 5; Krämer 1996, 166; Abel 1981, 11). Selbst wenn es ein untergeordneter Platz sein wird, kann man davon ausgehen, dass der Unterricht von der Anziehungskraft der Sprachebene für die jugendlichen Schüler profitiert.

III. *Français familier* und Jugendsprache in Lehrwerken für Französisch

Inwieweit die den Unterricht dominierenden Lehrwerke dieses Motivationspotential aufgreifen und die sogenannte Jugendsprache und das *français familier* repräsentieren, zeigt die Überprüfung von zwei häufig benutzten Lehrwerken für den Französischunterricht an Gymnasien – *Découvertes* (= *Déc*) und *À plus!* (= *Ap*) – auf Vokabular, das entsprechend zugeordnet werden kann.[8] Die Untersuchung beschränkt sich auf den stark verbreiteten Lehrgang für Französisch als zweite Fremdsprache[9] und basiert auf der Durchsicht der *liste (alphabétique) des mots* im jeweils vierten Band (Schülerbände), da dort auch der Wortschatz aus den vorhergegangenen Bänden aufgeführt ist. Außerdem werden sporadisch die Rubriken *Qu'est-ce qu'on dit* (*Ap*) und *On dit...* (*Déc*), die Redewendungen systematisiert darbieten, einbezogen.

Eine Erhebung der in den alphabetischen Wörterlisten in den vierten Bänden aufgeführten Wörter erbringt unterschiedliche Zahlen.[10] In *À plus !* sind von ca. 2300 nur 54 und in *Découvertes* 56 von ca. 1800 Einträgen mit dem Hinweis (*fam.*) ausgewiesen und können also mit der Jugendsprache in Verbindung gebracht werden. Dem Register *familier* ordnen die Lehrwerke zahlreiche Abkürzungen zu (z.B. *ado, Ap*, S. 149; *la bédé, Ap*, S. 151), umgangssprachlich frequente Wörter wie *bof* (*Déc*, S. 139) oder *bisou* (*Déc*, S. 139), aber auch längst akzeptierte Ausdrücke wie *copain, copine* (*Déc*, S. 142), *drôlement* (*Ap*, S. 156), *Dis donc* (*Déc*, S. 144), *rigoler* (*Ap*, S. 169). In *À plus!* sind dagegen nicht als *fam.* gekennzeichnet *ben* (*Ap*, S. 151) und *zut*

---

[8] In *Découvertes* ist die Auswahl des Wortschatzes in den Lehrerhandbüchern kommentiert. „Sprachlich orientiert sich das Lehrwerk am *français standard*. Gelegentlich werden Registerunterschiede zum *français familier* und zur Jugendsprache thematisiert." (*Déc 2* LB 2006, S. 5). Im Lehrbuch von *À plus!* werden zur Registerwahl keine Angaben gemacht.

[9] In Lehrwerken für Französisch als dritte Fremdsprache konnten keine wesentlichen Abweichungen festgestellt werden.

[10] Gezählt wurden jeweils die fettgedruckten Einträge. Die Unterschiede in der Anzahl erklären sich aus den Lemmatisierungsverfahren der Lehrwerke, die hier nicht näher erläutert werden können.

(*Ap*, S. 173), das wiederum in *Découvertes* (*Déc*, S. 159) den Vermerk *fam.* hat (vgl. Anhang 1 + 2). Das Beispiel *zut* ist nicht das einzige, das illustriert, dass die Lehrwerkautoren bei der Einschätzung von *familier* unterschiedliche Auffassungen haben.[11]

Sieht man von einem Beispiel in *Découvertes 2* (S. 84, ex. 9) ab, wird Chat- und SMS-Sprache[12] mit ihren Kürzeln und Symbolen in den Lehrwerken nicht berücksichtigt, obwohl sie für die Kommunikationsgewohnheiten der französischen Jugendlichen von großer Bedeutung sind.

In Bezug auf diaphasische Differenzen sind zwei Rubriken hervorzuheben. Zum einen die *Qu'est-ce qu'on dit?*-Einheit in *À plus 4*, die typische Merkmale des *code oral* bzw. des *français familier* zusammenstellt (*Ap 4*, S. 68; vgl. Anhang 3). Zum anderen ein *Révisions*-Kasten in *Découvertes*, in dem darauf hingewiesen wird, dass bestimmte Wörter „[...] fast nur von Jugendlichen benutzt werden, während Erwachsene dafür andere Begriffe verwenden [...]" (*Déc 4*, S. 135; vgl. Anhang 4). Diese Kontrastierung von stilistisch unterschiedlichen Ausdrücken für einen Inhalt verstärkt das Bewusstsein der Schüler für diaphasische Varietäten und den in unterschiedlichen Sprechsituationen und bei unterschiedlichen Sprechern angemessenen Sprachgebrauch.

IV. Fazit der Lehrwerkuntersuchung

Beide Lehrwerke sehen sich der mündlichen Kommunikation verpflichtet[13] und erheben Anspruch auf Authentizität (vgl. *Déc* LB 4, S. 4). Dieser wird ansatzweise dadurch eingelöst, dass sie nicht nur auf lexikalische Einheiten und andere sprachliche Besonderheiten eingehen, die der präskriptiven, oftmals im schriftlichen Bereich verankerten Norm angehören. Allerdings sind die Beispiele der Lehrwerke in Bezug auf die Stilebenen ‚Jugendsprache' bzw. *français familier* zu sporadisch und inkohärent, um den Schülern ein

---

[11] So wird in *Découvertes* z.B. sowohl *Salut!* als auch *Je m'en fous!* mit *fam.* versehen, obwohl zweiteres eher *vulgaire* als *familier* ist (*Déc 4*, S. 155 bzw. S. 146).

[12] Das optisch nicht sehr auffällige Beispiel für SMS-Sprache, das sich auf dem Display eines abgebildeten Handys befindet (A KL EUR TU VIENS CHE MOI? JE T'M. BIZ. MA.), hat nur illustrierenden Charakter, da es in der Themenstellung der Übung nicht direkt aufgegriffen wird.

[13] So sollen Schüler z.B. mit *Découvertes* schnell zum Sprechen gebracht werden (vgl. http://www.klett.de/sixcms/list.php?page=titelfamilie&titelfamilie=D%E9couvertes&modul=konzeption; Zugriffsdatum: 26.9.2010).

realistisches Bild der aktuellen französischen Sprache jenseits der Norm zu vermitteln, denn letztendlich bieten die Lehrwerke nur einige willkürlich ausgewählte Elemente des *français familier*. Will man den Schülern jedoch zumindest rezeptiv die Tür zu authentischen Kommunikationssituationen mit Gleichaltrigen öffnen und ihnen außerdem sprachliche *gaffes* ersparen, d.h. den Gebrauch einer Wendung in einer nicht angemessenen Umgebung, darf sich Schulunterricht nicht auf das von den Lehrwerken vermittelte *français standard* beschränken, sondern sollte das Bewusstsein für stilistische Unterschiede ausdrücklich schulen.

V. Vorschläge für Ergänzungen zum Lehrwerk in Hinblick auf Jugendsprache

Dazu muss sich die Lehrkraft mit Sprachebenen und Textsorten auseinandersetzen, die eventuell nicht unmittelbar zu ihrem Erfahrungsbereich und sprachlichem Repertoire gehören. Fundstellen sind vereinzelt die *Slam-Poetry*, sicher aber Rap-Songs, Kleinanzeigen in (Jugend-)Zeitschriften (z.B. die Mädchenzeitschriften *20 Ans* und *Jeune & Jolie* oder die Musikzeitschrift *Star Club*), *textos,* BDs (z.B. Brétécher: *Agrippine*), Gegenwartsliteratur oder gezielte Auseinandersetzungen mit Tendenzen der Gegenwartssprache wie beispielsweise *Les Contes du miroir* von Yak Rivais (L'École des loisirs: Paris 1988) und die Veröffentlichungen von Phil Marso (www.profsms.fr/traduc18.htm; Zugriffsdatum: 28.10.2010).

Als Übungen bieten sich neben Hörübungen auf der Basis ausgewählter Filmsequenzen oder Songs zahlreiche andere Möglichkeiten an, die v.a. stilistische Unterschiede verdeutlichen.

1. Multiple-Choice-Übungen wie z.B.
un keuf – un **flic**, une femme, un coffre
dingue – joli, vieux, **fou**
la caisse – la **voiture**, le sac, la boîte
un leur – un type, une affaire, un **contrôleur**
un mec – un **petit ami**, une mèche, une maison
une meul – une moule, une **moto**, un magasin

2. Übertragung von Kleinanzeigen ins Standardfranzösische, u.a. mit Hilfe eines online-Wörterbuchs (z.B. *Dictionnaire de la Zone*)
a, Nana cherche keum trip skin keupon psycho 24–28

(jeune femme cherche jeune homme (mec) type/genre skinhead ou punk aimant la musique psycho et âgé de 24 à 28 ans)
b, Je suis out, y a ma reum qui se rima
(Je ne peux pas venir parce que ma mère se marie)

3. Gegenüberstellung von Standardausdrücken und Ausdrücken aus dem *français familier*/der Jugendsprache
3.1, Ergänzungen zu Découvertes *4*, S. 135 (*un pote – un copain, les fringues – les vêtements, dingue – fou, un boulot – un travail*)
durch beispielsweise
j'en ai marre – en avoir assez, les gamins – les enfants, pas mal de temps – beaucoup de temps, un truc – une chose, bosser – travailler dur

3.2, Belege für lexikalische und syntagmatische Eigenheiten des *français familier* bzw. der Jugendsprache in Passagen aus der Gegenwartsliteratur
a, Justine Lévy: *Mauvaise fille* (Éditions Stock: Paris 2009)
... je vous préviens, hein, ... que s'il arrive ne serait-ce qu'un bobo à ma fifille adorée, je vous pète les dents à tous ... (S. 167).

b, Delphine de Vigan: *No et moi* (Éditions Jean-Claude Lattès: Paris 2007)
T'as pas une clope? (S. 16)
Mouais ... ça me dit vaguement quelque chose ... écoute, moi j'veux pas d'emmerdes. Et puis là j'ai des trucs à faire, faut que je range. (S. 89)

c, Anna Gavalda: Petites pratiques germanopratines. In : *Je voudrais que quelqu'un m'attende quelque part* (Le Dilettante: Paris 1999)
Ça n'a pas loupé, arrivé à ma hauteur, je le vois me regarder. Je lui décoche un sourire mutin ... (S. 8)

d, Anna Gavalda: Cet homme et cette femme. In : *Je voudrais que quelqu'un m'attende quelque part* (Le Dilettante: Paris 1999)
Il déteste sentir qu'on se fout de sa gueule. (S. 32)

4. Vergleich von französischen und deutschen SMS-Kürzeln
Auswahl von gängigen französischen Kürzeln:
6né (ciné), A+ (À plus), a2m1 (À demain), ALP (À la prochaine), a tt (à tout à l'heure), BCP (beaucoup), bi1to (bientôt), biz (bisous), bjr (Bonjour), C, Cé

(C'est), d'ac (d'accord), G (j'ai), je vé (je vais), keske (qu'est-ce que), Lut (Salut), mr6 (Merci), parske (parce que), ri1 (rien), tjs (toujours), ya (il y a)

5. Beispiele aus Texten, die sich mit Tendenzen des gegenwärtigen Französisch auseinandersetzen
a, übermäßiger Gebrauch von Anglizismen
Yak Rivais: *Barbe bleue* (L'École des loisirs: Paris 1988, S. 17)
Il était une fois un play-boy à la barbe bleue qui épousa une jeune pin-up. Cette pin-up avait un peu peur de son mari car il avait un look généralement sombre et mystérieux. Dans les garden-parties et cocktails mondains, les mauvaises langues disaient qu'il avait été marié déjà six fois, mais qu'on ne savait pas ce que ses femmes étaient devenues.

b, Phil Marso : *Le petit Poucet de Charles Perrault* (1628–1703) (http://www.profsms.fr/traduc18.htm; Zugriffsdatum : 29.9.2010)
il étè 1 foa 1 bucheron É 1 bucheronn ki avè 7 enfan, tous mek, lèné n'avè ke 10z'an, É le plu j'En' n'en avè ke 7.
(Il était une fois un bûcheron et une bûcheronne qui avaient sept enfants, tous garçons; l'aîné n'avait que dix ans, et le plus jeune n'en avait que sept.)
on C'tona ke le bucheron è U tan d'enfan en 6 p'E 2 tem ; mè c'es ke sa femm alè vit' en bezoÑe, É n'en avè pa – 2 d'2 a la foa.
(On s'étonnera que le bûcheron ait eu tant d'enfants en si peu de temps ; mais c'est que sa femme allait vite en besogne, et n'en avait pas moins de deux à la fois.)

VI. Schluss

Die Bedeutung der Oralität als „grundlegende Form des Sprachgebrauchs" (Schoenthal 2000, 460) der meisten Menschen belegen Untersuchungen, nach denen der mündliche Sprachgebrauch im privaten und beruflichen Umfeld 95% ausmacht (vgl. ISB 2005, 9). Mündlichkeit bedeutet jedoch nicht, die Schriftsprache mündlich wiederzugeben, sondern unterliegt eigenen Gesetzen.

Die Schüler sollen im Rahmen der Orientierung des Unterrichts auf Mündlichkeit dazu angeleitet werden, in authentischen Situationen mit anderen Jugendlichen in Interaktion zu treten (vgl. Vázquez 2006, 4ff.). Dazu brauchen sie Kenntnisse in dieser speziellen Sprachform, die bei ihnen als Nähesprache sicher ein besonderes Interesse auslöst. Ermöglicht man den jungen Deutschen eine Teilhabe an dem von Spontanität, Flexibilität und Kreativität geprägten Register, gelingt es mit hoher Wahrscheinlichkeit, sie für das Fach Französisch einzunehmen – ein Anliegen, das bei der sinkenden Zahl der Schüler, die sich für das Französische entscheiden (vgl. u.a. Bittner 2003), unterstützt werden muss.

Die intrinsische Motivation, die der Französischunterricht so dringend nötig hat, wächst nicht nur durch die thematische Nähe. Da jugendsprachliche Formulierungen unmittelbar die Lebenswelt der Schüler berühren, gewinnen sie, anders als durch die normalerweise übliche Lehrwerkarbeit, den Eindruck, mit den Inhalten des Unterrichts wirklich ‚etwas anfangen zu können', indem sie Einblicke in authentisches und situationsadäquates Sprachhandeln, z.B. bei Kontakten während eines Schüleraustauschs, erhalten. Um für die Schüler attraktiv zu sein, muss sich kommunikativ orientierter Unterricht dieser Mündlichkeit öffnen.

Aber auch über die affektive Komponente hinaus ist das Einbeziehen von *français familier* bzw. Jugendsprache relevant, denn die Schüler erhalten so das Bewusstsein für kulturelle Differenzen, die sich in Sprache manifestieren (z.B. der Trend zum *verlan*, den es im deutschen Sprachraum nicht gibt). Sie erkennen außerdem, dass die Sprache, die in der Schule vermittelt wird, nur einen Teilaspekt der französischen Sprachrealität abbildet, und lernen ansatzweise das Ausmaß kennen, in dem sie von dieser abweicht. Speziell die *texto*-Kürzel liefern Erkenntnisse über phonetische Strukturen und Vereinfachungen – eine Entwicklung, die möglicherweise einmal Einfluss auf die Orthographie des Französischen haben wird, so wie sich bestimmte, früher eindeutig dem *français familier* zugeordneten Einheiten mittlerweile im *français standard* etabliert haben.

Dennoch sollte Schulunterricht keinesfalls versuchen, sich völlig an der Alltags- und Umgangssprache Jugendlicher zu orientieren. Nicht nur, dass viele Lehrkräfte damit überfordert wären und sich möglicherweise lächerlich machten.[14] Dagegen spricht auch die Kurzlebigkeit von jugendsprachlichen Trends. Ein gewichtiges Gegenargument ist überdies die Tatsache, dass Jugendsprache nicht nur durch die dort zweifelsfrei präsenten Schimpfwörter und tabuisierten Ausdrücke mit Subkultur in Verbindung gebracht wird und der Gebrauch von jugendsprachlichen Wendungen gerade im normbewussten französischen Sprachraum dem Sprecher nachteilig ausgelegt werden kann.

---

[14] Jugendliche scheinen es im Übrigen nicht zu schätzen, wenn sich Erwachsene ihrer Ausdrucksweise bedienen.

Die Eignung dieses Registers für den Französischunterricht, der längerfristige Perspektiven haben und die Jugendlichen auch auf die Zeit nach der Schule vorbereiten muss, bleibt punktuell.

Anhang

1, Beispiele für mit *fam.* gekennzeichnete Einträge in die *liste des mots* (*Déc 4*, S. 137–159)

Tu es un amour !	dis donc
Arrête ton cinéma !	ne pas être dans son assiette
avoir un poil dans la main	un exo
baraqué	filer qc
un baratinateur	flasher sur qn
une bise	36 fois
bosser	je m'en fous
un boulot	des fringues
branché	un froid de canard
canon	génial
casser la figure à qn	halluciner
casser les pieds à qn	Hein?
un charabia	mamie
un copain	un mec
crade	qc est nul
dingue	papi
C'est trop !	Quelle horreur !
ringard	

2: Beispiele für mit *fam.* gekennzeichnete Einträge in die *liste alphabétique des mots* (*Ap 4*, S. 149–173)

À plus !	en avoir marre
l'ado	le flic
Allez !	le fric
l'arnaque	les fringues
avoir la trouille	Laisse tomber !
avoir le cafard	louche
le bac	Machinchose
la bédé	moche
se bouger	être nul en qc

la cata	pas mal de
chouette	la patate
le ciné	C'est pas le pied !
cool	donner un coup de pouce à qn
le copain	pourri
crevé	pro
dingue	rigoler
Ça tombe bien !	

3: Beispiele für typische Merkmale des *code oral* im Gegensatz zum *français standard* (Auswahl; vgl. *Ap 4*, S. 68)
Wegfall des Verneinungspartikels *ne* : *Elle trouve pas. – Elle ne trouve pas.*
Verkürzung von *tu es* zu *t'es*: *T'es arabe. – Tu es arabe.*
Verkürzung von *il y a* zu *y a*: *Y a des gens. – Il y a des gens.*
Grammatische Inkongruenz *c'est* + Substantiv im Plural: *C'est des malades. – Ce sont des malades.*
Segmentierter Satz mit Auslagerung von Subjekt und Objekt: *Moi, je les ai déjà oubliés, mes rêves. – J'ai déjà oublié mes rêves.*
Ersetzen von *nous* durch *on*: *On est d'abord de Marseille. – Nous sommes d'abord de Marseille.*

4: Kontrastierung von Ausdrücken des *français standard* und des *français familier* (Auszug; vgl. *Déc 4*, S. 135)
un pote – un copain, les fringues – les vêtements, dingue – fou, un boulot – un travail

Literatur

Lehrwerke

À plus 4: GREGOR, Gertraud & JORIßEN, Catherine & SCHENK, Sylvie. 2007. *À plus! 4 cycle long Französisch für Gymnasien.* Berlin: Cornelsen.
Découvertes 2: ALAMARGOT, Gérard & BRUCKMAYER, Birgit & DARRAS, Isabelle & KOESTEN, Léo & KUNERT, Dieter & MÜHLMANN, Inge & NIEWELER, Andreas & PRUDENT, Sabine 2006. *Découvertes 2 für den schulischen Französischunterricht.* Stuttgart [u.a.]: Klett.

Découvertes 4: ALAMARGOT, Gérard & BRUCKMAYER, Birgit & DARRAS, Isabelle & KOESTEN, Léo & KUNERT, Dieter & MÜHLMANN, Inge & NIEWELER, Andreas & PRUDENT, Sabine. 2007. *Découvertes 4 für den schulischen Französischunterricht.* Stuttgart [u.a.]: Klett.

Découvertes 2 LB: MÜHLMANN, Inge & NIEWELER, Andreas & RELLECKE, Ute & SCHMIDT, Antje & SPENGLER, Wolfgang. 2006. *Découvertes 2. Lehrerbuch.* Stuttgart [u.a.]: Klett.

Découvertes 4 LB: EBERTZ, Mirja & GÜNTHER, Britta & HEDDRICH, Corinna & RELLECKE, Ute 2007. *Découvertes 4. Lehrerbuch.* Stuttgart [u.a.]: Klett.

Wörterbücher

Le Dictionnaire de la Zone © Cobra le Cynique; www.dictionnairede lazone.fr (Zugriffsdatum :15.9.2010).

Sekundärliteratur

ABEL, Fritz. 1981. „Die Zielsprache des Fremdsprachenunterrichts", in: Geckeler, Horst et al. edd. *Logos semantikos. Studia linguistica in honorem Eugenio Coseriu 1921–1981. Vol. V. Geschichte und Architektur der Sprachen.* Berlin [u.a.]: Walter de Gruyter, 7–18.

BITTNER, Christoph. 2003. „Der Teilnehmerschwund im Französischunterricht. Eine unabwendbare Entwicklung? Eine empirische Studie am Beispiel der gymnasialen Oberstufe", in: *französisch heute* 34/4, 338–353.

FAGYAL, Zsuzsanna. 2004. „Action des médias et interactions entre jeunes dans une banlieue ouvrière de Paris. Remarques sur l'innovation lexicale", in: Bulot, Thierry (sous la direction de). *Les parlers jeunes. Pratiques urbaines et sociales.* Presses universitaires de Rennes et Cahiers de Sociolinguistique, 41–60.

GADET, Françoise. 2007. *La variation sociale en français.* Paris: Ophrys.

GeR: EUROPARAT. ed. 2001. *Gemeinsamer europäischer Referenzrahmen für Sprachen: lernen, lehren, beurteilen.* Berlin [u.a.]: Langenscheidt.

ISB: STAATSINSTITUT FÜR SCHULQUALITÄT UND BILDUNGSFORSCHUNG. ed. 2005. *Time to talk! Parlons! Parliamo! ¡Tiempo para hablar! Пора поговорить! Eine Handreichung zur Mündlichkeit im Unterricht der modernen Fremdsprachen.* Berlin: Cornelsen.

KRÄMER, Martine. 1996. „Français standard, français populaire, français familier et français parlé: Quel français enseigner?", in: *französisch heute* 27/3, 159–167.

MEIßNER, Franz-Joseph. 1995. „Sprachliche Varietäten im Französischunterricht", in: *Der fremdsprachliche Unterricht Französisch* 29/18. 4–8.

MÜLLER, Bodo. 1975. *Das Französische der Gegenwart. Varietäten, Strukturen, Tendenzen.* Heidelberg: Carl Winter Universitätsverlag.

NICOLAS, Isabelle. 2005. „La tchatche des banlieues, reflet de la fracture sociale", in: *Praxis Fremdsprachenunterricht* 2/5, 51–52.

SCHOENTHAL, Gisela. 2000. „Mündlichkeit", in: Glück, Helmut. ed. *Metzler Lexikon Sprache. Zweite, überarbeitete und erweiterte Auflage.* Stuttgart [u.a.]: J.B. Metzler, 459–460.

VÁZQUEZ, Graciela. 2006. „Expresión oral", in: *Der fremdsprachliche Unterricht Spanisch* 4/14, 4–11.

Grammatikbetrachtung auf der Ebene der ‚Schulgrammatik'. Vergangenheitstempora in Grammatischen Beiheften von Lehrwerken des Französischen, Spanischen und Italienischen.

1. Einleitung

Grammatische Inhalte, die „den Sprecher/Schreiber in die Lage versetzen, morphologisch und syntaktisch korrekte sowie seinen kommunikativen Intentionen entsprechende und angemessene Wörter, Sätze und Texte zu bilden ... wie andererseits solche Wörter, Sätze und Texte zu verstehen" (Götze 2001, 187), haben im modernen kommunikativ orientierten Fremdsprachenunterricht eine dienende Funktion (vgl. Nieweler 2006, 194), spielen aber als Hilfsmittel bei der Strukturierung der Sprache (vgl. Fäcke 2002, 157) nach wie vor eine maßgebliche Rolle und beeinflussen nicht zuletzt die Einstellung der Schüler zur Fremdsprache, deren Einschätzung u.a. von der Wertigkeit, die Lehrkräfte im Unterricht der Grammatik zumessen, von der Steilheit der Progression in den dem Unterricht zugrundeliegenden Lehrwerken, von der Transparenz der metasprachlichen Erklärungen und der Anschaulichkeit der (visuellen) Darbietung abhängt.

Eine positive Beurteilung der Fremdsprache und ihrer Grammatik durch die Schüler unterstützen mit Sicherheit Hilfestellungen bei der Aneignung von grammatischen Strukturen wie die Verdeutlichung von Transfermöglichkeiten und systemischer Bezüge zwischen den Sprachen. Dies gilt im Besonderen für die romanischen Schulsprachen Französisch, Spanisch und Italienisch, die in der gymnasialen Sprachenfolge der Bundesländer teils als erste,[1] meist aber als zweite oder dritte Wahlpflichtfremdsprache und als spätbeginnende Fremdsprache fest implementiert sind.

Ob und inwieweit verbreitete Lehrwerke für das Französische, Spanische und Italienische solche Hilfen bereitstellen, wird im Folgenden untersucht. Fallbeispiel ist die Präsentation eines in allen drei Sprachen vorhandenen Teilbereichs des jeweiligen Regelsystems, nämlich des Aspektunterschieds der Tempora der Vergangenheit *imparfait – passé composé / passé simple, imperfecto – indefinido – pretérito perfecto, imperfetto – passato*

---

[1] Als erste Fremdsprache dominiert bundesweit das Englische.

prossimo / passato remoto.[2] Neben der Frage nach der Transparenz der Darlegung steht die sprachübergreifende, kontrastive Verdeutlichung von sprachlichen Bezügen auf dem Prüfstand, um so zu zeigen, inwieweit eine kontrastive Sprachbeschreibung, die auch mehrsprachigkeitsdidaktisch orientierten Ansätzen zuarbeiten kann, Eingang in den Fremdsprachenunterricht findet. Eingeleitet wird die Untersuchung durch die Einordnung der Grammatischen Beihefte in grammatische Darstellungsformen.

2. Grammatische Beihefte als Ausformung einer didaktischen Grammatik

Die für den Unterricht konzipierte Beschreibung des Regelsystems einer Fremdsprache erfolgt im Allgemeinen in den sogenannten Grammatischen Beiheften eines Lehrwerks oder in einem in das Schülerbuch integrierten Grammatikteil.[3] Beide lehrwerkabhängige Präsentationsarten[4] verstehen sich als didaktische Grammatiken und stehen als solche im Gegensatz zu vollständigen, deskriptiv-linguistischen, d.h. sprachwissenschaftlichen Grammatiken (vgl. Götze 2001, 188).[5] Vorrangiges Ziel einer didaktischen Grammatik ist die Sprachbeschreibung im Dienst des Sprachunterrichts (vgl. Götze 2001; Zimmermann 1979). Sie ist charakterisiert durch eine an den Kenntnisstand der Benutzer angepasste Auswahl und Darstellung von hochfrequenten, für die Kommunikation wichtigen Strukturen, eine inhaltliche Konzentration auf grammatische Phänomene, die für die fremdsprachliche Sprachproduktion der Schüler relevant sind, das Bemühen um Vereinfachung komplexer Strukturen und ein häufig induktives Heranführen an die Regeln. Derartige Merkmale bestimmen den präskriptiven bzw. normativen Charakter einer didaktischen Grammatik, die als funktionale Anweisung für den Sprachgebrauch zwischen für den jeweiligen Lehrgangstypus wichtigen und untergeordneten Lerninhalten hierarchisieren und die Präsentation der Varietäten der Sprache auf ein dem Ziel des Unterrichts angemes-

---

[2] Weitere Zeiten der Vergangenheit können im Rahmen dieser Untersuchung nicht berücksichtigt werden. Auch der lohnende, das Lateinische einbeziehende Vergleich bleibt vorläufig ein Desiderat für eine spätere Publikation.
[3] Zu den Begriffen ‚Lehrwerk', ‚Grammatisches Beiheft' und ‚Schülerbuch vgl. Michler 2005, 41; 47ff.
[4] Auf lehrwerkunabhängige didaktische Grammatiken kann hier nicht eingegangen werden.
[5] Auch Grammatiken für den Schulgebrauch sind allerdings insofern deskriptiv, als sie den wirklichen Sprachgebrauch beschreiben müssen.

senes Maß reduzieren muss. In die Nähe der kontrastiven Grammatik[6] rückt sie mit dem Anspruch, einerseits auf Parallelen und Transfermöglichkeiten hinzuweisen und andererseits Interferenzen, die aufgrund unterschiedlicher Sprachstrukturen in Ausgangs- und Zielsprache in der Textproduktion von Lernern zu erwarten sind, zu vermindern und zu verhindern, indem sie vor fehlerhaften Übertragungen von der Muttersprache oder einer anderen Fremdsprache auf die zu erlernende Fremdsprache warnt.

3. Die Tempora der Vergangenheit

In jeder Fremdsprache gibt es Grammatikphänomene, deren korrekter Einsatz Lernern besonders schwer fällt. In den romanischen Schulsprachen Französisch, Spanisch und Italienisch ist dies beispielsweise die Verfügung über die Tempora der Vergangenheit.[7] Da es in der deutschen Sprache keinen Aspektunterschied bei den Zeiten der Vergangenheit gibt,[8] wird der Lerner der romanischen Sprachen durch „die grammatische Organisation [...] zu einer Entscheidung" gezwungen, „die die eigene Sprache nicht von ihm fordert" (Cartagena & Gauger 1995, 333ff.). Schwierigkeiten beim Gebrauch sind damit fast unvermeidbar. Wegen der im Unterschied der Zeiten impliziten semantischen Komponente, die für das Gelingen der Kommunikation entscheidend sein kann,[9] muss das Phänomen trotz der rückläufigen Wertigkeit von Grammatikinstruktion im Fremdsprachenunterricht seit der sog. kommunikativen Wende (vgl. Piepho 1974) nachhaltig erarbeitet und eingeübt werden.

---

[6] Zu Charakteristik und Problematik kontrastiver Grammatiken vgl. z.B. Wienold 1971; Coseriu 1972; Götze 2001, 191ff.

[7] Zu Komplikationen führen erfahrungsgemäß auch die Anwendungsregeln des *subjonctif / subjuntivo / congiuntivo*, bestimmte Laut- und Satzstrukturen und, speziell für das Spanische, die Unterscheidung von *ser* und *estar*.

[8] Zum Begriff ‚Aspekt' vgl. z.B. Glück, Helmut. ed. 2004. *Metzler Lexikon Sprache*. Online-Fassung Stuttgart, 884–889; Dahl, Östen. 1985. *Tense and Aspect Systems*. Blackwell, Oxford; Comrie, Bernard. 1976. *Aspect: An Introduction to the Study of Verbal Aspect and Related Problems*. Cambridge, University Press.

[9] Beispielsweise in Bezug auf die Unterscheidung *il avait peur/tenía miedo /aveva paura* (er hatte Angst) vs. *il a eu (eut) peur/ ha tenido (tuvo) miedo / ha avuto (ebbe) paura* (er bekam Angst).

4. Vergangenheitstempora in Grammatischen Beiheften von Lehrwerken

Geben nun die Grammatikbeschreibungen der Lehrwerke, mit denen im Unterricht schwerpunktmäßig gearbeitet wird, eine Erläuterung des Aspektunterschieds *imparfait – passé composé / passé simple, imperfecto – indefinido – pretérito perfecto, imperfetto – passato prossimo / passato remoto*, die den Anforderungen an eine didaktische Grammatik genügt? Bieten sie grammatisch zufriedenstellende, sprachwissenschaftlich korrekte, einsichtige und eindeutige Regelformulierungen, die Lernprobleme entschärfen? Ist die Darbietung schülerfreundlich in Form einer Beispiel- und/oder Signalgrammatik oder überwiegt die Darstellungsform ‚Regelgrammatik'?[10] Beugt die Beschreibung durch die Kontrastierung von Sprachen Interferenzen vor? Sind die Beispielsätze im Textzusammenhang präsentiert? Dieser Gesichtspunkt ist besonders wichtig, da die Zeiten als „Leittempora der Erzählung" (Berschin 1987, 223) für die Reliefgebung der Erzählung verantwortlich sind (Weinrich 1977, 93) und sich ihre Funktion nur in Texten wirklich entfaltet. Einzelsätze sind zur Erklärung des Gebrauchs also wenig hilfreich. Die Untersuchungsbasis bilden

- für das Französische die Grammatischen Beihefte der Lehrwerke *Découvertes* (Kunert et al., ab 2005) und *A plus!* (Gregor, ab 2004) für Französisch als 2. Fremdsprache, sowie *Cours Intensif* (Kunert et al., ab 2006b) und *A plus! Méthode Intensive* (Gregor, ab 2007b) für Französisch als 3. Fremdsprache,
- für das Spanische die Grammatischen Beihefte der Lehrwerke *Línea verde* (Honer-Henkel et al., ab 2006) und *¡vale vale!* (Freudenstein, ab 2008),
- für das Italienische das Grammatische Beiheft von *In piazza* (Schmiel et al. 2003) und die in das Schülerbuch integrierten Grammatikteile von *Appunto* (Jäger & Mörl, ab 2006).

---

[10] Bei einer Beispielgrammatik stehen die Beispielsätze im Vordergrund, aus denen die Schüler die Regeln zum Gebrauch ableiten sollen (vgl. das Kriterium „induktiv-empirische" Organisation der Regelfindung; Götze 2001, 189). In einer Regelgrammatik dominieren die Regelformulierungen, die durch nachgeordnete Beispielsätze belegt werden. Eine Signalgrammatik arbeitet mit Visualisierungen durch Diagramme oder Schemata und erstellt kognitive Schemata (vgl. Zimmermann 1977, 123ff.).

Kontrastives Fremdsprachenlernen z.B. anhand von Fehlergrammatiken und Sammlungen sogenannter *faux-amis* ist nun wahrlich keine Neuheit. Indes blieb in der didaktischen Praxis der kontrastivistische Beitrag zu sehr auf den strukturalistischen Oberflächenvergleich von der Muttersprache (L1) zu einer Zielsprache (L(2+x)). Hier wäre meines Erachtens Abhilfe zu leisten durch eine Tertiärsprachendidaktik, die sich erwerbstypischer L2-L3-Interferenzphänomene annimmt und sie kontrastiv kognitiviert. Der erwerbsökonomische Nutzen läge nicht nur in der proaktiven Fehlerprophylaxe in Bezug auf L3, sondern auch in der retroaktiven Festigung von L2-Wissenscbeständen und der fallbezogenen Anleitung zum Monitoring von individuellen Transferverhalten.

4.1 Französisch

Die Zeiten der Vergangenheit sind in den beiden Lehrwerken für Französisch als zweite Fremdsprache *Découvertes* (Klett) und *A plus!* (Cornelsen) ab dem jeweils zweiten Band allgemein verbindlicher Lerninhalt, wenn auch *A plus!* in einer fakultativen Lektion schon im ersten Band auf das *passé composé* eingeht.[11] Der zyklischen Progression verpflichtet[12] beginnen die Lehrwerke erst mit dem *passé composé* mit *avoir* und fahren dann mit der Bildung mit *être* und darauf dem *imparfait* fort. Der Vergleich des Gebrauchs der Vergangenheitstempora folgt in *Découvertes* unmittelbar auf die Einführung des *imparfait*. *A plus!* schaltet zwei fakultative Lektionen dazwischen und kontrastiert die Zeiten dann in der zweiten Lektion des dritten Bandes. Das *passé simple* präsentiert *Découvertes* im dritten, *A plus!* im vierten Band.

Auch die Lehrwerke für Französisch als dritte Fremdsprache *Cours Intensif* (Klett) und *A plus! Méthode Intensive* (Cornelsen) beginnen mit dem *passé composé* – zunächst mit *avoir*, gefolgt von der Bildung mit *être*. An die Vorstellung des *imparfait* im zweiten Band schließt sich die Gegenüberstellung der Zeiten an. Das *passé simple* führen beide Lehrwerke im dritten Band ein.

---

[11] Laut Angaben des Verlags werden die Inhalte der fakultativen Lektionen nur in bestimmten Bundesländern obligatorisch verlangt, sodass diese Inhalte im Folgeband noch einmal aufgegriffen werden.

[12] Zyklische Progression oder Spiralprogression meint die Verteilung der Inhalte eines (grammatischen) Themengebietes auf mehrere aufeinander aufbauende Lektionen (vgl. Michler 2005, 159).

	Découvertes	A plus!	Cours Intensif	A plus! Méthode Intensive
passé composé mit avoir	Bd 2, L 1	Bd 1, Séquence supplémentaire 4 Bd 2, L 2	Bd 1, L 6	Bd 1, L 6
passé composé mit être	Bd 2, L 2	Bd 1, Séquence supplémentaire 4 Bd 2, L 2	Bd 1, L 6	Bd 1, L 6
Imparfait	Bd 2, L 8	Bd 2, L 6	Bd 2, L 1	Bd 2, L 1
Kontrastierung	Bd 2, L 8	Bd 3, L 2	Bd 2, L 1	Bd 2, L 2
passé simple	Bd 3, L 3	Bd 4, L 4	Bd 3, L 8	Bd 3, L 5

Tab. 1: Chronologische Einführung der Vergangenheitstempora[13]

4.1.1 Die Lehrwerke *Découvertes* (Französisch als zweite Fremdsprache) und *Cours Intensif* (Französisch als dritte Fremdsprache)[14]

Beide Lehrwerke aus dem Klett-Verlag verwenden zusätzlich zur Darstellungsform der Beispielgrammatik Elemente der Signalgrammatik. Die Erklärungen zum Gebrauch der Zeiten der Vergangenheit, die im Textzusammenhang anhand einer Geschichte verdeutlicht werden, sind im Wesentlichen identisch. Als Unterschied zwischen *imparfait* und *passé composé* wird v.a. die Differenz zwischen zeitlich begrenzt (*p.c.*) und zeitlich nicht begrenzt (*imp.*) sowie zwischen Begleitumständen und einmaligen Handlungen bzw. Handlungsketten betont (Kunert et al. 2005, 57f.; Kunert et al. 2007, 9f.). Als Anwendungsgebiete des *passé composé* werden weiter aufgezählt: einzelne Ereignisse, eine Erzählung „der Reihe nach", eine neue, unerwartete Handlung (Kunert et al. 2005, 57). In einer zusammenfassenden Übersicht wird ergänzt: „Im *Passé composé* betrachtet der Sprecher das Vergangene als zeitlich begrenzt, ... berichtet von Handlungen und Ereignissen mit deutlichem Anfang und /oder Ende, die im Vordergrund der Erzählung stehen, ... schildert einmalige Handlungen und aufeinander folgende Handlungen" (Kunert et al. 2005, 58; Kunert et al. 2007, 10).

---

[13] In den Tabellen 1–3 verwendete Abkürzungen: *Bd* für „Band", *L* für „Lektion. Die verlagsabhängige Unterscheidung zwischen Lektion (Klett), *Unité* (Cornelsen), Dossier und *Module* (in Bänden für Fortgeschrittene) bzw. *Unidad, Etapa* oder *Lezione* wird vernachlässigt.

[14] Die Anordnung nach Verlagen und nicht nach Lehrgängen erfolgt aufgrund lehrgangsübergreifender verlagstypischer Charakteristika.

Cours Intensif fügt hinzu, dass der Erzähler seinen Bericht mit einer neu einsetzenden Handlung fortsetzt oder mehrere aufeinander folgende Handlungen auflistet (Kunert et al. 2007, 9).

Das *imparfait* identifizieren die Klett-Lehrwerke als Zeit für „Zustände und gewohnheitsmäßige Handlungen in der Vergangenheit" (Kunert et al. 2005, 56; Kunert et al. 2007, 8), als Zeit, die für etwas steht, was häufig gemacht wurde, für Begleitumstände und Beschreibungen von allgemeinen Zuständen. In der Zusammenfassung wird komplettiert: „Im *Imparfait* betrachtet der Sprecher das Vergangene als zeitlich nicht begrenzt, [...] beschreibt Zustände, Situationen, Begleitumstände, die sich im Hintergrund abspielen und den Rahmen für die Handlung darstellen, gewohnheitsmäßige, sich wiederholende Handlungen oder parallel verlaufende Handlungen, [...] gibt Erklärungen und Kommentare" (Kunert et al. 2005, 58; vgl. auch Kunert et al. 2007, 10).

Cours Intensif ergänzt die Angaben wieder: Der Sprecher „berichtet von den damaligen Lebensumständen, [...] beschreibt die Umstände [...] und Gefühle [...], spricht von sich wiederholenden oder parallel verlaufenden Handlungen" (Kunert et al. 2007, 9). Erläuterungen zum Gebrauch der Zeiten im Satzgefüge vertiefen das Vorhergegangene (Kunert et al. 2005, 59; Kunert et al. 2007, 11).

Leitfragen wie „Wie war es damals?, Was geschah regelmäßig?" oder „Was geschah dann?" (z.B. Kunert et al. 2005, 58; Kunert et al. 2007, 10) runden die Erklärungen ab. Außerdem gibt es in *Cours Intensif* (Kunert et al. 2007, 10) als Hilfestellung Zeitangaben bzw. Adverbien z.B. *souvent, toujours* für das *imparfait*, *d'abord, tout à coup* für das *passé composé*.

Den Gebrauch des *passé simple* veranschaulichen die Lehrwerke durch wenige, inhaltlich zusammenhängende Sätze (Kunert et al. 2006a, 51f.; Kunert et al. 2008, 55) und ordnen es als Tempus für erzählende Texte im geschriebenen Französisch ein. Den Lernern wird mitgeteilt: „Das *Passé simple* hat die gleiche Funktion wie das *Passé composé*, wird aber vor allem in literarischen Texten und schriftlichen Erlebnisberichten (z.B. in der Presse) benutzt." (Kunert et al. 2006a, 52). *Cours Intensif* ergänzt durch den Hinweis auf „historische[n] Berichte[n]" (Kunert et al. 2008, 55).

4.1.2 Die Lehrwerke *A plus!* (Französisch als zweite Fremdsprache) und *A plus! Méthode Intensive* (Französisch als dritte Fremdsprache)

Die Cornelsenprodukte *A plus!* und *A plus! Méthode Intensive* orientieren sich prinzipiell am Vorgehen einer Beispielgrammatik und ergänzen teilweise die Beispielsätze, die einen inhaltlich kohärenten Text ergeben, durch veranschaulichende Zeichnungen. Inhaltlich weichen die Erklärungen zu den Zeiten der Vergangenheit in beiden Lehrwerken nur minimal voneinander ab.

Das *passé composé*, so die Anweisungen, steht für den Vordergrund einer Erzählung, d.h. für die eigentlichen Ereignisse, für einmalige oder plötzlich einsetzende, aufeinanderfolgende Handlungen, Handlungsketten und außergewöhnliche Ereignisse, auf die sich die Aufmerksamkeit des Hörers richten soll (vgl. Gregor 2006, 32; Gregor 2008, 31). Beide Lehrwerke fügen hinzu, dass man mit der Verwendung des *passé composé* „eine gewisse Spannung erzeugen" kann, und dass das *passé composé* bei einer beginnenden Handlung, wenn die vorhergehende abgeschlossen ist, zu gebrauchen ist (Gregor 2006, 32; Gregor 2008, 31). *A plus Méthode Intensive* schreibt ihm außerdem das Merkmal „auffällig" zu.

Das *imparfait* gilt als Zeitform für „den Hintergrund, also die Rahmenhandlung einer Geschichte", für Zustand und Situationen, Erklärungen, Kommentare, für „Gewohnheiten, Handlungen, die sich in der Vergangenheit häufig wiederholt haben" oder gleichzeitig abliefen (Gregor 2006, 32f.; Gregor 2008, 29ff.). *A plus Méthode Intensive* ergänzt durch das Merkmal „unauffällig" und die Anmerkung, das *imparfait* sei zu verwenden bei der Beschreibung von Situationen und bei verlaufenden Handlungen, bei denen Beginn bzw. Ende nicht wichtig ist (Gregor 2008, 29ff.).

Während beide Lehrwerke Hilfen durch in didaktischen Grammatiken häufig genannte Signalwörter anbieten, z.B. *souvent, toujours, d'habitude,* für das *imparfait, d'abord, tout à coup, à ce moment-là* für das *passé composé* (Gregor 2006, 33; Gregor 2008, 30), gibt es die nützlichen Fragen „was war schon?" bzw. „was ist geschehen?" nur in *A plus Méthode Intensive* (Gregor 2008, 31).

Für das *passé simple*, dem deutlich weniger Raum gewidmet wird, stellen die Cornelsen-Lehrwerke besonders die Wertigkeit für die Rezeption heraus: „Wichtig für dich ist also, dass du die Formen des *passé simple* beim Lesen erkennst. In der gesprochenen Sprache verwendest du anstelle des *passé simple* das *passé composé*." (Gregor 2009, 61; fast identisch mit Gregor 2007a, 45). Außerdem veranschaulichen sie den Unterschied zwischen schriftlichem und mündlichen Sprachgebrauch durch einen kurzen, zusammenhängenden Textausschnitt, der sowohl im *passé simple* als auch im *passé composé* präsentiert wird (Gregor 2007a, 45; Gregor 2009, 61).

4.2. Spanisch

Die untersuchten Spanisch-Lehrwerke, die sich auf das europäische Spanisch konzentrieren,[15] wählen eine unterschiedliche Reihenfolge für die Vorstellung der Vergangenheitstempora. Beide Lehrwerke formulieren unmittelbar nach der Darbietung der jeweiligen Paradigmen auf die entsprechende Zeit bezogene Angaben zum Gebrauch, die dann bei der Vorstellung der konkurrierenden Zeiten durch eine Kontrastierung vertieft werden.

Das *pretérito perfecto* ist in *Línea verde* die erste Zeit der Vergangenheit, mit der die Schüler konfrontiert werden, *¡vale vale!* führt es im zweiten Band ein. Das *pretérito indefinido* kommt in beiden Lehrwerken im ersten Band vor. Das *imperfecto* folgt in *¡vale vale!* ebenfalls im ersten Band, in *Línea verde* dagegen im zweiten. Die Gegenüberstellung der Funktionen von *indefinido* und *imperfecto* platzieren die Lehrwerke unmittelbar nach den Informationen zu Formen und Gebrauch, d.h. in *Línea verde* in Band 2, in *¡vale vale!* im ersten Band. Dort fehlt eine Gegenüberstellung des Gebrauchs von *pretérito perfecto* und *indefinido*, die *Línea verde* im ersten Band bietet.

	Línea verde	*¡vale vale!*
pretérito perfecto	Bd 1, L 6	Bd 2, L 1
Indefinido	Bd 1, L 8	Bd 1, L 7
Imperfecto	Bd 2, L 2	Bd 1, L 8
Kontrastierung *imperfecto – indefinido*	Bd 2, L 3	Bd 1, L 9
Kontrastierung *pretérito perfecto – indefinido*	Bd 1, L 8	fehlt

Tab. 2: Chronologische Einführung der Vergangenheitstempora

---

[15] Dort ist laut Berschin 1987 die Frequenz des Präteritums in der gesprochenen Sprache weniger hoch ist als im amerikanischen Spanisch (vgl. Berschin 1987, 226).

4.2.1 Das Lehrwerk *Línea verde*

In *Línea verde* (Klett) ist in der Darbietung insgesamt die Tendenz zur Beispielgrammatik festzustellen, die durch Illustrationen und Ansätze zu einer schematischen Darstellung ergänzt wird. Das Lehrwerk beginnt mit der Erklärung zum Gebrauch des *pretérito perfecto*, das für „vergangene Handlungen, die in Bezug zur Gegenwart stehen [...] insbesondere Handlungen, die in einem bis zur Gegenwart andauernden Zeitraum stattgefunden haben", in Anspruch genommen wird. Zusätzlich werden einige Signalwörter (z.B. *hoy, todavía*) genannt (Honer-Henkel et al. 2006, 29). Das *indefinido* steht, so erfahren die Schüler anschließend, für „vergangene Handlungen, die völlig abgeschlossen sind. Signale [...] sind Zeitangaben wie *en octubre, el año / mes pasado, ayer, hace dos semanas, hace un mes* etc." (Honer-Henkel et al. 2006, 41).

Anhand von Einzelsätzen, die keinen inhaltlichen Zusammenhang aufweisen, verdeutlicht die Gegenüberstellung von *pretérito perfecto* und *pretérito indefinido* noch einmal die Vorgaben der Einzeldarstellungen. Ergänzend gibt es für das *pretérito perfecto* den Vermerk „besonders wenn ein noch andauernder Zeitraum des Geschehens *(hoy, este año, nunca* usw.) genannt wird", für das *pretérito indefinido* den Hinweis auf Handlungen, „die man als völlig der Vergangenheit angehörig betrachtet, besonders wenn ein bereits abgeschlossener Zeitraum (*hace un año, en 1999,* usw.) angegeben wird." (Honer-Henkel et al. 2006, 46).

Die Erläuterungen zur Funktion des *pretérito imperfecto* beziehen sich auf die Beschreibung vergangener Situationen und Zustände, auf wiederholte Handlungen oder Gewohnheiten und gleichzeitig stattfindende Handlungen in der Vergangenheit, bei denen Anfangs- und Endpunkt keine Rolle spielen. Als Auslöser für das *pretérito imperfecto* erwähnt das Lehrwerk *antes, entonces, en esos / aquelles años, todas las mañanas, siempre, mientras* (Honer-Henkel & González 2007, 13). Zusätzlich gibt es die Auskunft: „Wegen seiner Herkunft aus dem Lateinischen wird das Imperfekt auch in anderen romanischen Sprachen ähnlich verwendet." (Honer-Henkel & González 2007, 13).

Die Gegenüberstellung von *El uso del pretérito imperfecto y del pretérito indefinido* verdeutlicht in inhaltlich beziehungslosen Sätzen noch einmal die Funktionen beider Tempora und ergänzt diese durch den Verweis auf die Schilderung einer Handlung, „die bereits andauert, wenn eine neue einsetzt", für das *imperfecto* und durch die Verwendung bei einer „neu einsetzende[n] Handlung" für das *indefinido* (Honer-Henkel & González 2007, 17). Als Leitfrage für das *imperfecto* empfiehlt das Lehrwerk „Was war? (Beschreibung)" bzw. „Was geschah dann? (Erzählung)" (Honer-Henkel & González 2007, 18).

Nützlich für Lerner des Spanischen als dritte oder spätbeginnende Fremdsprache ist der Vermerk: „Die Verwendung von *pretérito imperfecto* und *pretérito indefinido* in einem spanischen Satzgefüge lässt sich vergleichen mit der Verwendung von *passé composé* und *imparfait* in dem entsprechenden französischen Satzgefüge." (Honer-Henkel & González 2007, 17).

4.2.2 Das Lehrwerk *¡vale vale!*

Da in *¡vale vale!* (C.C. Buchner) die Regeln zum Gebrauch der Tempora der Vergangenheit an erster Stelle stehen und sie danach durch Beispielsätze belegt werden, die mehrheitlich ohne inhaltlichen Zusammenhang sind,[16] orientiert sich die Darstellung am Prinzip einer Regelgrammatik.

Das *pretérito indefinido* bezeichnet *¡vale vale!* als Zeitform für „Ereignisse und Handlungen, die in einem bereits abgeschlossenen Zeitraum in der Vergangenheit oder zu einem bestimmten Zeitpunkt in der Vergangenheit stattgefunden haben. Die Dauer oder die Häufigkeit des Vorgangs ist dabei ohne Bedeutung" (Freudenstein 2008, 42). Bestimmte Zeitangaben sollen die Lerner beim Einsatz unterstützen (*Ayer, La semana pasada, en 1547* u.a.; Freudenstein 2008, 42). Das *pretérito imperfecto* gilt dann für Handlungen oder Situationen, die in der Vergangenheit „meist von einer gewissen Dauer oder Regelmäßigkeit waren. Der Aspekt der Abgeschlossenheit ist dabei ohne Bedeutung." (Freudenstein 2008, 46).

Die Gegenüberstellung des Gebrauchs erfolgt – im Gegensatz zur Belegung der isoliert erläuterten Funktionen – auf der Basis der kurzen Geschichte *Mirando al sur: Argentina* (Freudenstein 2008, 47f.). Dort wird auch über die fehlende Aktion beim *imperfecto* informiert und die Leitfrage „Was war (schon)?" empfohlen. Das *indefinido* sollen die Schüler, so die zusätzlichen Anmerkungen, für definitiv abgeschlossene Handlungen, die eine „Aktion" ausdrücken, neu einsetzende Handlungen, einmalige Ereignisse und Handlungen, bei denen „genau angegeben wird, wie oft die Wie-

---

[16] Einige Beispielsätze sind jedoch dem Lektionstext „Un viaje a Barcelona" entnommen (Duncker, Mónica & Hammer, Eva-Maria. 2009. *¡vale vale! Unterrichtswerk für Spanisch im G8 (Sekundarstufe II), Schülerband 2*. Bamberg: C.C. Buchner, 8–9).

derholung erfolgte", anwenden (vgl. Freudenstein 2008, 47f.). Als Leitfrage regt ¡*vale vale!* „Was geschah (dann)?" an und vervollständigt die Gegenüberstellung durch einige Adverbien, wie *antes, cuando era niño, entonces* bzw. *un día, de repente, de pronto*, die bei der Wahl der richtigen Zeitform behilflich sein sollen. Den semantischen Unterschied von *indefinido* und *imperfecto* belegen drei Beispielsätze (z.B. *Tenía dos hijos* vs. *Tuvo dos hijos*; vgl. Freudenstein 2008, 48). Im zweiten Band folgen Anweisungen zum Einsatz des *pretérito perfecto*. Es gilt

> „– für Handlungen und Ereignisse, die in einem Zeitraum stattgefunden haben, der noch nicht abgeschlossen ist und somit noch als Gegenwart angesehen wird. Die Handlung selbst kann dabei schon abgeschlossen sein. Typische Zeitangaben: *hoy, hasta ahora, nunca, esta mañana/semana, este mes/verano/año, todavía no, ya* [...]
> – für Handlungen und Ereignisse, die ein Ergebnis oder Auswirkungen auf die Gegenwart haben." (Freudenstein 2009, 5).

4.3. Italienisch

Den Aspektunterschied behandelt das einbändige Lehrwerk für Italienisch in der Oberstufe *In piazza* in der achten von insgesamt 15 Lektionen, also ca. in der Mitte des Lehrgangs, das Lehrwerk *Appunto* am Ende des ersten Bandes. In beiden Lehrwerken schließt sich an die Einführung des *passato prossimo* die des *imperfetto* an. Die Erläuterung des Gebrauchs beider Zeiten folgt unmittelbar darauf. Das *passato remoto* wird in beiden Lehrwerken erst gegen Ende des Lehrgangs thematisiert.

	In piazza	*Appunto*
passato prossimo mit *avere* und *essere*	L 4	Bd 1, L 7
Imperfetto	L 8[17]	Bd 1, L 9
Kontrastierung des Gebrauchs *imperfetto – passato prossimo*	L 8	Bd 1, L 9
passato remoto	L 15	Bd 3, L 5
Gegenüberstellung des Gebrauchs *imperfetto – passato remoto*	Fehlt	Bd 3, L 5

Tab. 3: Chronologische Einführung der Vergangenheitstempora

---

[17] In der Auflistung der grammatischen Inhalte im Inhaltsverzeichnis des Schülerbuchs wird durch eine I in Klammern eine Aufteilung der Informationen zum *imperfetto* angedeutet. Den Eintrag „*l'imperfetto* (II)" gibt es in der benutzten Auflage jedoch nicht.

4.3.1 Das Lehrwerk *In piazza*

Das Oberstufenlehrwerk *In piazza* (C.C. Buchner) folgt bei der Darbietung der drei Zeiten den Prinzipien der Beispielgrammatik und bietet die erläuternden Sätze in inhaltlichem Zusammenhang dar. Gemäß *In piazza* ist das *passato prossimo* zu gebrauchen bei einsetzenden Handlungen, Handlungsketten, neuen Handlungen „mit Anfang und Ende", begrenzten Wiederholungen und zeitlich begrenzten, abgeschlossenen Handlungen (Schmiel et al. 2003, 44f.), das *imperfetto* bei der Beschreibung von Situationen und Zuständen, bei nicht begrenzten Wiederholungen, Erklärungen, Kommentaren, Begründungen und parallel laufenden Handlungen. Die Verwendung der Zeiten nach *mentre, quando* und in Relativsätzen (Schmiel et al. 2003, 46) kann im Prinzip aus dem Vorhergehenden abgeleitet werden. Der sich aus den Funktionen der Tempora ergebende Bedeutungswandel bei bestimmten Verben wird erwähnt (z.B. *Conoscevo Paolo* vs. *Ho conosciuto Paolo*; Schmiel et al. 2003, 45). Signalwörter werden nicht explizit angeführt.

Das *passato remoto* charakterisiert *In piazza* als „die klassische Zeitform für Romane, Erzählungen und geschichtliche Ereignisse". Die Ergänzung, dass im Gegensatz zum *passato prossimo* bei Handlungen, die im *passato remoto* wiedergegeben werden, der direkte Bezug zur Gegenwart fehle, relativieren die Autoren, indem sie zugeben, dass oft der „feine Unterschied zwischen der abgeschlossenen Handlung und dem Bezug zur Gegenwart [...] eine Interpretationsfrage" sei (Schmiel et al. 2003, 90). Außerdem informieren sie die Schüler darüber, dass das *passato prossimo* in der gesprochenen Sprache häufig das *passato remoto* ersetzt, dieses jedoch keine „archaische Sprachform", sondern in Süditalien auch gesprochen lebendig sei, während es in Mittelitalien Mischformen gebe.

4.3.2 Das Lehrwerk *Appunto*

In dem dreibändigen Lehrwerk *Appunto* (C.C. Buchner) werden die Anwendungsbeispiele für die Zeiten der Vergangenheit durchweg als Einzelsätze ohne inhaltlichen Zusammenhang dargeboten. Da die Regel vorrangig genannt wird, ist *Appunto* dem Prinzip der Regelgrammatik verpflichtet.

Die Schüler erfahren bereits im ersten Band, wie sie *imperfetto* und *passato prossimo* einsetzen müssen. Das *imperfetto* ist „vorwiegend in zwei Fällen" zu verwenden (Jäger & Mörl 2006, 216): bei Vorgängen, „die zu einem bestimmten Zeitpunkt in der Vergangenheit noch nicht abgeschlossen, sondern noch im Verlauf waren", und solchen, die sich „(fast) unbegrenzt oft wiederholten" (Jäger & Mörl 2006, 216). Das *passato prossimo* muss im Gegensatz dazu bei abgeschlossenen Vorgängen, die „aber noch nicht sehr lange zurückliegen" bzw. „in die Gegenwart oder gar in die Zukunft hineinwirken und gegebenenfalls einen Erfahrungswert beinhalten" (Jäger & Mörl 2006, 216), gebraucht werden. Für das *imperfetto* fehlt die explizite Vorstellung von möglichen Auslösern, für das *passato prossimo* werden dagegen *subito, in questo momento, poi, dopo* genannt (Jäger & Mörl 2006, 216).

Appunto 3 beschreibt Einsatz und Anwendungsfrequenz des *passato remoto* wie *In piazza* und nimmt es zusätzlich in alltäglichen Unterhaltungen für ein Ereignis in Anspruch, „das sich vor längerer Zeit zugetragen hat" (Jäger & Mörl 2008, 195). Außerdem gibt es eine kurze Gegenüberstellung des Gebrauchs von *passato remoto* und *imperfetto*, die sich inhaltlich im Wesentlichen mit der Gegenüberstellung von *passato prossimo* und *imperfetto* deckt. Ergänzend wird hinzugefügt: „Wird für eine Geschichte oder Erzählung das *passato remoto* gewählt, so übernimmt dieses die Handlung, welche die Geschichte vorantreibt, während das *imperfetto* für statische, ausschmückende Erklärungen und Beschreibungen zuständig ist" (Jäger & Mörl 2008, 195).

5. Bewertung

Die Lehrwerke für alle drei Sprachen präsentieren die Zeiten der Vergangenheit schülerfreundlich nacheinander, wobei, abgesehen von *A plus!*, auf die Erläuterung der Bildung der jeweiligen Zeit in sehr kurzem Abstand die des Gebrauchs folgt. Den Bedürfnissen der Lerner kommt weiter entgegen, dass das Prinzip der Beispielgrammatik dominiert und oft durch veranschaulichende Zeichnungen unterstützt wird. Für Lerner zweckmäßig sind weiter die mehrheitlich – nicht aber in *Línea verde* und *Appunto*, nur teilweise in *¡vale vale!* – als zusammenhängender, wenn auch oft nur kurzer Text dargebotenen Beispielsätze, so dass sich die Funktion der Tempora entfalten kann.

Die Anweisungen zur Verwendung der Tempora sind sachlich grundsätzlich korrekt. Jedoch bieten alle durchgesehenen Lehrwerkbände in ihren Formulierungen Angriffsflächen. Teils problematische, nicht immer eindeutige und einsichtige Erläuterungen, teils irritierende Informationen erschweren es den Schülern, systematische Fehler zu vermeiden.

Während für beide Reihen der durchgesehenen Französisch-Lehrwerke positiv zu bemerken ist, dass sie die anschaulichen Begriffe „Vordergrund" bzw. „Hintergrund" einer Handlung (vgl. Weinrich 1977, 93) zur Erklärung heranziehen, gibt es andererseits Anweisungen, die nur bedingt brauchbar sind. Dies gilt für die Darstellung des *imparfait* als Zeitform für „Handlungen, die sich in der Vergangenheit wiederholt haben" (Gregor 2008, 29), und des *passé composé* für einmalig stattgefundene Handlungen (Gregor 2009, 23). Diese Erklärungen decken die begrenzte Wiederholung (Typ: *Il est allé deux fois au cinéma*) nicht ab. Die Schüler erfahren also nicht konkret, welche Zeit sie im genannten Beispiel einsetzen müssen. Die Attribute „auffällig" bzw. „unauffällig" (Gregor 2008, 31) bringen den Lernern keine Klarheit, können sie doch eine unangemessene Interpretationsspanne beim Einsatz der Zeiten suggerieren. Nützlich sind sicher Tipps wie Leitfragen als Orientierungshilfe (z.B. nicht in *A plus!*). Bei den in fast allem Lehrwerken erwähnten Signalwörtern ist jedoch Vorsicht geboten. Sie mögen auf den ersten Blick hilfreich und sinnvoll erscheinen, da in der Tat nach *toujours, siempre, sempre* häufig das *imparfait, imperfecto, imperfetto* steht, doch sind bei konsequenter, automatischer Anwendung Fehler nicht ausgeschlossen, da Sätze wie *J'ai toujours été content dans ma vie, Ese ha sido siempre mi sueño, Ha parlato sempre bene di te* korrekt und gebräuchlich sind. Wünschenswert wäre freilich in jedem Fall die Verdeutlichung des in den Zeitformen impliziten semantischen Unterschieds, wie er in *In piazza* (Schmiel et al. 2003, 45) oder *¡vale vale!* (Freudenstein 2008, 48) vorhanden ist.

Auch die Spanisch-Lehrwerke enthalten unpräzise Angaben. Ausdrücke wie „von längerer Dauer" (Freudenstein 2008, 47) und für Schüler nicht ohne weiteres nachvollziehbare Formulierungen wie „wird noch als Gegenwart angesehen" (Freudenstein 2009, 5), steht „noch in Verbindung mit der Gegenwart" (Honer-Henkel & González 2007, 7) verwirren und erschweren den Einsatz, da überlegt werden muss, ob der Bezug zur Gegenwart gegeben ist. Das *imperfecto* ist korrekt als Zeit der Beschreibung ausgewiesen. Zweifel können jedoch in Hinsicht auf die Leitfrage für das *indefinido* „Was geschah (dann)?", die für eine Erzählung gefordert wird (Honer-Henkel & González 2007, 18), aufkommen, da Erzählungen durchaus Beschreibungen (Typ: „Es war dunkel") einschließen.

Ein ähnliches Problem liegt bei den Italienisch-Lehrwerken vor. Sie geben den Schülern nicht die notwendige Transparenz, wenn es heißt, das *passato prossimo* stehe für Handlungen, die „in die Gegenwart oder gar in die Zukunft hineinwirken und gegebenenfalls einen Erfahrungswert beinhalten" (Jäger & Mörl 2006, 216). Bei der Angabe für das *imperfetto*, es sei bei „(fast) unbegrenzt oft wiederholten" Handlungen einzusetzen und für das *passato prossimo*, es gelte bei Vorgängen, die „aber noch nicht sehr lange zurückliegen" (Jäger & Mörl 2006, 216), stellt sich zwangsläufig die problematische Frage nach der möglichen individuellen Auslegung.

Aber nicht nur die teilweise missverständlichen Regeln fordern Kritik heraus. Auch in Bezug auf die Warnung vor Interferenzen durch eine kontrastiv ausgerichtete Beschreibung und eine Bezugsetzung zu anderen Sprachen leisten die Lehrwerke entschieden zu wenig. Immerhin macht *Línea verde* darauf aufmerksam, dass das Imperfekt (sic!) „wegen seiner Herkunft aus dem Lateinischen [...] auch in anderen Sprachen ähnlich verwendet" wird (Honer-Henkel & González 2007, 13) und dass „Die Verwendung von *pretérito imperfecto* und *pretérito indefinido* in einem spanischen Satzgefüge [...] sich [...] mit der Verwendung von *passé composé* und *imparfait* in dem entsprechenden französischen Satzgefüge" (Honer-Henkel & González 2007, 18) vergleichen lässt. Mit solchen Informationen, die in Richtung Kontrastierung gehen, schlägt das Lehrwerk den für den Grammatikunterricht angebrachten Weg ein, der in den anderen durchgesehenen Französisch- und Italienisch-Lehrwerken noch nicht verfolgt wird. Besonders für die Italienisch-Lehrwerke wäre dies ein Desiderat, da Italienisch überwiegend als dritte oder als spätbeginnende Fremdsprache gewählt wird, die Schüler also vorher in der Regel bereits eine andere romanische Sprache gelernt haben. Zwar erwähnt *Appunto* kurz die Anwendung des Imperfekts im Deutschen mit der Anmerkung, dass im süddeutschen Raum das Imperfekt in der gesprochenen Sprache kaum benutzt werde, „sodass die korrekte Verwendung im Italienischen oft ungewohnt erscheint" (Jäger & Mörl 2006, 216). Diese Feststellung geht jedoch nicht auf die unterschiedliche Wertigkeit der Zeiten im Italienischen und Deutschen ein und kann überdies den Eindruck erwecken, das *imperfetto* sei – analog zum deutschen Imperfekt bzw. Perfekt – eine stilistische Variante zum *passato prossimo*.

Für deutsche Schüler wäre es sicher hilfreich, explizit darauf hinzuweisen, dass im Deutschen nicht Zeitformen, sondern lexikalische Sprachmittel – z.B. Adverbien wie „plötzlich", „dann", „auf einmal", „gerade" oder unterschiedliche Verben wie „er hatte Hunger" vs „er bekam Hunger" – die semantischen Unterschiede zwischen den verschiedenen Zeiten verdeutlichen, während in den romanischen Sprachen die inhaltliche Differenz in der Zeitform liegt und Signalwörter einen ergänzenden Stellenwert haben.

Aus der Untersuchung ergibt sich also, dass die Darbietung in den verschiedenen Lehrwerken die jeweilige Zielsprache fokussiert. Nur in Ausnahmefällen (wie z.B. in *Línea verde*) werden den Schülern durch Verweise auf andere Sprachen Transferhilfen geboten, die für Lerner einer dritten oder spätbeginnenden romanischen Fremdsprache den Gebrauch der Zeiten der Vergangenheit erleichtern können.

Solche Hilfen wären nicht nur wünschenswert, sie liegen v.a. in Bezug auf die romanischen Schulsprachen nahe und bilden eine Brücke zu über die Einzelsprache hinausgehenden, mehrsprachigkeitsdidaktischen Konzepten, die in Fachdidaktik und Sprachwissenschaft gleichermaßen intensiv beachtet und in Hinblick auf Umsetzungsmöglichkeiten im Unterricht diskutiert werden. Die Grammatik der Fremdsprachen wird aber auf der Basis der lehrwerkabhängigen Beihefte oder Grammatikteile, mit denen die Schüler hauptsächlich arbeiten, nach wie vor additiv gelehrt und sicher auch gelernt.

6. Zusammenfassung und Ausblick

Das grammatische Regelsystem der drei Schulsprachen Französisch, Spanisch und Italienisch konfrontiert die Lerner mit Problemfeldern, deren korrekter Einsatz das Gelingen der Kommunikation in rezeptiver und produktiver Hinsicht oft nachhaltig beeinflusst. Da diese grammatischen Phänomene deshalb im heute maßgeblichen, kommunikativ orientierten Unterricht eine bedeutende Rolle spielen müssen, sind sie als explizites Regelwissen ins Bewusstsein der Schüler zu rücken und einzuüben. Um kommunikativ erfolgreich und sprachlich zielgerecht handeln zu können, brauchen die Schüler eine klare Beschreibung der grammatischen Phänomene. Gerade in Lehrwerken für romanische Sprachen als spätbeginnende oder dritte Wahlpflichtfremdsprache sollten außerdem, wie bei lexikalischen Einheiten in den chronologischen Vokabellisten der Lehrwerke schon lange üblich,[18] Gegenüberstellungen grammatisch relevanter, aber deutlich divergierender Gegebenheiten in Mutter- und Fremdsprache bzw. anderen, zusätzlichen

---

[18] Vgl. beispielsweise Gauvillé, Marie et al. 2007. *Cours Intensif 2. Französisch für den schulischen Unterricht*. Stuttgart/Leipzig: Klett, S. 134: „une auberge de jeunesse – SP el albergue juvenil"; S. 135: „un chef – E chief, SP jefe".

Fremdsprachen, oder positiv gewendet, Hinweise auf Parallelen und Transfermöglichkeiten vorhanden sein. Ein solcher „Filter der Kontrastivität" (Hochländer 2010, 93) hilft zum einen, falsche Übertragungen in die Fremdsprache zu reduzieren, und erleichtert zum anderen durch Verknüpfungen die Sprachverwendung. Nicht zuletzt ist darauf hinzuweisen, dass die kontrastive Sprachanalyse der (rezeptiven) Mehrsprachigkeit zuträglich ist und einen wichtigen Beitrag sowohl für den Literatur- als auch den Landeskundeunterricht leisten kann, denn „Ähnlichkeiten und Unterschiedlichkeiten der Kulturen bedingen die Ähnlichkeiten und Unterschiedlichkeiten der Sprachen" (Juhász 1970; zit. nach Hochländer 2010, 95, dort ohne Seitenangabe).

In Hinblick auf eine sprachübergreifende, linguistisch und fremdsprachendidaktisch gewinnbringende Darstellung der sprachlichen Systeme bleibt also noch viel zu tun, denn kontrastive bzw. den Transfer begünstigende Hinweise auf andere romanische Sprachen werden in den didaktischen Sprachbeschreibungen noch viel zu wenig bereitgestellt, und auch wissenschaftliche fachdidaktische Untersuchungen, die den fächerübergreifenden Aspekt aufgreifen, sind im Moment nur selten bzw. nicht vorhanden (vgl. Schreiber 2004, 9).

Literatur

1. Korpus

Französisch

GREGOR, Gertraud. 2004. *À plus ! 1. Grammatikheft für den Französischunterricht an Gymnasien.* Berlin: Cornelsen.
GREGOR, Gertraud. 2005. *À plus ! 2. Grammatikheft für den Französischunterricht an Gymnasien.* Berlin: Cornelsen.
GREGOR, Gertraud. 2006. *À plus ! 3. Grammatikheft für den Französischunterricht an Gymnasien.* Berlin: Cornelsen.
GREGOR, Gertraud. 2007a. *À plus ! 4 cycle long. Grammatikheft für den Französischunterricht an Gymnasien.* Berlin: Cornelsen.
GREGOR, Gertraud. 2007b. *À plus ! 1. Méthode intensive. Grammatikheft für den Französischunterricht (3. Fremdsprache) an Gymnasien.* Berlin: Cornelsen.
GREGOR, Gertraud 2008. *À plus ! 2. Méthode intensive. Grammatikheft für den Französischunterricht (3. Fremdsprache) an Gymnasien.* Berlin: Cornelsen.

GREGOR, Gertraud 2009. *À plus ! 3. Méthode intensive. Charnières. Grammatikheft für den Französischunterricht (3. Fremdsprache) an Gymnasien.* Berlin: Cornelsen.
KUNERT, Dieter et al. 2005. *Découvertes 2. Grammatisches Beiheft.* Stuttgart [u.a.]: Klett.
KUNERT, Dieter et al. 2006a. *Découvertes 3. Grammatisches Beiheft.* Stuttgart [u.a.]: Klett.
KUNERT, Dieter u.a. 2006b. *Cours intensif 1. Grammatisches Beiheft.* Stuttgart [u.a.]: Klett.
KUNERT, Dieter et al. 2007. *Cours intensif 2. Grammatisches Beiheft.* Stuttgart [u.a.]: Klett.
KUNERT, Dieter et al. 2008. *Cours Intensif 3. Passerelle. Grammatisches Beiheft.* Stuttgart [u.a.]: Klett.

Italienisch

JÄGER, Andreas & MÖRL, Karma. edd. 2006. *Appunto 1. Unterrichtswerk für Italienisch.* Bamberg: C. C. Buchners Verlag.
JÄGER, Andreas & MÖRL, Karma. edd. 2008. *Appunto 3. Unterrichtswerk für Italienisch.* Bamberg: C. C. Buchners Verlag.
SCHMIEL, Sonja et al. edd. 2003. *In piazza. Italienisch in der Oberstufe.* Bamberg: C. C. Buchners Verlag.

Spanisch

FREUDENSTEIN, Martha. 2008. Grammatisches Beiheft 1 zu: DUNKER, Mónica & HAMMER, Eva-Maria edd. *¡vale vale! Unterrichtswerk für Spanisch im G8 (Sekundarstufe II).* Bamberg: C. C. Buchners Verlag.
FREUDENSTEIN, Martha. 2009. Grammatisches Beiheft 2 zu: DUNKER, Mónica & HAMMER, Eva-Maria edd. *¡vale vale! Unterrichtswerk für Spanisch im G8 (Sekundarstufe II).* Bamberg: C. C. Buchners Verlag.
HONER-HENKEL, Mechthild et al. 2006. *Linea verde 1. Grammatisches Beiheft.* Stuttgart: Klett.
HONER-HENKEL, Mechthild & NAVARRO GONZÁLEZ, Javier. 2007. *Linea verde 2. Grammatisches Beiheft.* Stuttgart: Klett.

2. Forschungsliteratur

BAUSCH, Karl-Richard. 1973. „Kontrastive Linguistik", in: Koch, Walter A. ed. *Perspektiven der Linguistik I.* Stuttgart: Alfred Kröner Verlag, 159–182.
BERSCHIN, Helmut et al. edd. 1987. *Die spanische Sprache: Verbreitung, Geschichte, Struktur.* München/Ismaning: Hueber.
CARTAGENA, Nelson & GAUGER, Hans-Martin. 1995. *Vergleichende Grammatik Spanisch-Deutsch.* Mannheim [u.a.]: Duden, Bd. 2.

COSERIU, Eugenio. 1972. „Über Leistung und Grenzen der kontrastiven Grammatik", in: Nickel, Gerhard. ed. *Reader zur kontrastiven Linguistik*. Frankfurt a. Main: Fischer, 39–58.
FÄCKE, Christiane. 2002. *Fachdidaktik Französisch. Eine Einführung*. Tübingen: Narr.
GÓMEZ TORREGO, Leonardo. 2007. *Gramática didáctica del español*. Madrid: Ediciones SM.
GÖTZE, Lutz. 2001. „Linguistische und didaktische Grammatik", in: Helbig, Gerhard. ed. *Deutsch als Fremdsprache: ein internationales Handbuch*. Berlin [u.a.]: Mouton de Gruyter, 187–194.
HOCHLÄNDER, Gerd. 2010. „Interferenzfehler und kontrastiver Sprachunterricht – mit Beispielen aus der Grammatik", in: *Hispanorama* 127, 92–98. (Online: http://www.ghochlaender.de/LingDidaktik/Interferenzfehler-Kontrastiver%20Sprachunterricht.pdf; Zugriffsdatum: 13.3.2012).
JUHÁSZ, Janos. 1970. *Probleme der Interferenz*. München: Hueber.
MICHLER, Christine. 2005. *Vier neuere Lehrwerke für den Französischunterricht auf dem Gymnasium. Eine kritische Fallstudie mit Empfehlungen für zukünftige Lehrwerke*. Augsburg: Wißner.
NIEWELER, Andreas ed. 2006. *Fachdidaktik Französisch. Tradition, Innovation, Praxis*. Stuttgart: Klett.
PIEPHO, Hans-Eberhard. 1974. *Kommunikative Kompetenz als übergeordnetes Lernziel im Englischunterricht*. Limburg: Frankonius.
SCHREIBER, Michael. 2004. *Vergleichende Studien zur romanischen und deutschen Grammatikographie*. Frankfurt a. M. [u.a.]: Peter Lang.
WEINRICH, Harald. 1977. *Tempus. Besprochene und erzählte Welt*. Stuttgart [u.a.]: Kohlhammer.
WIENOLD, Götz. 1971. „Einige Überlegungen zur Theorie der kontrastiven Grammatik", in: *Folia Linguistica. Acta Societatis Linguisticae Europaeae. Tomus V*, 35–43.
ZIMMERMANN, Günther. 1977. *Grammatik im Fremdsprachenunterricht*. Frankfurt a. M. [u.a.]: Diesterweg.
ZIMMERMANN, Günther. 1979. „Was ist eine ‚Didaktische Grammatik'?", in: Kleine, Winfried. ed. *Perspektiven des Fremdsprachenunterrichts in der Bundesrepublik Deutschland*. Frankfurt a. M.: Diesterweg, 96–112.

Mehrsprachigkeit in Lehrwerken für den Französischunterricht an Gymnasien. Mit einem Exkurs zu Lehrwerken für den Spanisch- und Italienischunterricht

1. Mehrsprachigkeit im Fokus unterrichtsbezogener Richtlinien

Die Fremdsprachenlehr- und -lernforschung beschäftigt sich seit geraumer Zeit intensiv mit mehrsprachigkeitsorientierten Konzepten[1] (vgl. die zahlreichen diesbezüglichen Publikationen, ausgewiesen z.B. in Bär 2004, Klein & Stegmann 2000). Ursachen dafür sind der sich aus der politischen, wirtschaftlichen sowie kulturellen Globalisierung ergebende hohe Bedarf an Sprachenkenntnissen sowie der Anspruch der Europäischen Union an die Bürger der EU, schon während ihrer Schulzeit neben ihrer Muttersprache „praktische Kenntnisse in mindestens zwei weiteren Fremdsprachen" (Kommission 2005, 4)[2] zu erwerben. Die Forderung nach Ausbildung von Mehrsprachigkeit, die sich sprachenpolitisch am Grundsatz einer sprachenteiligen Gesellschaft orientiert, soziologisch an den realen Lebensbedingungen in der Europäischen Union (Christ & Christ 1997, 99; Meißner 1996, 285), wurde konsequent in den Gemeinsamen Europäischen Referenzrahmen (GER) implementiert (Europarat 2001, 163) und in die Bildungsstandards für den mittleren Schulabschluss in der ersten Fremdsprache (E, F) sowie in die Lehrpläne der Bundesländer der BRD übernommen.[3] Da das Konzept der Mehrsprachigkeit inhaltlich dem Leitgedanken eines erweiter-

---

[1] Der weite Begriff von Mehrsprachigkeit, der sich auch auf Varianten innerhalb einer Sprache bezieht, wird i.F. nicht berücksichtigt.

[2] Bereits in den „Homburger Empfehlungen" (1980) wird postuliert, dass in der BRD „viele Sprachen verstanden und gesprochen werden" müssen, denn „breitgestreute Sprachenkenntnisse sind eine Voraussetzung für erfolgreiche Bemühungen um ein friedliches Zusammenleben der Völker" (Christ 1980a, 98). Angestrebt wird einerseits, europaweit in den Schulen Kenntnisse in der Lingua Franca Englisch zu vermitteln, andererseits aber auch möglichst zahlreiche Bürger in Deutschland zumindest mit der Partnersprache Französisch vertraut zu machen, (vgl. Christ 1980b, 171).

[3] Vgl. z.B. ISB 2008: „Die modernen Fremdsprachen arbeiten eng zusammen, gerade auch im gemeinsamen Bemühen um Mehrsprachigkeit der Schüler. Mit dem Transfer von Kenntnissen, Fertigkeiten und Methoden erzielen die Schüler raschere Fortschritte beim Erlernen weiterer Fremdsprachen."

ten Fremdsprachenunterrichts folgt und im Programm des neokommunikativen Unterrichts eine bedeutende Rolle spielt (Reinfried 2001), darf Mehrsprachigkeit als „ein Lernziel von hoher Verbindlichkeit" (Meißner & Reinfried 1998, 11) gelten.

2. Mehrsprachigkeitsdidaktik

Inzwischen ist die Förderung der Mehrsprachigkeit, die zunächst vor allem in multilingualen Staaten wie Kanada oder der Schweiz forciert wurde, fester Bestandteil didaktischer Forschung. Mehrsprachigkeitsdidaktik versteht sich als „Wissenschaft und Lehre vom kombinierten und koordinierten Unterrichten und Lernen mehrerer Fremdsprachen innerhalb und außerhalb der Schule" (Wiater 2006, 60). Als „Transversaldidaktik" ergänzt und verbindet sie die Didaktiken der einzelnen Fremdsprachen im Sinne des fächer- und sprachenübergreifenden Lernens (vgl. www.eurocomresearch.net/kurs/linkdidact.htm; Zugriffsdatum: 28.10.2011); Meißner 2000, 55; Meißner & Reinfried 1998, 20) und begünstigt die Vernetzung von Sprachen durch Erschließungsstrategien und die Aktivierung des „sprachlichen, enzyklopädischen und lerntechnischen Vorwissen[s] der Lernenden" (Wiater 2006, 62).

Dieses Vorgehen ist insofern beachtenswert, als im deutschen Gymnasialunterricht die sog. additive Mehrsprachigkeit, d.h. das Lernen und Lehren mehrerer Fremdsprachen separat nacheinander, schon immer präsent war, das Ziel der Vernetzung nun aber einen Paradigmenwechsel nach sich zieht. Die Schüler sollen zu einer informationsentnehmenden Lesefertigkeit in anderen als den intensiv unterrichteten Fremdsprachen geführt werden und mit den zunächst rezeptiven Kenntnissen eine Grundlage für eine eventuelle spätere produktive Mehrsprachigkeit erhalten.

3. Mehrsprachigkeit im Unterricht der romanischen Sprachen

In mehrsprachigkeitsdidaktischen Konzepten, die sich in erster Linie auf verwandte Sprachen beziehen, wurde den romanischen Sprachen frühzeitig Aufmerksamkeit gewidmet (vgl. Blanche-Benveniste 1997; Klein & Stegmann 2000; Meißner 1994; Stefenelli 1992 u.v.a.m.). Im Vordergrund stehen dort lexikalische Parallelen (z.B. internationaler Wortschatz, panromanischer Wortschatz), aber auch der Vergleich von Entsprechungen in Orthographie (z.B. *que – che – que*), Lauten (z.B. *fête – festa – fiesta*; *porc – porco – puerco; époux – sposo – esposo*), Syntax (z.B. Kernsatztypen, Relativsätze), Grammatik (z.B. Pluralbildung, Angleichung von Nomen und Adjektiven) und Morphologie (z.B. Adverbbildung).

Eine explizit unterrichtspraktische Perspektive verfolgen diesbezügliche Publikationen nicht durchweg. Liegt den Ausführungen jedoch eine solche zugrunde (z.B. Abel 1971; Michler 2005; Reimann 2007),[4] so wird als Ausgangspunkt für eine mehrsprachigkeitsdidaktisch orientierte Arbeit überwiegend das fest im deutschen Schulsystem etablierte Französische gewählt, das sich wegen seiner sprachgeschichtlichen Bedeutung besonders gut als Basis für den Aufbau einer romanischen Interkomprehensionsfähigkeit in den verbreiteten Schulsprachen Italienisch und Spanisch eignet (vgl. Barrera-Vidal 1993; Klein 2002).

4. Untersuchung von Lehrwerken

Wenn auch eine gut entwickelte Kompetenz in der Brückensprache Französisch als bestes Fundament für eine rezeptive Mehrsprachigkeit gilt, sind doch zusätzliche Impulse und Hilfen durch Lehrkraft und Lehrwerk empfehlenswert, wenn nicht sogar unerlässlich. Unterstützen nun die im gymnasialen Unterricht in Deutschland häufig verwendeten Lehrwerke für den Französischunterricht die politisch und didaktisch erwünschte (rezeptive) romanische Mehrsprachigkeitskompetenz der Schüler?

Auskunft darüber gibt eine Überprüfung ausgewählter Lehrwerke hinsichtlich vorhandener Hinweise auf andere romanische Sprachen und interkomprehensiv orientierter Strategien, Übungen bzw. Aufgaben.[5] Untersucht werden verbreitet als Lernmittel zugelassene Lehrwerke: für Französisch als zweite Fremdsprache (F2) *A plus!* (Berlin: Cornelsen) und *Découvertes* (Stuttgart: Klett), für Französisch als dritte Fremdsprache (F3) *A plus!*

---

[4] Michler 2005 stützt sich auf Texte zur EU, Reimann 2007 auf die römischen Verträge. Andere Ansatzpunkte sind Märchen, deren Inhalte als bekannt vorausgesetzt werden können (vgl. z.B. Fricke 2001, 229ff.), oder Werbeanzeigen, die in der Regel mit wenig Text auskommen und deswegen leicht verständlich sind, v.a. wenn die beworbenen Produkte aus muttersprachlichen Anzeigen geläufig sind (zur Mehrsprachigkeit in der Werbung vgl. Lemaire 2000).

[5] Zur Differenzierung der Konzeptionen von Übungen/Aufgaben vgl. u.a. Leupold 2008. Im Folgenden wird auf eine exakte terminologische Trennung verzichtet, da die Unterscheidung zwischen beiden Formaten nicht im Mittelpunkt des Beitrags steht.

Méthode Intensive (Berlin: Cornelsen) und *Cours Intensif* (Stuttgart: Klett),[6] außerdem die bereits verfügbaren Bände der neuesten Lehrwerkgeneration *A toi!* (Berlin: Cornelsen) und *Découvertes série jaune* (Stuttgart: Klett).[7]

Um zu zeigen, ob und wie in Lehrwerken für Spanisch und Italienisch als dritte oder spätbeginnende Fremdsprachen die Verwandtschaft der romanischen Sprachen genutzt wird, werden in einem Exkurs ergänzend *Línea verde* (Stuttgart: Klett), *¡vale vale!* (Bamberg: C.C. Buchner), *Appunto* (Bamberg: C.C. Buchner), und *In piazza*, Ausgabe B (Bamberg: C.C. Buchner) herangezogen.

4.1 Lehrwerkbände Französisch für den Lehrgangsanfang

In den durchgesehenen Bänden für das erste und zweite Jahr von F2 und das erste Lernjahr von F3 gibt es nur selten Übungen, die das Textverständnis mit Hilfe anderer Fremdsprachen thematisieren (z.B. ein Theaterplakat verstehen, *Cours Intensif 1*, S. 15). Hinweise auf Ähnlichkeiten von bzw. Unterschiede zu Wörtern anderer Sprachen sind aber im Vokabelteil und vereinzelt in Übungen vorhanden. Zweck dieser Angaben ist es häufig, orthographischen Interferenzen mit zuvor gelernten Schulsprachen, also Englisch und Latein, vorzubeugen (z.B. *par exemple* vs. *for example*, *A plus! 2*, S. 175). Außerdem werden die Schüler angeleitet, Kenntnisse aus den bekannten Sprachen für das Erschließen noch fremder französischer Wörter zu nutzen (z.B. *différent*, *préférer*, *A plus! 1 Méthode Intensive*, S. 40; Stratégie – Wörter erschließen, *Cours Intensif 1*, S. 13) oder ganz allgemein Parallelen zu erkennen (z.B. F: *l'acteur*, E *actor*, *Cours Intensif 1*, S. 119; F *une invitation*, L *invitatio*, E *invitation*, *Cours Intensif 1*, S. 120). Nur sporadisch wird eine explizite Kognitivierung eingefordert, z.B. wenn die Schüler erklären sollen, wie sie bei der Bedeutungsermittlung vorgegangen sind (z.B. *A plus! 1 Méthode Intensive*, 61,1b mit Verweis auf *Méthodes*, S. 150).[8]

---

[6] Ebenfalls durchgesehen wurden Jorißen, Catherine et al. 2009. *Parcours plus. Französisch für die Oberstufe.* Cornelsen: Berlin, und Ballin, Susanne et al. edd. 2009. *Horizons. Oberstufe.* Klett: Stuttgart. Da weder *Parcours plus* noch *Horizons* bei den Vokabeln oder in den Übungen auf andere Sprachen verweist, werden diese Lehrwerke im Folgenden nicht berücksichtigt.

[7] Stand: Dezember 2013.

[8] Die Hilfestellung durch andere Sprachen wird erst bei *Méthodes*, nicht schon in der Übung selbst konkret angesprochen.

Durch diese Vorgehensweise wird zweifelsohne im Ansatz Sprachbewusstheit entwickelt. Da die Bezugspunkte allerdings überwiegend das Englische und das Lateinische sind,[9] werden Transferleistungen hinsichtlich anderer (lebender) romanischer Sprachen weder verlangt noch begünstigt.

Das F2-Lehrwerk *Découvertes* geht über den so gesteckten Rahmen hinaus, denn es enthält Hinweise auf das Spanische und Italienische, die beide als erste Fremdsprache relativ selten unterrichtet werden, also in einem Lehrgang für F2 nicht generell vorausgesetzt werden können (z.B. *une gomme*, I *gomma per cancellare*, Sp *goma de borar, Découvertes 1*, S. 130); *une barbe*, I *barba*, Sp *barba*; *un message*, E *message*, I *messàggio* (sic!), Sp *mensaje, Découvertes 2*, S. 157).

4.2 Lehrwerkbände Französisch für fortgeschrittene Lerner

Das Verfahren, in den Vokabellisten Parallelen aufzuzeigen oder vor Verwechslungsmöglichkeiten im Bereich der Lexik zu warnen, wird in den Lehrwerkbänden für fortgeschrittene Lerner beibehalten. Während sich *A plus! 2 Méthode Intensive* mehrheitlich auf das Lateinische (z.B. *inquiet/- ète*, lat. *inquietus*, S. 186) konzentriert, fließen in *Cours Intensif 2* die romanischen Sprachen öfter ein (z.B. *le ciel* – SP *cielo*, S. 133; *changer*, E *to change*, SP *cambiar*, S. 135).

Spezielle Arbeitsaufträge, die über die Ebene von Einzelwörtern hinausgehen, und eine explizite mehrsprachigkeitsdidaktische Zielrichtung vorweisen, sind dann in den Bänden, die als Bindeglied zwischen dem auf grammatische und pragmatische Progression ausgerichteten Lehrwerkunterricht und dem Oberstufenunterricht gelten dürfen, vorhanden.

Dort gibt es einige ausdrücklich auf das Französische als Brückensprache angelegte Übungen. *A plus! 3 Méthode Intensive Charnières* bezieht sich in einer Arbeitsanweisung konkret auf die Verwertung von Französischkenntnissen. Die Schüler werden aufgefordert, mithilfe ihres Sprachwissens aus einer italienischen und einer portugiesischen Zeitungsanzeige möglichst viele Informationen herauszufiltern (vgl. Abb.1) und erhalten zudem im *Méthodes*-Teil einen ausdrücklichen Hinweis auf den Nutzen des Französischen als Brückensprache (Abb. 2). Auch in *Découvertes 5 Passerelle* wird verlangt, bei einer Übersetzungsübung von spanischen und

---

[9] Diese Schwerpunkte sind sicher der im gymnasialen Bereich weithin üblichen Sprachenfolge E-L-F, L-E-F oder E-F-L/Sp/It geschuldet.

italienischen Kontaktanzeigen das Französische als *langue-pont* zu verwenden (vgl. Abb. 3).

Méthodes et stratégies

8 *Lisez les annonces. Essayez de comprendre le plus d'informations possibles. Expliquez comment vous avez fait.*

Mithilfe deiner Französischkenntnisse kannst du Texte in anderen romanischen Sprachen verstehen. (→ Méthodes, p. 135/11)

GRAFICO/A
Il lavoro consiste nella realizzazione e revisione di brochures aziendali. È necessaria l'ottima conoscenza e l'utilizzo dei programmi principali di grafica nel contesto di operazioni di impaginazione.
Rivolgersi a d.salvatore@grafitti.it

VENDEDOR
Vendas de cartões de crédito. Exigimos boa apresentação pessoal; elevado senso de responsabilidade; excelente capacidade de argumentação oral; veículo próprio; disponibilidade para trabalhar no período de 10 h 30 às 12 h 30 e de 14 h 00 às 18 h 00 (6 horas por dia).
Se houver interesse, encaminhe seus dados para: m.mendes@cartaodomundo.pt

SÉQUENCE 3 soixante-sept **67**

Abb. 1: *A plus! 3 Méthode Intensive*, S. 67.

11 Das Französische als Brückensprache nutzen S. 67/8

Deine Französischkenntnisse können dir von großem Nutzen sein, um andere Sprachen zu verstehen. Dies gilt insbesondere für die anderen romanischen Sprachen, die mit dem Französischen eng verwandt sind (z. B. Spanisch, Italienisch, Portugiesisch, Rumänisch, Katalanisch, Rätoromanisch). Hier findest du viele Ähnlichkeiten in Wortschatz und Grammatik mit dem Französischen. Aber auch ein großer Anteil des englischen Wortschatzes stammt ursprünglich aus dem Französischen.
Merke Trotz der Verwandtschaft dieser Sprachen mit dem Französischen kann es bei manchen Wörtern Unterschiede in der Bedeutung geben.

Abb. 2: *A plus! 3 Méthode Intensive*, S. 135.

C Pratique de la langue

1 Transmettre: Deux annonces

Grâce au français, vous comprendrez les annonces facilement. Traduisez-les en français.

1.	Hola, **vivo** en Barcelona, soy un chico de 22 **años**. Soy **simpático, inteligente** y **con una buena cultura**. Busco **una** chica **atractiva** e **interesante** para **conocer**.
2.	Signora, **bella presenza**, 30.enne, **bionda**, alta 1,65, **magra**, **buona cultura** cerca **compagno sportivo**, **tranquillo** e molto **intelligente**, **zona Milano**.

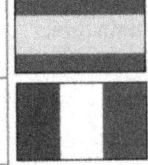

© D'après: http://www.kom.tu-darmstadt.de/eurocom/

Abb. 3: *Découvertes 5 Passerelle*, S. 73.

Wenngleich insgesamt auch in den Französischlehrwerken für fortgeschrittene Lerner das Bewusstmachen lexikalischer Parallelen und die Warnung vor Interferenzen dominieren, verdeutlichen solche nützlichen Aufgaben den Schülern zumindest im Ansatz den prinzipiellen Wert des Französischen für das Verstehen von Texten in anderen romanischen Sprachen und arbeiten damit dem Ziel einer rezeptiven – langfristig möglicherweise auch einer produktiven – Mehrsprachigkeit zu. Da morphologische, syntaktische oder grammatische Parallelen jedoch nicht explizit verwertet werden, wird das in der mehrsprachigkeitsdidaktischen Literatur immer wieder hervorgehobene Potential des Französischen als Brückensprache für den Aufbau rezeptiver Kompetenzen in anderen romanischen Schulsprachen bedauerlicherweise nicht voll ausgeschöpft.

4.3 Die neueste Generation von Lehrwerken für den Französischunterricht

Interessant ist nun ein Blick auf die verfügbaren Bände der neuesten Lehrwerkgeneration *Découvertes série jaune* (Klett) und *A toi !* (Cornelsen). *Découvertes série jaune 1* gibt den Schülern im Vokabelteil Hinweise auf das Englische (z.B. *une surprise, a surprise*; *Découvertes série jaune 1*, S. 160), teils wird auch das Deutsche einbezogen (z.B. *copie*, englisch: *copy*, deutsch: Kopie; *Découvertes série jaune 1*, S. 166). Im Übungsteil sollen die Schüler erklären, weshalb sie Wörter wie *poste, pharmacie, cinéma* oder *parc* verstehen (*Découvertes série jaune 1*, S. 13), oder erläutern, welche Wörter sie an die Muttersprache, an das Englische oder an eine andere Sprache erinnern (*Découvertes série jaune 1*, S. 68).

Découvertes série jaune 2 hat im Vokabelteil selten Verweise auf andere Sprachen, warnt aber gelegentlich vor Interferenzen (z.B. „l'art – Die Schreibung ist im Englischen und Französischen dieselbe, das **t** wird im Französischen nicht ausgesprochen."; *Découvertes série jaune 2*, S. 170). Im Übungsteil der Lektionen werden Erschließungsmöglichkeiten aus dem Deutschen angesprochen: *une somme, une ligne, un sponsor, un projet* (*Découvertes série jaune 2*, S. 46), und wie im ersten Band fordert auch ‚Stratégies' zur Herleitung von Wörtern auf (*membre* engl. *member* (Mitglied), *Découvertes série jaune 2*, S. 137).

In dem neuesten Französischlehrwerk aus dem Cornelsen-Verlag *A toi!* Ist die Bezugnahme auf andere Sprachen im Inhaltsverzeichnis angekündigt (z.B. Bezeichnungen auf Schildern erkennen, *Unité* 2; unbekannte Wörter über andere Sprachen erschließen, *Unité* 5). Im Vokabelverzeichnis macht ein Symbol für die englische Flagge auf Ähnlichkeiten aufmerksam (z.B. *le cinéma*, E *cinema*, *A toi! 1*, S. 181; *le miroir*, E *mirror* (*A toi! 1*, S. 189). Im Lektionsteil werden die Schüler aufgefordert zu erklären, weshalb sie beispielsweise *la table* verstehen können. Als Antwort wird die Parallele zu engl. *the table* erwartet (*A toi! 1*, S. 65).

Auch der zweite Band enthält im Vokabelteil Hinweise auf das Englische (z.B. *la difficulté*, E *difficulty*, *A toi! 2*, S. 183; *le héros*, E *hero*, *A toi! 2*, S. 184) und wie im ersten Band sollen die Schüler Wörter, die sie verstehen können, in eine Tabelle eintragen und den Grund für das verstehen vermerken (*la surfeuse, surfer,* Surferin, *A toi! 2*, S. 28).

Die vorliegenden Bände der Neufassung von *Découvertes série jaune* und *A toi!* beschränken sich, so kann zusammenfassend gesagt werden, auf die bekannte Schulsprache Englisch. Parallelen zu romanischen Sprachen, die das Interesse der Schüler wecken und ihnen verdeutlichen könnten, wie viel Französischkenntnisse zum Verstehen beispielsweise des Spanischen oder Italienischen beitragen, werden in diesen Bänden für den Anfangsunterricht nicht erwähnt.

4.4 Exkurs: Lehrwerke für das Spanische und das Italienische

Dem in Bezug auf die romanische Interkomprehension insgesamt mageren Befund soll nun das Ergebnis der Durchsicht von Lehrwerken für den Spanisch- und Italienischunterricht gegenübergestellt werden, um zu illustrieren, inwieweit auf der Basis von Unterrichtsmaterialien für Sprachen, die mehrheitlich als dritte oder spätbeginnende Sprachen – also in der Regel nach Französisch – gelehrt werden, mehrsprachigkeitsorientiert gearbeitet werden kann. Ausgewählt wurden die viel genutzten Lehrwerke *Línea verde, ¡vale vale!* und *¡vale vale! 1 neu* für Spanisch sowie *Appunto* und *In piazza, Ausgabe B* für Italienisch (vgl. auch Michler 2014).

4.4.1 Die Spanischlehrwerke

Wie die Französischlehrwerke integriert *Línea verde* vornehmlich in die Vokabelverzeichnisse Verweise auf die Schulsprachen Englisch, Französisch und Latein (z.B. *un museo*, E *museum*, F *un musée*, *Línea verde 1*, S. 144; *poco*, LAT *paucus*, *Línea verde 1*, S. 145; *frío*, F *froid*, LAT *frigidus*, *Línea verde 2*, S. 151).

Im ersten Band regt die Rubrik *Estrategias* zum Erschließen von Wortschatz an, und zwar aus dem Deutschen und anderen Sprachen (z.B. *un ejemplo – deutsches Fremdwort*, lat. *exemplum*, engl. *an example*, frz. *un exemple*, *Línea verde 1*, S. 123). Auch im zweiten Band gibt es einen solchen Strategievorschlag, doch ohne Bezug auf andere Sprachen, sondern intralinguistisch (z.B. *Línea verde 2*, S. 111).

Línea verde 3 verweist auf die Bekanntheit von Fremdwörtern und auf Vorkenntnisse der Schüler aus anderen Sprachen bzw. dem Spanischen für die Bedeutungsherleitung: „Eure Vorkenntnisse aus anderen Sprachen, Fremdwörter, aber auch Wörter aus dem Spanischen ermöglichen es euch oft, zumindest die ungefähre Bedeutung eines Wortes zu erschließen." (*Línea verde 3*, S. 14) Als Beispiele werden u.a. genannt: *representante, básico, espíritu, satisfecho, emoción, iglesia, saco*. In einem Text sollen die Schüler Wörter suchen, die ihnen aus dem Deutschen, Englischen, Französischen oder Lateinischen bekannt sind (*Línea verde 3*, S. 51).[10]

Auch *¡vale vale! 1* integriert in das Vokabelverzeichnis Querverweise zum Englischen, Französischen und Lateinischen (z.B. Sp *ofrecer* L *offerre*, E *to offer*, F *offrir*, *¡vale vale! 1*, S. 207) und in *Estrategias* eine Tabelle, die zum Erschließen von unbekanntem Vokabular anregt (z.B. Sp *azúcar*, F *sucre*, It *zucchero*, E *sugar*, D *Zucker*, *¡vale vale! 1*, S. 94). Eine andere Übersicht stellt Bezeichnungen für das Wetter in verschiedenen Sprachen nebeneinander (Sp *Hace (muy) buen tiempo*, E *the weather is (very) nice*, F *il fait (très) beau*, *¡vale vale! 1*, S. 114).

¡vale vale! 2 geht im Vokabelverzeichnis genauso vor wie der erste Band. Interessant ist die Sprachmittlungsaufgabe *El agua es igual para todos. Una ONG italiana publicó el texto siguiente sobre la importancia del agua en varios idiomas. Explica sus ideas en castellano* (*¡vale vale! 2*, S. 53). Wesentliche Aussagen der abgedruckten englischen und französischen Textversion sollen auf Spanisch wiedergegeben werden. Zwar liegt kein explizit mehrsprachigkeitsorientierter Arbeitsauftrag vor, doch könnte man die französische Fassung als Grundlage für eine entsprechende Übungs- und Kognitivierungsphase heranziehen und lexikalische, morphologische und syntaktische Ähnlichkeiten zwischen dem Spanischen und Französischen feststellen lassen. Würde auf das Englische verzichtet, wären die Schüler noch mehr gefordert, auf die romanische Mehrsprachigkeit zu rekurrieren.

¡vale vale! 1 neu enthält neben dem bekannten Vorgehen im Vokabelverzeichnis mehr Strategien, die sich auf die Schulsprachen beziehen. Bei-

---

[10] Obwohl die rezeptive romanische Mehrsprachigkeit davon nicht berührt wird, ist eine Übung sprachgeschichtlich interessant, in der Obst- und Gemüsenamen in Bezug auf ihre Herkunft (*nahuatlismos, arabismos, palabras del latín*) zu bestimmen sind (*Línea verde 3*, S. 87).

spielsweise sollen zusätzlich zu dem bereits in ¡vale vale! 1 abgedruckten Vergleich von Redewendungen zum Wetter englische, spanische, französische und deutsche Wörter (z.B. *importante, difícil*) verglichen werden (*¡vale vale! 1 neu*, S. 107). Die Schüler werden veranlasst, spanische und englische Berufsbezeichnungen (z.B. *secretaria, profesora, médica, ¡vale vale! 1 neu*, S. 40) einander gegenüberzustellen und zu überlegen, welche den deutschen Begriffen ähneln. Durch das Bewusstmachen von Parallelen zum Englischen möchte das Lehrwerk das Leseverstehen zusätzlich fördern (z.B. *líder*, E *leader*, *¡vale vale! 1 neu*, S. 80).

Als Bilanz ergibt sich, dass die Lehrwerke für Spanisch, obwohl die Sprache in der Regel nach einer anderen romanischen Sprache erlernt wird, dem Englischen viel Gewicht beimessen und die romanische Interkomprehension nur selten durch Übungen und Aufgaben nachdrücklich begünstigen.

4.4.2 Die Italienischlehrwerke

Auch in den Italienischlehrwerken findet die – im weitesten Sinn – Vernetzung der Sprachen hauptsächlich in den chronologischen Vokabelteilen statt. Im Vordergrund stehen Ähnlichkeiten, zeitweise auch optisch nicht immer eindringlich hervorgehobene Interferenzgefahren zu den Schulsprachen Englisch, Französisch und Latein.

Beispiele:

la povertà	E *poverty*, F *pauvreté*, agg. *povero* (*Appunto 2*, S. 236),
la tradizione	E/F *tradition* (*In piazza*, S. 294),
la lezione	**L** *lectio* **E** *lesson* **F** la *leçon* (*In piazza 1, Ausgabe B*, S. 169)
il questionario	L *quaerere*, E *question*/ *questionnaire*, F *le questionnaire* (*In piazza 2, Ausgabe B*, S. 162).

Mehrsprachigkeitsdidaktisch orientierte Übungen sind, wie in den Französisch- und Spanischlehrwerken, rar und beziehen sich vornehmlich auf das Englische. So sollen die Schüler beispielsweise englische Schilder italienischen Aussagen zuordnen (*Appunto 3*, S. 34), und auch in *Una lingua per capire l'altra* (*Appunto 3*, S. 52) wird das Englische nach dem Modell *identity* → *l'identità* fokussiert.

Möglichkeiten zur Arbeit im Sinn der Interkomprehensionsdidaktik bietet der schon aus ¡vale vale! 2 bekannte Text zum Thema *Wasser*, der in *Appunto* in seiner englischen, spanischen und französischen Version abgedruckt ist (*Appunto 3*, S. 45; vgl. Abb. 4). Diesmal sollen die wichtigsten Aussagen auf Italienisch zusammengefasst werden, d.h. wieder steht die Sprachmittlung im Vordergrund, ohne dass lexikalische, morphologische oder syntaktische Ähnlichkeiten (z.B. Sp *causas*, F *causes;* Sp *tiempo*, F *temps;* Sp *reconocer*, F *reconnaître;* Sp *directamente*, F *directement;* Sp *la definición de reglas iguales para todos*, F *la définition de règles égales pur* (sic!) *tous*) ausdrücklich thematisiert werden.

Water – Agua – Eau
Sul sito di Legambiente, un'organizzazione italiana di volontari, si trova il testo seguente in varie lingue. Fate un riassunto delle principali idee in italiano.

WATER IS EQUAL FOR ALL
CAMPAIGN FOR THE PROMOTION OF THE RIGHT TO WATER FOR ALL
Every day 30.000 persons die for causes related to insufficient water supply or due to its bad quality and hygiene. In 2032 60% of the world population might not have enough water resources for its own needs. In the meantime the initiatives for sources and waterworks privatisation are being multiplied. Recognising water as a common good, and not as a commodity or a private property, means to participate directly in its management through the instruments of democracy, contributing to the definition of rules equal for all and safeguarding one's own vital right.

EL AGUA ES IGUAL PARA TODOS
CAMPAÑA PARA LA PROMOCIÓN DEL DERECHO DEL AGUA PARA TODOS
Cada día 30.000 personas mueren por causas relacionadas a la falta de agua o por agua contaminada. Es muy probable que en el año 2032 el 60% de la población mundial no tendrá bastantes recursos hídricos para cubrir sus necesidades. Al mismo tiempo se multiplican las iniciativas de privatización de las fuentes y de los sistemas hídricos en todos los países.
Reconocer el agua como bien común y no como mercancía, significa participar directamente en su gestión a través de los instrumentos democráticos, contribuyendo a la definición de reglas iguales para todos en defensa de un derecho vital.

L'EAU EST ÉGALE POUR TOUS
CAMPAGNE POUR LA PROMOTION AU DROIT À L'EAU POUR TOUS
Chaque jour 30.000 personnes meurent pour des causes liées à la pénurie d'eau ou dues à sa mauvaise qualité et hygiène. En 2032 60% de la population mondiale pourrait ne pas avoir assez de ressources hydriques pour ses besoins. Entre temps dans tous les pays se multiplient les initiatives de privatisation des sources et des aqueducs.
Reconnaître l'eau comme un bien commun, et non pas comme une marchandise, signifie participer directement à sa gestion, avec les outils de la démocratie, en contribuant à la définition de règles égales pur tous et en sauvegardant un droit vital.

www.legambiente.com, www.contrattoacqua.it

 Volontario? Anche tu!
Anche tu vorresti fare un'esperienza simile a quella di Gaia.
Informati su varie organizzazioni (p. es. Italiacaritas, Legambiente, WWF Italia, Manitese, Telefono Azzurro, LIPU, Caritas, Pubblica Assistenza) e scrivi una lettera di presentazione con il tuo identikit. Cerca di spiegare i tuoi motivi.

quarantacinque 45

Abb.4: *Appunto 3*, S. 45

In piazza gibt als Strategie Tipps zum Erschließen von unbekanntem Vokabular (*In piazza*, S. 18) und Auskünfte über *falsi amici* (*il maestro / la ma-*

estra vs. Meister; Schuldirektor vs. *direttore, In piazza,* S. 113). Eine kognitivierende, sprachvernetzende Tendenz hat die Aufgabe, bei der die Schüler in einer Tabelle mit deutschen, englischen und französischen Wörtern den italienischen Begriff ergänzen sollen, z.b. D Proklamation, E *proclamation*, F *proclamation*, I ?; D Erklärung, E *declaration*, F *déclaration*, It ? (*In piazza*, S. 220). Diese Aufgabenstellung verdient eine besondere Hervorhebung, da nicht, wie in den meisten Fällen nur rezeptiv, sondern sprachproduktiv vorgegangen wird.

Das jüngste Lehrwerk *In piazza, Ausgabe B*, beinhaltet im ersten Band ein kurzes englisches Gespräch zwischen Touristen und einer Reiseleiterin (*In piazza 1, Ausgabe B*, S. 131, vgl. Z.1–3), das als Grundlage für eine Sprachmittlungsübung gelten, aber auch mehrsprachigkeitsdidaktisch ausgewertet werden kann.

Kognitivierend in Bezug auf die Vernetzung von Sprachen ist wie in *In Piazza* der Hinweis auf „*Per capire parole nuove* – Unbekanntes Vokabular erschließen können" (*In piazza 1, Ausgabe B*, S. 154) unter der Rubrik „Kommunikative Strategien". Herleitungsmöglichkeiten für italienische Wörter (*zucchero, amico, abitare, importante, lungo, onesto*) mit Hilfe anderer Sprachen werden mittels einer Tabelle verdeutlicht, die sechs Sprachen (Italienisch, Latein, Französisch, Spanisch, Englisch, Deutsch) einbezieht und Verwandtschaftsbeziehung zwischen den Sprachen (z.B. *amico – amicus – ami – amigo*) berücksichtigt.

Diese sinnvolle Übung erweitert „*Capire un testo* – Einen (unbekannten) Text verstehen können". Unter „2. Andere Fremdsprachen" heißt es unter Bezugnahme auf den Lektionstext *Sei il cocco / la cocca degli insegnanti* (*In piazza 1, Ausgabe B*, S. 105):

> „Kennst du ein ähnliches Wort z.B. im Englischen oder Französischen? →
> bei Frage 1: il messaggio (engl.: the message, frz.: le message); bei Frage 2: le interrogazioni (frz.: les interrogations); bei Frage 3: il tuo miglior amico (ton meilleur ami [ohne den Hinweis „frz."; C.M.]); bei Frage 4: pazienza (engl.: the patience, frz.: la patience)"
>
> *In piazza 1, Ausgabe B*, S. 155

Band 2 fordert die Schüler auf: *Cercate di spiegare il significato delle parole seguenti con l'aiuto di altre lingue* (*In piazza 2, Ausgabe B*, S. 31), und – wie im einbändigen *In piazza* – gibt es eine Tabelle, die Wortähnlichkeiten zwischen dem Italienischen und anderen europäischen Sprachen thematisiert (*In piazza 2, Ausgabe B*, S. 100).

Als Bilanz zeigt sich, dass auch die drei Italienischlehrwerke Ähnlichkeiten bzw. Unterschiede zu lexikalischen Einheiten anderer Sprachen vornehmlich in den chronologischen Vokabelteilen bewusst machen. Dabei dominieren Parallelen zu den Schulsprachen Latein, Englisch und Französisch. Die wenigen expliziten Übungen, die auf die romanische Interkomprehension ausgerichtet sind und auf Transfer und Parallelen zwischen den Sprachen abzielen, gehen nicht über den Bereich des Wortschatzes hinaus.

5. Fazit und Ausblick

Als Resultat der gesamten Untersuchung kann festgehalten werden, dass die überprüften Lehrwerke schwerpunktmäßig auf das Englische Bezug nehmen, wenn andere Sprachen ins Spiel gebracht werden, und zwar auch in den Lehrwerken für eine dritte oder spätbeginnende Fremdsprache. Ansätze zu einer romanischen Interkomprehension sind auf Vergleiche im Wortschatzbereich reduziert, so dass jenseits lexikalischer Bezüge praktisch keine explizit mehrsprachigkeitsdidaktischen Tendenzen vorhanden sind.

Unbestreitbar muss Fremdsprachenunterricht das Ziel der kommunikativen Kompetenz sicherstellen und den Schülern in erster Linie den aktiven Gebrauch der jeweiligen Sprache vermitteln. Interkomprehension und mehrsprachigkeitsdidaktische Arbeit verlangen indes einen analytisch und kognitiv ausgelegten Sprachvergleich. Doch kann damit letztendlich auch die kommunikative Kompetenz gestärkt werden, denn Erschließungsstrategien festigen zum einen das grammatische und lexikalische Wissen in der im Vordergrund stehenden Fremdsprache, zum anderen helfen die Aktivierung von Lerntechniken, die Vernetzung von Neuem mit bereits Bekanntem und das Erkennen von Zusammenhängen bei Paraphrasen und beim Ausgleich von sprachlichen Defiziten in der Kommunikation.

Ohne größeren Lern- und Zeitaufwand ist es von der von der Orthographie ausgehend möglich, die Durchlässigkeit der romanischen Sprachen bei der Herleitung von Vokabeln bzw. von syntaktischen und grammatischen Strukturen aus dem Französischen zu nutzen, so dass die Vorzüge einer rezeptiven Mehrsprachigkeit offenkundig werden und die Schüler für den Aufbau einer späteren produktiven Mehrsprachigkeit motiviert werden.

Aber nicht nur sprachbezogene Vorteile sind zu erwähnen.[11] Die Konzentration auf rezeptive Kenntnisse sich frühzeitig die Arbeit mit authentischen Texten, so dass die Schüler bald mit fremden Denkmustern konfrontiert werden können und ihre interkulturelle Kompetenz erweitern. Nicht zuletzt dadurch wird eine wesentliche Forderung des modernen Fremdsprachenunterrichts abgedeckt.

Eine konsequente Hinwendung zu mehrsprachigkeitsdidaktisch orientierten Modellen müsste allerdings eine Veränderung in der Ausbildung der Lehrkräfte nach sich ziehen. Die in der Regel nach wie vor rein zielsprachenorientierten Studiengänge zukünftiger Fremdsprachenlehrer sind vor dem Hintergrund der Forderung nach Mehrsprachigkeit – und nicht zu vergessen der Realität sprachlicher Heterogenität in den meisten Schulklassen – kritisch zu überdenken. Für angehende Lehrkräfte einer romanischen Sprache sollte eine interkomprehensionsdidaktisch orientierte Schulung verpflichtend werden, wie überhaupt in das didaktische Curriculum der Hochschulen gezielt transversaldidaktisch ausgerichtete Ausbildungsbausteine der Fremdsprachenlehrer integriert werden sollten.

Literatur

Zitierte Lehrwerke für den Französischunterricht

A plus! 2
BLUME, Otto-Michael et al. edd. 2013. *A plus! 2. Nouvelle édition. Französisch für Gymnasien.* Berlin: Cornelsen.

A plus! 1 Méthode intensive
BÄCHLE, Hans et al. edd. 2007. *A plus! 1 Méthode intensive. Lehrwerk für den Französischunterricht (3. Fremdsprache) an Gymnasien.* Berlin: Cornelsen.

A plus! 2 Méthode intensive
BÄCHLE, Hans et al. edd. 2008. *A plus! 2 Méthode intensive. Lehrwerk für den Französischunterricht (3. Fremdsprache) an Gymnasien.* Berlin: Cornelsen.

---

[11] Für einige Schüler ist möglicherweise auch die Tatsache motivierend, dass sich bei rezeptiven Fähigkeiten keine Probleme bezüglich der Aussprache und Sprechfertigkeit stellen.

A plus! 3 Méthode intensive Charnières
BLUME, Otto-Michael et al. edd. 2009. *A plus! 3 Méthode intensive Charnières. Lehrwerk für den Französischunterricht (3. Fremdsprache) an Gymnasien.* Berlin: Cornelsen.

A toi ! 1
GREGOR, Gertraud et al. 2012. *A toi! 1. Lehrwerk für den Französischunterricht.* Berlin: Cornelsen.

A toi ! 2
GREGOR, Gertraud et al. 2013. *A toi! 2. Lehrwerk für den Französischunterricht.* Berlin: Cornelsen.

Cours Intensif 1
GAUVILLE Marie et al. 2006. *Cours Intensif 1. Französisch für den schulischen Unterricht.* Stuttgart: Klett.

Cours Intensif 2
GAUVILLE, Marie et al. 2007. *Cours Intensif 2. Französisch für den schulischen Unterricht.* Stuttgart: Klett.

Découvertes 1
BRUCKMAYER, Birgit et al. 2004. *Découvertes 1. Für den schulischen Französischunterricht.* Stuttgart: Klett.

Découvertes 2
BRUCKMAYER, Birgit et al. 2005. *Découvertes 2. Für den schulischen Französischunterricht.* Stuttgart: Klett.

Découvertes 5 Passerelle
BRUCKMAYER, Birgit et al. 2008. *Découvertes 5 Passerelle. Für den schulischen Französischunterricht.* Stuttgart: Klett.

Découvertes 1 série jaune
BRUCKMAYER, Birgit et al. 2012. *Découvertes 1. Série jaune für den schulischen Französischunterricht.* Stuttgart: Klett.

Découvertes 2 série jaune
BRUCKMAYER, Birgit et al. 2013. *Découvertes 2. Série jaune für den schulischen Französischunterricht..* Stuttgart: Klett.

Zitierte Lehrwerke für den Spanischunterricht

Línea verde 1
BADE, Peter et al. 2006. *Línea verde 1*. Stuttgart: Klett.

Línea verde 2
BADE, Peter et al. 2007. *Línea verde 2*. Stuttgart: Klett.

Línea verde 3
FEIST, Katrin et al. 2008. *Línea verde 3*. Stuttgart: Klett.

¡vale vale! 1
DUNCKER, Mónica & HAMMER, Eva-Maria. edd. 2008. *¡vale vale! 1. Unterrichtswerk für Spanisch*. Bamberg: C. C. Buchners Verlag.

¡vale vale! 2
DUNCKER, Mónica & HAMMER, Eva-Maria. edd. 2009. *¡vale vale! 2. Unterrichtswerk für Spanisch*. Bamberg: C. C. Buchners Verlag.

¡vale vale! neu
DUNCKER, Mónica & HAMMER, Eva-Maria. edd. 2010. *¡vale vale! 1 neu. Unterrichtswerk für Spanisch (Sekundarstufe II)*. Bamberg: C. C. Buchners Verlag.

Zitierte Lehrwerke für den Italienischunterricht

Appunto 1
JÄGER, Andreas & MÖRL, Karma. edd. 2006. *Appunto 1. Unterrichtswerk für Italienisch*. Bamberg: C. C. Buchners Verlag.

Appunto 2
JÄGER, Andreas & MÖRL, Karma. edd. 2007. *Appunto 2. Unterrichtswerk für Italienisch*. Bamberg: C. C. Buchners Verlag.

Appunto 3
JÄGER, Andreas & MÖRL, Karma. edd. 2008. *Appunto 3. Unterrichtswerk für Italienisch*. Bamberg: C. C. Buchners Verlag.

In piazza
SCHMIEL, Sonja & STÖCKLE, Norbert. edd. 2003. *In piazza. Italienisch in der Oberstufe*. Bamberg: C. C. Buchners Verlag.

In piazza 1 Ausgabe B
SCHMIEL, Sonja & STÖCKLE, Norbert. edd. 2012. *In piazza 1, Ausgabe B.* Bamberg: C. C. Buchners Verlag.

In piazza 2 Ausgabe B
SCHMIEL, Sonja & STÖCKLE, Norbert. edd. 2013. *In piazza 2, Ausgabe B.* Bamberg: C. C. Buchners Verlag.

Sekundärliteratur

ABEL, Fritz. 1971. „Die Vermittlung passiver Spanisch-und Italienischkenntnisse im Rahmen des Französischunterrichts", in: *Die Neueren Sprachen* 70, 355–359.

BÄR, Marcus. 2004. *Europäische Mehrsprachigkeit durch rezeptive Kompetenzen: Konsequenzen für Sprach- und Bildungspolitik.* Aachen: Shaker.

BARRERA-VIDAL, Albert. 1993. « Apprendre le français ... puis d'autres langues romanes! De l'apport positif du français dans l'apprentissage d'une autre langue romane par des adultes », in: *Neusprachliche Mitteilungen aus Wissenschaft und Praxis* 46, 23–26.

BLANCHE-BENVENISTE, Claire. ed. 1997. *EuRom 4 – Metodo de ensino simultânei das línguas românicas.* Firenze: La Nuova Italia Editrice, Scandicci.

BUNDESMINISTERIUM FÜR BILDUNG UND FORSCHUNG. ed. 2003. *Zur Entwicklung nationaler Bildungsstandards. Eine Expertise.* Bonn.

CHRIST Herbert & CHRIST, Ingeborg. 1997. „Europäische Bürger und Bürgerinnen auf dem Wege zur Mehrsprachigkeit. Theoretische und praktische Ansätze zu einer Mehrsprachigkeitsdidaktik", in: Moelleken, Wolfgang W. & Weber, Peter J. edd. *Neue Forschungsarbeiten zur Kontaktlinguistik.* Bonn: Dümmler, 89–108.

CHRIST, Herbert. 1980a. „Ein Vorschlag zur Veränderung der Schulsprachenpolitik: Die Homburger Empfehlungen", in: *Neusprachliche Mitteilungen aus Wissenschaft und Praxis* 33, 97–99.

CHRIST, Herbert. 1980b. *Fremdsprachenunterricht und Sprachenpolitik.* Stuttgart: Klett-Cotta.

EUROPARAT. ed. 2001. *Gemeinsamer europäischer Referenzrahmen für Sprachen: lernen, lehren, beurteilen.* Berlin, München: Langenscheidt. (auch: http://www.goethe.de/z/50/commeureo/deindex.htm; Zugriffsdatum: 01.04.2014)

FRICKE, Dietmar. 2001. „Wege zur romanischen Mehrsprachigkeit anhand archetypischer Texte – ein Werkstattbericht", in: Meißner, Franz-Joseph & Reinfried, Marcus. edd. *Bausteine für einen neokommunikativen Französischunterricht: Lernerzentrierung, Ganzheitlichkeit, Handlungsorientierung, Interkulturalität, Mehrsprachigkeitsdidaktik.* Akten der Sektion 13 auf dem 1. Frankoromanistentag in Mainz, 23.–26.08.1998. Tübingen: Narr, 227–238.

ISB. 2008. Institut für Schulqualität und Bildungsforschung: *Fachprofil Moderne Fremdsprachen.* (http://www.isb-gym8-lehrplan.de/contentserv/3.1/g8.de/index.php?StoryID=26366; Zugriffsdatum: 01.04.2014).

KLEIN, Horst G. 2002. "Das Französische: die optimale Brücke zum Leseverstehen romanischer Sprachen", in: *französisch heute* 33, 34–46. (auch: http://www.euro comresearch.net/lit/bruecke.htm; Zugriffsdatum: 01.04.2014)

KLEIN, Horst G. & STEGMANN, Tilbert D. 2000. *Die sieben Siebe: Romanische Sprachen sofort lesen können.* Aachen: Shaker.

KOMMISSION DER EUROPÄISCHEN GEMEINSCHAFTEN. 2005. *Mitteilung der Kommission an den Rat, das Europäische Parlament, den Europäischen Wirtschafts- und Sozialausschuss und den Ausschuss der Regionen. Eine neue Rahmenstrategie für Mehrsprachigkeit.* http://eur-lex.europa.eu/LexUriServ/LexUriServ.do?uri=C OM:2005:0596:FIN:de:PDF (Zugriffsdatum: 15.01.2015).

LEMAIRE, Stefanie. 2000. *Le plurilinguisme dans la publicité.* Göttingen: Cuvillier.

LEUPOLD, Eynar. 2008. „A chaque cours suffit sa tâche ? – Bedeutung und Konzeption von Lernaufgaben", in: *Der fremdsprachliche Unterricht Französisch* 96, 2–8.

MEIßNER, Franz-Joseph. 1994. « Dimension européenne et plurilinguisme réceptif dans le travail sur les textes: une approche méthodologique », in: *französisch heute* 4, 471–478.

MEIßNER, Franz-Joseph. 1996. „Eurolexis und Fremdsprachendidaktik", in: Munske, Horst Haider & Kirkness, Alan. edd. *Eurolatein – das griechische und lateinische Erbe in den europäischen Sprachen.* Tübingen: Niemeyer, 284–305.

MEIßNER, Franz-Joseph. 2000. „Zwischensprachliche Netzwerke. Mehrsprachigkeitsdidaktische Überlegungen für die Wortschatzarbeit", in: *französisch heute* 31, 55–67.

MEIßNER, Franz-Joseph & REINFRIED, Marcus edd. 1998. *Mehrsprachigkeitsdidaktik. Konzepte, Analysen, Lehrerfahrungen mit romanischen Fremdsprachen.* Tübingen: Narr.

MICHLER, Christine. 2005. „Französisch als Einstieg in die Mehrsprachigkeit", in: *Praxis Fremdsprachenunterricht* 5, 37–42.

MICHLER, Christine. 2014. „Lehrwerke für den schulischen Italienischunterricht – Evaluierungskonzepte auf der Basis repräsentativ ausgewählter inhaltlicher Kompetenzbereiche", in: Knecht, Petr et al. edd. *Methodologie und Methoden der Schulbuch- und Lernmittelforschung.* Bad Heilbrunn: Klinkhardt, 188–202.

REIMANN, Daniel. 2007. *Les traités de Rome – mehrsprachig Europa erkennen.* http://www.lehrer-online.de/url/traites-de-Rome. Copyright 2007, *Schulen ans Netz* e.V. (Zugriffsdatum: 01.04.2014).

REINFRIED, Marcus. 2001. „Neokommunikativer Fremdsprachenunterricht – ein neues methodisches Paradigma", in: Meißner, Franz-Joseph & Reinfried, Marcus. edd. *Bausteine für einen neokommunikativen Französischunterricht.* Tübingen: Narr, 1–20.

STEFENELLI, Arnulf. 1992. *Das Schicksal des lateinischen Wortschatzes in den romanischen Sprachen.* Passau: Rothe.

WIATER, Werner. 2006. „Didaktik der Mehrsprachigkeitsdidaktik", in: WIATER, Werner. ed. *Didaktik der Mehrsprachigkeitsdidaktik. Theoriegrundlagen und Praxismodelle.* München: Verlag Ernst Vögel, 57–72.

Nachweise der Erstveröffentlichung

I. Grundlagen

Zulassungsbedingungen von Lehrwerken für den Unterricht der romanischen Sprachen an staatlichen Schulen in Deutschland. Erstmals in: MATTHES, Eva & SCHÜTZE, Sylvia. edd. 2016. *Schulbücher auf dem Prüfstand. Textbooks under scrutiny.* Bad Heilbrunn: Julius Klinkhardt forschung, 131–146.
© 2016 Julius Klinkhardt forschung, Bad Heilbrunn. Nachdruck mit freundlicher Genehmigung.

Lehrwerke für den Französischunterricht an Gymnasien als Vermittler zwischen Unterrichtspraxis und Lehrplan. Erstmals in: MATTHES, Eva & HEINZE, Carsten. edd. 2005. *Das Schulbuch zwischen Lehrplan und Unterrichtspraxis. Beiträge zur historischen und systematischen Schulbuchforschung.* Bad Heilbrunn/Obb.: Klinkhardt, 311–322.
© 2005 Julius Klinkhardt forschung, Bad Heilbrunn. Nachdruck mit freundlicher Genehmigung.

II. Untersuchungsfeld Textarbeit

Authentische und didaktisierte Texte in Lehrwerken für den Französischunterricht der Anfangsphase. Erstmals in: FRINGS, Michael & LEITZKE-UNGERER, Eva. edd. 2010. *Authentizität im Unterricht romanischer Sprachen.* Stuttgart: ibidem, 45–57.
© 2010 ibidem-Verlag, Stuttgart. Nachdruck mit freundlicher Genehmigung.

Lieder und Songs in Lehrwerken für den Italienischunterricht an deutschen Gymnasien. Erstmals in: ANKLI, Ruedi et al. edd. 2012. *Text und Rhythmus im Italienischunterricht.* Frankfurt: Verlag für deutsch-italienische Studien, 45–54.
© 2012 Verlag für deutsch-italienische Studien, Frankfurt. Nachdruck mit freundlicher Genehmigung.

Interkulturelles Lernen im Italienisch- und Französischunterricht durch Lehrwerkfamilien. Erstmals in: MATTHES, Eva & HEINZE, Carsten. edd. 2006. *Die Familie im Schulbuch.* Bad Heilbrunn/Obb.: Klinkhardt, 341–353.
© 2006 Julius Klinkhardt forschung, Bad Heilbrunn. Nachdruck mit freundlicher Genehmigung.

Illustrationen in Lehrwerken für den Französischunterricht in Deutschland. Erstmals in: HEINZE, Carsten & MATTHES, Eva. edd. 2010. *Das Bild im Schulbuch. Beiträge zur historischen und systematischen Schulbuchforschung.* Bad Heilbrunn: Klinkhardt, 249–260.
© 2010 Julius Klinkhardt forschung, Bad Heilbrunn. Nachdruck mit freundlicher Genehmigung.

Förderung der Sehkompetenz durch Illustrationen in Lehrwerken für den Französischunterricht in Deutschland. Erstmals in: REINFRIED, Marcus & RÜCK, Nicola. edd. 2011. *Innovative Entwicklungen beim Lehren und Lernen von Fremdsprachen. Festschrift für Inez De Florio-Hansen.* Tübingen: Narr, 141–159.
© 2011 Narr, Tübingen. Nachdruck mit freundlicher Genehmigung.

III. Untersuchungsfeld Sprachunterricht und autonomes Lernen

Methodische Kompetenzen im Französischunterricht – Lernstrategien als Grundlage des lebenslangen Lernens. Erstmals in: FRANKE, Manuela & SCHÖPP, Frank. edd. 2013. *Auf dem Weg zu kompetenten Schülerinnen und Schülern. Theorie und Praxis eines kompetenzorientierten Fremdsprachenunterrichts im Dialog.* Stuttgart: ibidem, 55–78.
© 2013 ibidem-Verlag, Stuttgart. Nachdruck mit freundlicher Genehmigung.

Normsprache, français familier und Jugendsprache im Französischunterricht. Erstmals in: FRINGS, Michael & SCHÖPP, Frank. edd. 2011. *Varietäten im Französischunterricht.* Stuttgart: ibidem, 35–48.
© 2011 ibidem-Verlag, Stuttgart. Nachdruck mit freundlicher Genehmigung.

Grammatikbetrachtung auf der Ebene der ‚Schulgrammatik'. Vergangenheitstempora in Grammatischen Beiheften von Lehrwerken des Französischen, Spanischen und Italienischen. Erstmals in: REIMANN, Daniel ed. 2014. *Kontrastive Linguistik und Fremdsprachendidaktik Iberoromanisch – Deutsch. Studien zur Morphosyntax, Mediensprache, Lexikographie und Mehrsprachigkeitsdidaktik.* Tübingen: Narr Verlag, 223–240.
© 2014 Narr, Tübingen. Nachdruck mit freundlicher Genehmigung.

Mehrsprachigkeit in Lehrwerken für den Französischunterricht an Gymnasien. Mit einem Exkurs zu Lehrwerken für den Spanisch- und Italienischunterricht. Erstmals in: *Zeitschrift für Romanische Sprachen und ihre Didaktik (ZRomSD)* Heft 9,1, 2015, 79–98.
© 2015 ibidem-Verlag, Stuttgart. Nachdruck mit freundlicher Genehmigung.

Romanische Sprachen und ihre Didaktik (RomSD)

Herausgegeben von Michael Frings, Andre Klump & Sylvia Thiele

ISSN 1862-2909

1 *Michael Frings und Andre Klump (edd.)*
  Romanische Sprachen in Europa. Eine Tradition mit Zukunft?
  ISBN 978-3-89821-618-0

2 *Michael Frings*
  Mehrsprachigkeit und Romanische Sprachwissenschaft an Gymnasien?
  Eine Studie zum modernen Französisch-, Italienisch- und Spanischunterricht
  ISBN 978-3-89821-652-4

3 *Jochen Willwer*
  Die europäische Charta der Regional- und Minderheitensprachen in der Sprachpolitik Frankreichs und der Schweiz
  ISBN 978-3-89821-667-8

4 *Michael Frings (ed.)*
  Sprachwissenschaftliche Projekte für den Französisch- und Spanischunterricht
  ISBN 978-3-89821-651-7

5 *Johannes Kramer*
  Lateinisch-romanische Wortgeschichten
  Herausgegeben von Michael Frings als Festgabe für Johannes Kramer zum 60. Geburtstag
  ISBN 978-3-89821-660-9

6 *Judith Dauster*
  Früher Fremdsprachenunterricht Französisch
  Möglichkeiten und Grenzen der Analyse von Leneräußerungen und Lehr-Lern-Interaktion
  ISBN 978-3-89821-744-6

7 *Heide Schrader*
  Medien im Französisch- und Spanischunterricht
  ISBN 978-3-89821-772-9

8 *Andre Klump*
  „Trajectoires du changement linguistique"
  Zum Phänomen der Grammatikalisierung im Französischen
  ISBN 978-3-89821-771-2

9 *Alfred Toth*
  Historische Lautlehre der Mundarten von La Plié da Fodom (Pieve di Livinallongo, Buchenstein) und Col (Colle Santa Lucia), Provincia di Belluno unter Berücksichtigung der Mundarten von Laste, Rocca Piétore, Selva di Cadore und Alleghe
  ISBN 978-3-89821-767-5

10 *Bettina Bosold-DasGupta und Andre Klump (edd.)*
    Romanistik in Schule und Universität
    Akten des Diskussionsforums „Romanistik und Lehrerausbildung: Zur Ausrichtung und Gewichtung von Didaktik und Fachwissenschaften in den Lehramtsstudiengängen Französisch, Italienisch und Spanisch" an der Johannes Gutenberg-Universität Mainz (28. Oktober 2006)
    ISBN 978-3-89821-802-3

11 *Dante Alighieri*
    De vulgari eloquentia
    mit der italienischen Übersetzung von Gian Giorgio Trissino (1529)
    Deutsche Übersetzung von Michael Frings und Johannes Kramer
    ISBN 978-3-89821-710-1

12 *Stefanie Goldschmitt*
    Französische Modalverben in deontischem und epistemischem Gebrauch
    ISBN 978-3-89821-826-9

13 *Maria Iliescu*
    Pan- und Raetoromanica
    Von Lissabon bis Bukarest, von Disentis bis Udine
    ISBN 978-3-89821-765-1

14 *Christiane Fäcke, Walburga Hülk und Franz-Josef Klein (edd.)*
    Multiethnizität, Migration und Mehrsprachigkeit
    Festschrift zum 65. Geburtstag von Adelheid Schumann
    ISBN 978-3-89821-848-1

15 *Dan Munteanu Colán*
    La posición del catalán en la Romania según su léxico latino patrimonial
    ISBN 978-3-89821-854-2

16 *Johannes Kramer*
    Italienische Ortsnamen in Südtirol. La toponomastica italiana dell'Alto Adige
    Geschichte – Sprache – Namenpolitik. Storia – lingua – onomastica politica
    ISBN 978-3-89821-858-0

17 *Michael Frings und Eva Vetter (edd.)*
    Mehrsprachigkeit als Schlüsselkompetenz: Theorie und Praxis in Lehr- und Lernkontexten
    Akten zur gleichnamigen Sektion des XXX. Deutschen Romanistentages an der Universität Wien (23.-27. September 2007)
    ISBN 978-3-89821-856-6

18 *Dieter Gerstmann*
    Bibliographie Französisch
    Autoren
    ISBN 978-3-89821-872-6

19 *Serge Vanvolsem e Laura Lepschy*
    Nell'Officina del Dizionario
    Atti del Convegno Internazionale organizzato dall'Istituto Italiano di Cultura
    Lussemburgo, 10 giugno 2006
    ISBN 978-3-89821-921-1

20 *Sandra Maria Meier*
    „È bella, la vita!"
    Pragmatische Funktionen segmentierter Sätze im *italiano parlato*
    ISBN 978-3-89821-935-8

21 *Daniel Reimann*
    Italienischunterricht im 21. Jahrhundert
    Aspekte der Fachdidaktik Italienisch
    ISBN 978-3-89821-942-6

22 *Manfred Overmann*
    Histoire et abécédaire pédagogique du Québec avec des modules multimédia prêts à l'emploi
    Préface de Ingo Kolboom
    ISBN 978-3-89821-966-2 (Paperback)
    ISBN 978-3-89821-968-6 (Hardcover)

23 *Constanze Weth*
    Mehrsprachige Schriftpraktiken in Frankreich
    Eine ethnographische und linguistische Untersuchung zum Umgang mehrsprachiger Grundschüler mit Schrift
    ISBN 978-3-89821-969-3

24 *Sabine Klaeger und Britta Thörle (edd.)*
    Sprache(n), Identität, Gesellschaft
    Eine Festschrift für Christine Bierbach
    ISBN 978-3-89821-904-4

25 *Eva Leitzke-Ungerer (ed.)*
    Film im Fremdsprachenunterricht
    Literarische Stoffe, interkulturelle Ziele, mediale Wirkung
    ISBN 978-3-89821-925-9

26 *Raúl Sánchez Prieto*
    El presente y futuro en español y alemán
    ISBN 978-3-8382-0068-2

27 *Dagmar Abendroth-Timmer, Christiane Fäcke, Lutz Küster und Christian Minuth (edd.)*
    Normen und Normverletzungen
    Aktuelle Diskurse der Fachdidaktik Französisch
    ISBN 978-3-8382-0084-2

28　*Georgia Veldre-Gerner und Sylvia Thiele (edd.)*
　　Sprachvergleich und Sprachdidaktik
　　ISBN 978-3-8382-0031-6

29　*Michael Frings und Eva Leitzke-Ungerer (edd.)*
　　Authentizität im Unterricht romanischer Sprachen
　　ISBN 978-3-8382-0095-8

30　*Gerda Videsott*
　　Mehrsprachigkeit aus neurolinguistischer Sicht
　　Eine empirische Untersuchung zur Sprachverarbeitung viersprachiger Probanden
　　ISBN 978-3-8382-0165-8 (Paperback)
　　ISBN 978-3-8382-0166-5 (Hardcover)

31　*Jürgen Storost*
　　Nicolas Hyacinthe Paradis (de Tavannes)
　　(1733 - 1785)
　　Professeur en Langue et Belles-Lettres Françoises, Journalist und Aufklärer
　　Ein französisch-deutsches Lebensbild im 18. Jahrhundert
　　ISBN 978-3-8382-0249-5

32　*Christina Reissner (ed.)*
　　Romanische Mehrsprachigkeit und Interkomprehension in Europa
　　ISBN 978-3-8382-0072-9

33　*Johannes Klare*
　　Französische Sprachgeschichte
　　ISBN 978-3-8382-0272-3

34　*Daniel Reimann (ed.)*
　　Kulturwissenschaften und Fachdidaktik Französisch
　　ISBN 978-3-8382-0282-2

35　*Claudia Frevel, Franz-Josef Klein und Carolin Patzelt (edd.)*
　　Gli uomini si legano per la lingua
　　Festschrift für Werner Forner zum 65. Geburtstag
　　ISBN 978-3-8382-0097-2

36　*Andrea Seilheimer*
　　Das grammatikographische Werk Jean Saulniers
　　Französischsprachige Terminologie und Sprachbetrachtung in der *Introduction en la langue espagnolle* (1608) und der *Nouvelle Grammaire italienne et espagnole* (1624)
　　ISBN 978-3-8382-0364-5

37　*Angela Wipperfürth*
　　Modeterminologie des 19. Jahrhunderts in den romanischen Sprachen
　　Eine Auswertung französischer, italienischer, spanischer und portugiesischer Zeitschriften
　　ISBN 978-3-8382-0371-3

38 Raúl Sánchez Prieto und M.ª Mar Soliño Pazó (edd.)
    Contrastivica I
    Aktuelle Studien zur Kontrastiven Linguistik Deutsch-Spanisch-Portugiesisch I
    ISBN 978-3-8382-0328-7

39 Nely Iglesias Iglesias (ed.)
    Contrastivica II
    Aktuelle Studien zur Kontrastiven Linguistik Deutsch-Spanisch-Portugiesisch II
    ISBN 978-3-8382-0398-0

40 Eva Leitzke-Ungerer, Gabriele Blell und Ursula Vences (edd.)
    English-Español: Vernetzung im kompetenzorientierten Spanischunterricht
    ISBN 978-3-8382-0305-8

41 Marie-Luise Volgger
    Das multilinguale Selbst im Fremdsprachenunterricht
    Zur Mehrsprachigkeitsbewusstheit lebensweltlich mehrsprachiger Französischlerner(innen)
    ISBN 978-3-8382-0449-9

42 Jens Metz
    Morphologie und Semantik des Konjunktivs im Lateinischen und Spanischen
    Eine vergleichende Analyse auf der Grundlage eines Literaturberichts
    ISBN 978-3-8382-0484-0

43 Manuela Franke und Frank Schöpp (edd.)
    Auf dem Weg zu kompetenten Schülerinnen und Schülern
    Theorie und Praxis eines kompetenzorientierten Fremdsprachenunterrichts im Dialog
    ISBN 978-3-8382-0487-1

44 Bianca Hillen, Silke Jansen und Andre Klump (edd.)
    Variatio verborum: Strukturen, Innovationen und Entwicklungen
    im Wortschatz romanischer Sprachen
    Festschrift für Bruno Staib zum 65. Geburtstag
    ISBN 978-3-8382-0509-0

45 Sandra Herling und Carolin Patzelt (edd.)
    Weltsprache Spanisch
    Variation, Soziolinguistik und geographische Verbreitung des Spanischen
    Handbuch für das Studium der Hispanistik
    ISBN 978-3-89821-972-3

46 Aline Willems
    Französischlehrwerke im Deutschland des 19. Jahrhunderts
    Eine Analyse aus sprachwissenschaftlicher, fachdidaktischer
    und kulturhistorischer Perspektive
    ISBN 978-3-8382-0501-4 (Paperback)
    ISBN 978-3-8382-0561-8 (Hardcover)

47 *Eva Leitzke-Ungerer und Christiane Neveling (edd.)*
   Intermedialität im Französischunterricht
   Grundlagen und Anwendungsvielfalt
   ISBN 978-3-8382-0445-1

48 *Manfred Prinz (ed.)*
   Rap RoMania: Jugendkulturen und Fremdsprachenunterricht
   Band 1: Spanisch/Französisch
   ISBN 978-3-8382-0431-4

49 *Karoline Henriette Heyder*
   Varietale Mehrsprachigkeit
   Konzeptionelle Grundlagen, empirische Ergebnisse aus der Suisse romande und didaktische Implikationen
   ISBN 978-3-8382-0618-9

50 *Daniel Reimann*
   Transkulturelle kommunikative Kompetenz in den romanischen Sprachen
   Theorie und Praxis eines neokommunikativen und kulturell bildenden Französisch-, Spanisch-, Italienisch- und Portugiesischunterrichts
   ISBN 978-3-8382-0362-1 (Paperback)
   ISBN 978-3-8382-0363-8 (Hardcover)

51 *Beate Valadez Vazquez*
   Ausprägung beruflicher Identitätsprozesse von Fremdsprachenlehrenden am Beispiel der beruflichen Entwicklung von (angehenden) Spanischlehrerinnen und Spanischlehrern
   Eine qualitative Untersuchung
   ISBN 978-3-8382-0635-6

52 *Georgia Veldre-Gerner und Sylvia Thiele (edd.)*
   Sprachen und Normen im Wandel
   ISBN 978-3-8382-0461-1

53 *Stefan Barme*
   Einführung in das Altspanische
   ISBN 978-3-8382-0683-7

54 *María José García Folgado und Carsten Sinner (edd.)*
   Lingüística y cuestiones gramaticales en la didáctica
   de las lenguas iberorrománicas
   ISBN 978-3-8382-0761-2

55 *Claudia Schlaak*
   Fremdsprachendidaktik und Inklusionspädagogik
   Herausforderungen im Kontext von Migration und Mehrsprachigkeit
   ISBN 978-3-8382-0896-1

56 *Christiane Fäcke (ed.)*
    Selbstständiges Lernen im lehrwerkbasierten Französischunterricht
    ISBN 978-3-8382-0918-0

57 *Christina Ossenkop und Georgia Veldre-Gerner (edd.)*
    Zwischen den Texten
    Die Übersetzung an der Schnittstelle von Sprach- und Kulturwissenschaft
    ISBN 978-3-8382-0931-9

58 *Stéphane Hardy, Sandra Herling und Sonja Sälzer (edd.)*
    Innovatio et traditio – Renaissance(n) in der Romania
    Festschrift für Franz-Josef Klein zum 65. Geburtstag
    ISBN 978-3-8382-0841-1

59 *Victoria del Valle und Corinna Koch (edd.)*
    Romanistische Grenzgänge: Gender, Didaktik, Literatur, Sprache
    Festschrift zur Emeritierung von Lieselotte Steinbrügge
    ISBN 978-3-8382-1040-7

60 *Corinna Koch*
    Texte und Medien in Fremdsprachenunterricht und Alltag
    Eine empirische Bestandsaufnahme per Fragebogen mit einem Schwerpunkt auf Comics
    ISBN 978-3-8382-0873-2

61 *Eva Leitzke-Ungerer und Claudia Polzin-Haumann (edd.)*
    Varietäten des Spanischen im Fremdsprachenunterricht
    Ihre Rolle in Schule, Hochschule, Lehrerbildung und Sprachenzertifikaten
    ISBN 978-3-8382-0865-7

62 *Claudia Schlaak und Sylvia Thiele (edd.)*
    Migration, Mehrsprachigkeit und Inklusion
    Strategien für den schulischen Unterricht und die Hochschullehre
    ISBN 978-3-8382-1119-0

63 *Vera Knoll*
    Elternarbeit und Französischunterricht - eine quantitative Untersuchung zu
    Elternarbeit und Fremdsprachenunterricht an Gymnasien
    ISBN 978-3-8382-1129-9

64 *Dieter Gerstmann*
    Exercices de nominalisation – Übungen zur Nominalisierung
    ISBN 978-3-8382-1152-7

65 *Christine Michler*
    Lehrwerke für den Unterricht der romanischen Schulsprachen
    Begutachtung ausgewählter Untersuchungsfelder
    ISBN 978-3-8382-1145-9

Sie haben die Wahl:
Bestellen Sie die Schriftenreihe
Romanische Sprachen und ihre Didaktik
einzeln oder im **Abonnement**

per E-Mail: vertrieb@ibidem-verlag.de | per Fax (0511/262 2201)
als Brief (***ibidem***-Verlag | Leuschnerstr. 40 | 30457 Hannover)

Bestellformular

☐ Ich abonniere die Schriftenreihe *Romanische Sprachen und ihre Didaktik* ab Band # ____

☐ Ich bestelle die folgenden Bände der Schriftenreihe *Romanische Sprachen und ihre Didaktik*

____; ____; ____; ____; ____; ____; ____; ____; ____; ____

Lieferanschrift:

Vorname, Name ....

Anschrift ....

E-Mail... | Tel.: ....

Datum .... | Unterschrift ....

Ihre Abonnement-Vorteile im Überblick:
- Sie erhalten jedes Buch der Schriftenreihe pünktlich zum Erscheinungstermin – immer aktuell, ohne weitere Bestellung durch Sie.
- Das Abonnement ist jederzeit kündbar.
- Die Lieferung ist innerhalb Deutschlands versandkostenfrei.
- Bei Nichtgefallen können Sie jedes Buch innerhalb von 14 Tagen an uns zurücksenden.

***ibidem**.eu*

www.ingramcontent.com/pod-product-compliance
Lightning Source LLC
Chambersburg PA
CBHW051810230426
43672CB00012B/2683